KB126029

심리학을
만든
사람들

탄생부터 발전까지 '인물'로 다시 쓴 심리학사

심리학을 만든 사람들

김태형 지음

한울
아카데미

프롤로그

/

『심리학을 만든 사람들(부제: 탄생부터 발전까지 '인물'로 다시 쓴 심리학사)』은 심리학 이론이 발생하고 발전해온 역사를 연구한다. 넓은 의미에서 보면 여기에서의 심리학 이론에는 단지 근대 이후에 체계화된 심리학 이론들뿐만 아니라 인류 역사에 등장했던 인간의 정신, 의식에 대한 단편적인 사상들까지도 포함된다. 인간의 정신현상에 관한 논의는 아주 오래전에 철학의 발생과 함께 시작되어서 철학의 발전과 더불어 발전해왔다. 즉, 심리학은 어느 날 갑자기 하늘에서 떨어진 학문이 아니라 고대에서부터 발생하고 발전해온 인간의 심리, 의식에 대한 다양하고 단편적인 견해들에 토대를 둔 것으로 근대에 독자적인 과학으로서 등장했다. 이 때문에 철학에서 논의되었던 주제들은 심리학에서도 중요한 관심거리이자 연구주제였다. 그중에서 대표적인 것들은 다음과 같다. ① 물리적 사건과 정신적 사건은 본질적으로 동일한가 다른가. (예: 별똥별이 떨어지는 현상과 별똥별이 떨어지는 장면을 인식하는 순간은 본질적으로 동일한가) ② 물리적 사건과 정신적 사건이 다르다면 두 사건은 서로 어떻게 연관되는가. (예: 별똥별이 떨어지는 현상이 정신에서는 어떻게 나타나는가) ③ 인간의 지식은 이성적 추론 능력에 의한 것인가 아니면 감각 경험이 누적된 결과에 의한 것인가. (예: 추리를 통해 의자라는 개념을 알게 되는가 아니면 감각 경험들의 결합을 통해 의자라는 개념을 알게 되는가) ④ 유전 대 환경의 문제: 인간의 심리와 행동은 유전에 의해 결정되는가 아니면 환경에 의해 결정되는가. ⑤ 자유의지 대 결정론의 문제: 인간은 여러 법칙들에서 얼마나 자유로울 수 있는가. ⑥ 복잡한 현상을 잘 이해하려면 구성 요소로 분해해야 하는가 전체적으로 바라보아야 하는가.

심리학 이론은 철학의 발생과 함께 시작되어 철학의 발전과 더불어 발전해왔기 때문에 원칙적으로 심리학사에 대한 논의는 고대 철학에서부터 시작하는 것이 옳다. 그러나 고대 철학이 등장했던 시기부터 다양하게 발생, 발전해온 인간 심리에 관한 사상이나 이론들을 모두 다 살펴보는 것은 지나치게 방대한 작업이기 때문에 이 책에서는 근대 철학 이전의 사상이나 이론은 다루지 않을 것이다. 사실 근대까지만 해도 철학이나 기타 분야들에서 논의되어왔던 심리 혹은 의식에 관한 견해들은 과학으로서의 자격을 갖추지 못한 단편적인 견해들이었다. 심리학은 19세기 말경에 들어서야 철학과 함께 자연과학이 급속하게 발전한 것에 힘입어 비로소 독자적인 과학으로 발전할 수 있었다. 따라서 이 책은 심리학 탄생에 직접적인 영향을 준 서양의 근대

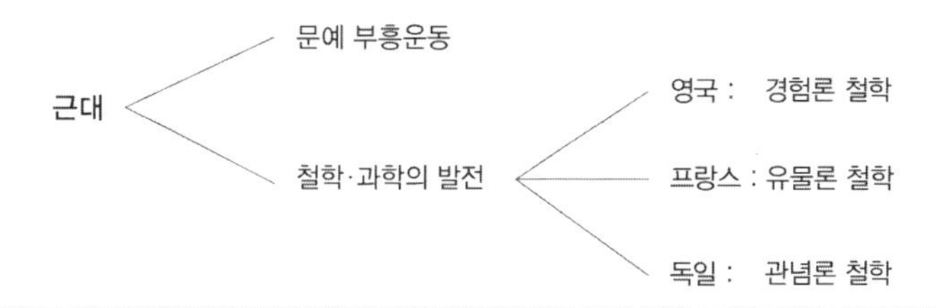

철학에서부터 논의를 시작할 것이다.

근대에 들어서면서 서구 사회에서는 종교적 전횡을 반대하고 개성과 학문의 자유를 주장하는 문예 부흥운동이 확산되었다. 또한 자본주의적 경제 관계의 발전과 시민혁명 등에 힘입어 철학과 개별 과학이 급속도로 발전했는데, 그 과정에서 정신, 심리에 대한 논의가 활발히 이루어졌다. 그중에서 대표적인 것이 영국의 경험론 철학과 프랑스의 유물론 철학, 그리고 독일의 관념론적 철학과 능력심리학이다.

2016년 여름

심리학자 김태형

차 례

/

'철학적 심리학'에서 '과학적 심리학'으로

1부

근대 철학, 심리학의 토대를 마련하다

Makers of Psychology

e history of psychology from birth to growt

01

근대 영국의 철학

베이컨 · 홉스 · 로크 · 버클리 · 흄 · 하틀리

과학으로서의 심리학이 탄생하는 데 근대 철학은 중요한 역할을 했다. 고대부터 중세까지 이룩되었던 정신현상과 심리에 대한 일반적이고 철학적인 이해에 기초해, 과학적 심리학이 탄생하는 데 직접적으로 기여한 인간 심리에 관한 다양한 견해들이 근대에 들어서 풍부하게 제기되었다.

정신, 의식에 대한 일반적인 논의에 머무르지 않고 현실적으로 체험되는 이런저런 의식현상에 관한 논의가 구체적으로 이루어지고, 그것에 대한 해설과 구체적인 연구 방법이 적용되면서 비로소 심리학이 탄생할 수 있었다. 근대에 들어서 과학이 급속히 발전하면서 많은 학자들이 중세시대까지 지배적이었던 영혼에 대한 신비주의적 견해를 버리고 실증주의적 태도를 취하기 시작했다. 그 결과 근대에는 기존의 철학에서 논의되어왔던 정신현상과는 구별되는, 심리학에서 고유한 심리학적 개념들이 과학적 토대 위에서 논의되고 발전되었다. 심리학 탄생에 영향을 미친 근대 영국의 대표적인 철학자로는 베이컨, 홉스, 로크, 버클리, 흄 등이 있다.

영국 경험론 철학의 시조: 베이컨

◆ 프랜시스 베이컨

프랜시스 베이컨Francis Bacon(1561~1626)은 영국 경험론 철학의 시조로서 "지식은 힘이다"라는 유명한 명제를 남긴 인물이다. 베이컨의 인간 심리에 관한 이론은 인식 방법에 관한 그의 견해에서 뚜렷이 나타나는데, 그는 감성적인 자료를 이성적인 방법으로 정리하고 소화해야만 정확한 인식을 얻을 수 있다고 주장했다. 그러나 베이컨은 경험적인 지식의 중요성을 지나치게 강조한 나머지, 인식을 얻는 데 이성이 하는 중요한 역할을 무시해버리는 오류를 범했다.

인간 심리에 관한 베이컨의 견해에서 가치 있는 것 중 하나는 인간의 의식현상을 '구조적으로 이해'하려는 시도를 했다는 점이다. 그는 기억, 상상, 이성이 인간 정신의 세 가지 기본 능력이라고 주장하면서

베이컨이 주장한 인간 정신의 세 가지 기본 능력

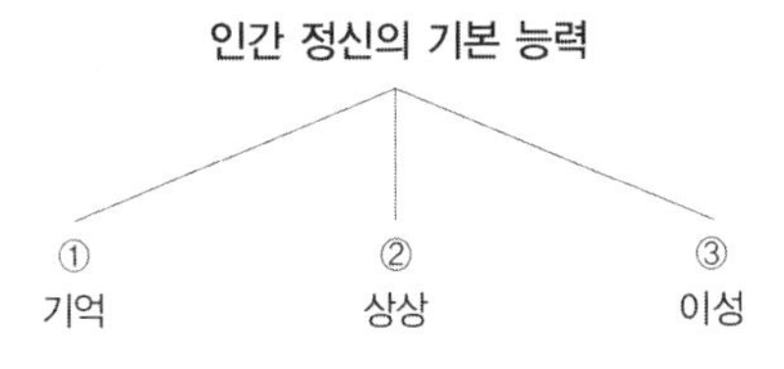

그것에 대응해 과학을 역사학, 문학, 철학 세 가지로 구분했다.

또한 베이컨은 의식 문제를 이중진리설('신앙에 의한 진리'와 '과학과 지식에 의한 진리'가 병존한다는 견해)의 입장에서 취급했다. 그는 '과학이 물처럼 하늘에서 떨어지기도 하고 땅에서 솟아나기도 한다'고 보았으며 따라서 과학의 원천이 하늘과 땅, 두 가지라고 보았다. 그리고 이에 조응해 지식에도 두 종류가 있다고 보았는데, 하나는 신에 의해 주어진 지식이며, 다른 하나는 감각기관을 통해 얻은 지식이다. 베이컨에 의하면 인간에게는 이성적 영혼과 감성적 영혼이라는 두 가지 영혼이 있는데, '이성적 영혼'은 사람에게만 있는 영혼이며 신에 의해서 주어지는 반면, '감성적 영혼'은 육체와 연결되어 있다.

즉, 감성적 영혼은 '실제적으로 육체적 실체이며 현존하는 물질'과 연결되어 있다. 베이컨은 영혼이 '뇌' 속에 거주하면서 신경과 동맥을 따라 움직인다고 생각했다. 이처럼 베이컨은 사람의 이성적 영혼과 감성적 영혼을 명확히 구분하고, 다시 뇌와 신경과의 밀접한 연관 속에서 의식과 영혼을 이해했다.

이것은 인간의 의식과 심리에 관한 기존의 종교적 · 관념론적 견해를 뛰어넘은 것이라고 할 수 있다. 즉, 베이컨이 인간의 감성적 영혼을 육체와 연결 지어 유물론적 견지에서 해석한 것은 당시로서는 상당히 과학적이고 진보적인 견해였다. 그러나 현재의 시각에서 볼 때 그의 인간 심리에 대한 견해는 다음과 같은 한계점을 지닌다. 우선 그는 인간의 이성적인 영혼을 여전히 신비화했다. 즉, 베이컨은 이성을 뇌와 결부시키기는 했지만 그것이 '신'적인 기원을 가진다고 주장함으로써 실제로는 인간의 정신현상을 물질적인 뇌와 분리시켰다. 또한 그는 이성적 영혼이 천성적인지 우연적인지, 사멸하는지 불멸하는지, 또는 물질과 연결되어 있는지 그로부터 독립해 있는지와 같은 문제들이 종교에서 논의할 문제이지, 과학에서 논의할 문제는 아니라고 주장했다. 베이컨은 과학적 인식으로는 이러한 문제들을 절대로 해결할 수 없기 때문에, 과학적으로 인식하려는 시도는 불가피하게 오류를

베이컨의 이성적 영혼과 감성적 영혼

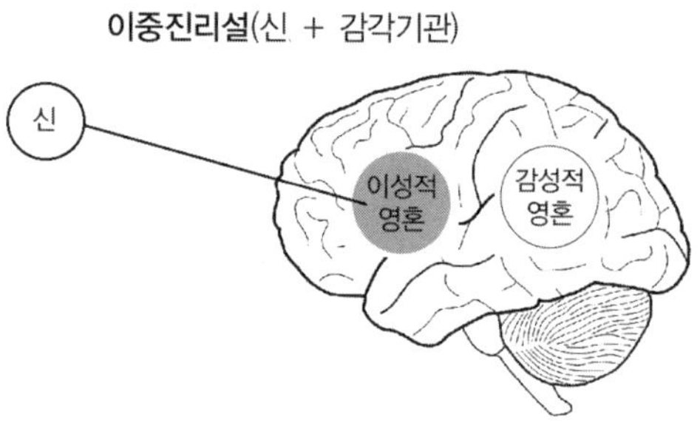

이중진리설(신 + 감각기관)

신

이성적 영혼

감성적 영혼

범할 수밖에 없다고 주장했다. 이것은 결국 베이컨이 사람의 고유한 특성이라고 보았던 정신 혹은 영혼에 대한 연구를 신학의 영역에 포함시키고 종교에 떠맡김으로써, 그것을 과학적으로 해결할 수 있는 길을 스스로 차단했음을 의미한다.

유물론적 전통의 계승자: 홉스

◆ 토머스 홉스

인간 심리에 대한 베이컨의 유물론적 견해는 그의 제자인 홉스에 의해 계승되었다. 토머스 홉스Thomas Hobbes(1588~1679)는 의식에 관한 베이컨의 '이중진리설'과 육체와 영혼을 독자적으로 보는 데카르트Rene Descartes의 이원론적 입장을 모두 반대하면서 '사람은 육체적 · 물질적 상태로만 이해할 수 있다'라는 입장에 기초해 육체와 정신과의 관계를 분석했다.

홉스는 인간의 모든 정신현상이 실제적인 육체적 기초와 물질적 담당자를 바탕으로 이루어진다고 생각했는데, 그에 의하면 인간의 정신활동은 육체적인 물질적 존재로서의 인간 자체와 분리되어서는 논의될 수 없는 것이다. 등산을 하는 사람 없이 등산에 대해 말할 수 없듯이 사유하는 사람 없이는 사유가 불가능하다. 즉, 육체 없는 정신이란 있을 수 없으며 정신, 사유도 육체에 체현되어서만 존재할 수 있다.

그렇기 때문에 '감각'과 '사유'란 외적인 순응의 필요에 의해서 발생하는 '뇌에서의 물질적 운동'이다. 이렇게 홉스는 영혼과 정신에 관한 베이컨의 비과학적 견해를 넘어서서 철저한 유물론적 입장에서 인간의 심리현상을 고찰했다.

인간 심리에 대한 홉스의 유물론적 견해는 인식에 대한 그의 이론에서도 분명하게 드러난다. 그는 유물론적 반영론에 기초해 "인간의 모든 지식은 감각기관이 제공한 것이다"라고 선언했으며, "감각은 객관적 사물이 우리의 감각기관에 작용한 결과이다"라고 말했다. 이렇듯 홉스는 감성적 경험과 감성이 인식의 출발점이라고 보았고, 인식의 원천이 객관적인 물질세계라고 생각했다.

그러나 그는 인간의 인식 과정과 사유 과정을 뇌의 속성과 결부시켜 이해하지는 못했는데, 그 결과 만족, 쾌락, 불만, 고통과 같은 감정들이 뇌가 아니라 심장에서의 특수한 운동이라고 이해해버리는 결과

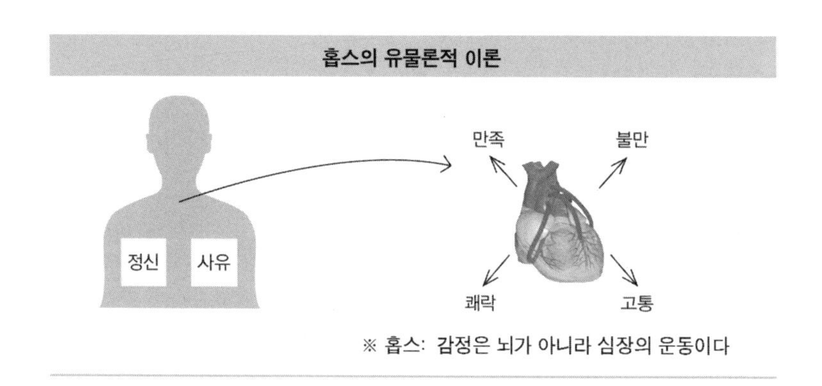

가 초래되었다. 이런 점에서 홉스의 견해는 인간 심리를 뇌와 연결시켜 이해했던 스승인 베이컨의 견해보다 더 비과학적이고 낙후된 것이 되었다. 그럼에도 불구하고 의식과 심리에 관한 그의 유물론적 견해는 정신을 인간의 육체와 분리되어 독립적으로 존재하는 것으로 이해했던 기존의 비과학적 견해들을 극복했다는 데 의의가 있다.

인간 심리에 관한 홉스의 견해는 그의 인간관과 감정에 관한 견해를 통해서도 확인할 수 있다. 베이컨은 인간을 육체적 욕망을 추구하는 존재로 이해했는데, 그에 따르면 인간은 '자기보존에 대한 욕구', 즉 개인의 육체적 보존을 주요한 본능으로 가진 존재이다. 자기보존에 대한 본능은 통속적으로 말해 '자기 혼자 살아남기를 바라는 것'이므로 본질적으로 타자에 대한 사랑을 배제한다. 베이컨은 인간이 이런 본능을 가지고 있기 때문에 당연히 개인적 이해관계의 충족에 따라 쾌, 불쾌의 감정이 유발된다고 보았다. 반면 홉스는 인간의 감정을 끌어당기는 감정(쾌감, 사랑)과 반발하는 감정(고통, 혐오, 공포)이라는 서로 대립되는 두 가지 감정으로 분리하고, 이 두 가지 감정에 기초해서 다양한 감정들이 생겨난다고 주장했다. 그에 의하면 사람은 개인적 이해관계, 즉 권력과 명예를 획득할 때 쾌감을 느끼며 그것이 결핍되었다고 생각될 때 고통을 느낀다. 인간의 의지와 행위는 쾌감, 불쾌감에 의해 규정된다. 따라서 인간이 자신의 개인적 · 본능적 이해관계를 충족시키기 위해 지향하는 것이 '선'이며 그것에 반대되는 것이 '악'이다. 홉스는 '동정'조차 자신에게 어떤 불행이 닥칠 경우를 생각하는 데서부터 온다고 말하며, 타인에 대한 동정은 결국 자기에 대한 동정의 감정일 뿐이라고 주장했다. 이렇게 홉스는 인간의 심리현상(특히 이해관계에 기초한 감정)이 인간 행위의 동기라고 여겼으며, 인간 심리를 자연주의적이고 개인주의적인 입장에서 바라보았다. 홉스의 이러한 견해는 그 이후에 등장한 인간 심리에 관한 견해들에 커다란 영향을 미쳤다.

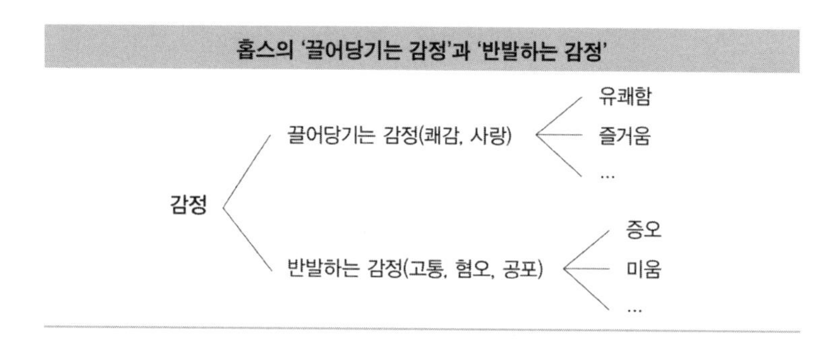

행동주의 심리학의 원조: 로크

인간 심리에 관한 유물론적 견해는 다시 로크에 의해 계승되었다. 영국 경험론 철학의 아버지로 평가되는 존 로크John Locke(1632~1704)는 영국의 유물론적 철학을 완성한 학자이다. 그는 '인간의 지식이 어떻게 감각에 기초해서 형성되는가'라는 문제에 답하기 위해 지식의 원천인 표상 또는 관념을 단순관념simple idea과 복합관념complex idea으로 구분했다. 단순관념은 붉은색, 더위 등과 같은 기본적인 감각적 성질에 대한 경험이나 '유쾌하다'와 같이 단순한 반성을 하는 것에서 비롯되며, 복합관념은 여러 가지 관념을 포함한 것이다. 즉, 복합관념에는 단순관념과 단순관념의 결합뿐만 아니라 단순관념과 복합관념의 결합도 포함된다. 예를 들어 '아주 더운 날 마시는 시원한 음료'라는 복합관념은 색깔, 기온, 모양, 유쾌함, 맛이라는 여러 단순관념들의 결합이며 여기에 즐거운 생활이라는 또 다른 복합관념이 추가된 것이다. 한마디로 복합관념은 단순관념을 비교 · 제한 · 분리 · 결합해 산출한 관념을 말한다.

◆ 존 로크

예를 들어 '친구'라는 복합관념은 사람, 사랑, 동정, 행복 등의 단순관념들을 결합해 얻은 것이다. 이런 로크의 견해에는 궁극적으로 복

로크의 '단순관념'과 '복합관념'

관념

- **단순관념 :** 단순관념(개별적) 예) 붉다 / 더위 / 시원함
- **복합관념 :** 1. 단순관념 + 단순관념
  2. 단순관념 + 복합관념(개념의 결합)
  예) 더운 여름날의 시원한 아메리카노 한 잔

합관념이 단순관념으로 환원될 수 있다는 믿음이 내포되어 있다. 영국 경험론 철학자들은 마음이 관념들의 층을 포함한 정교한 구조로 되어 있다는 믿음을 공통적으로 가지고 있었다. 근대에 들어서 빠르게 발전하고 있던 물리학과 화학은 영국의 철학자들에게 물H2O이 두 개의 H와 한 개의 O라는 구성 요소로 분해될 수 있고, 빛이 스펙트럼 상의 여러 색깔로 분해될 수 있듯이 인간 심리도 최소한의 기본단위로 분해될 것이라는 믿음을 심어주었다. 어떤 대상을 가장 작은 구성 요소로 환원함으로써 그것을 이해할 수 있다는 견해를 환원론 또는 원자론atomism이라고 부른다. 이것은 티치너Edward Titchener의 구성주의 심리학이나 존 왓슨John B. Watson의 행동주의 심리학의 기초에 깔려 있는 견해이기도 하다. 또한 로크는 단순관념들이 어떻게 복합관념들을 형성하는가에 대한 문제를 제기하고 해결하는 과정에서 연합association이라는 개념을 도입했다. 이 연합이라는 개념은 로크 이후에 등장한 영국 철학자들, 나아가 미국의 행동주의 심리학자들에게 커다란 영향을 미쳤다.

로크는 인식이 후천적으로 얻어지는 것이며, 추상적인 인식일수록 정신 활동이 그만큼 성숙해야 얻을 수 있다고 봄으로써 '생득관념'의 존재를 부정했다. 그는 감각에 기초해 지각이 생겨나고, 지각에 기초해 경험이 생겨나며, 지식이 전적으로 경험에서 생겨난다고 믿었다. 하지만 로크는 인간의 정신이나 심리가 단순한 연합의 법칙으로는 설명할 수도 이해할 수도 없는 복잡한 것임을 알지 못했다. 이것은 로크가 훗날 스위스의 심리학자인 장 피아제Jean Piaget에 의해 밝혀지기도 한, 감성적인 인식에서 이성적인 인식으로의 비약이 인간의 인식 과정에 포함된다는 점을 알지 못했음을 의미한다.

성공회 주교였던 철학자: 버클리

• 조지 버클리

근대 영국의 철학자들 중에는 인간 심리에 대한 관념론적 견해를 제기한 철학자들도 있었는데, 그중 대표적인 인물이 버클리와 흄이다. 조지 버클리George Berkeley(1685~1753)는 영국의 주관관념론 철학을 대표하는 학자로서 베이컨, 로크 등의 경험론 철학을 주관주의적으로 해석해 유물론적 경험론을 관념론적 경험론으로 바꾸어놓은 인물이다. 버클리가 활동하던 시기에는 이전보다 더 개량된 망원경, 현미경, 안경 등이 있었지만 시각 능력에 관한 지식은 매우 부족했다. 이러한 사실에 착안해 버클리는 초기에 시지각視知覺을 집중적으로 연구했는데, 그중 하나를 소개하면 다음과 같다.

사람은 상대적으로 먼 위치에 있는 대상의 거리를 파악할 때 단안단서(한쪽 눈만 필요한 단서)를 사용하고, 상대적으로 가까운 위치에 있는 대상의 거리를 파악할 때는 양안단서(양쪽 눈이 필요한 단서)를 사용한다. 양안단서에는 수렴과 원근조절이 있다. 수렴convergence이란 어떤 대상이 가까이 다가오거나 멀어질 때 동공 사이의 거리를 좁히거나 넓힘으로써 눈의 배열을 변화시키고, 이런 눈의 움직임과 연결된 근육의 움직임을 통해 거리를 측정하는 것을 말한다. 원근조절accommodation이란 어떤 대상을 명확하게 지각하기 위해 렌즈의 모양을 바꾸는 것을 말한다. 가까이 있는 대상을 지각하기 위해 렌즈를 더 볼록하게 바꾸고 이와 연결된 근육을 움직이고 감각을 얻음으로써 거리를 파악한다. 버클리가 주장한 주관적 관념론도 상당 부분 시지각 연구에 기초한 것이다. 잘 알려져 있듯이 외부 세계의 물체는 위아래가 바뀐, 즉 180도 뒤집힌 상태로 사람의 망막에 맺힌다. 그러나 사람은 그 물체가 뒤집혀 있다고 인식하지 않는데, 어떻게 해서 이런 일이 가능한 것일까? 이에 대해 버클리는 '경험' 때문이라고 답한다. 버클리에 의하면 사람은 어떤 대상을 '직접 보는 것'이 아니라 단지 시각 정보와 과거의 경험을 기초로 그 대상에 대한 판단을 내릴 뿐이다. 이런 식으로 사람은 어떤 대상을 직접 인식하는 것이 아니라 경험을 토대로 지각한 정보를 판단하기 때문에 객관세계에 대해 완전히 확신할 수 없다. 확실한 것은 오로지 자신이 '지각하고 있다는 사실'밖에 없다. 이러한 주장 때문에 버클리의 철학은 주관관념론subjective idealism 또는 유심론immaterialism으로 불리게 되었다.

버클리는 사물의 성질이 객관적이라는 사실을 부인하고 주관적이라고 주장했다. 그에 의하면 극심한 뜨거움이나 차가움 같은 촉각으로 인한 고통은 사람의 마음속에 존재하는 '심'적인 것이다. 한쪽 손은 뜨겁고 다른 한쪽 손은 차가운 상태에서 양손을 물에 담글 경우, 잠깐 동안은 손의 온도에 따라 물의 온도를 다르게 느낀다. 하지만 물이라는 객관적 사물에는 뜨거움과 차가움이 공존할 수 없다. 그러므로 뜨거움과 차가움은 단지 사람의 마음속에만 존재하는 하나의 감각일 뿐이다. 미각의 경우에도 단맛은 즐거움을, 쓴맛은 고통을 주는데 즐거움과 고통 역시 '심'적인 것이다.

또한 버클리는 시각의 경우에도 '어떤 대상의 색을 본다'라는 견해에 반대했다. 그는 석양의 구름이 다양한 색을 띠는 것 같지만 실제로 가까이서 보면 그렇지 않음을 알 수 있다고 말하며 구름이 다양한 색을 띠지 않는다고 주장했다. 결국 버클리에 의하면 객관적 사물이란 관념 또는 표상의 결합에 지나지 않는 것이다. "사물이란 관념이다. 그리고 관념은 정신 밖에서 존재할 수 없다. 따라서 사물의 존재는 지각된 것이다"라는 말이 잘 보여주듯이, '존재 = 지각된 것'이라는 원리는 버클리의 주관관념론에서 핵심이다.

지금까지 살펴본 것처럼 버클리는 극단적인 '유아론唯我論, solipsism'을 주장했는데 그에 따르면 객관적 사물(심지어 부모마저)의 실재성은 나 자신의 지각을 떠나서는 논할 수 없다. 아마 상식이 있는 사람이라면 버클리를 이렇게 비판할 것이다. "만일 사람에게 확실한 것이 오직 '지각'뿐이라면 '마을 밖에 숲이 있다'와 같은 직접 지각하지 못하고 얻게 되는 정보가 사실인지 아닌지 어떻게 알 수 있는가?"라고 말이다.

이런 의문에 대해 버클리는 그러한 정보도 사실이라고 말하며 그것이 가능한 것은 세상의 모든 사물이 영원한 지각자permanent perceiver인 '신'에 의해 항상 지각되기 때문이라고 주장했다. 결국 사람도 오직 신에 대한 믿음을 통해서만 실재reality의 영속성을 확신할 수 있다는 것이다. 이렇게 버클리는 주관관념론의 불합리성으로부터 도피하기 위해 주관관념론에서 객관관념론으로 이행했다. 그에 의하면 '신'은 감각을 일으키는 원인이며, 세계는 '신'의 지각에 의해 존재한다. 따라서 자아가 존재하지 않고 자아의 지각이 없더라도 다른 사람의 지각, 나아가 '신'의 지각에 의해 세계가 존재하는 것이다. 사실 이것은 그의 주관관념론이 불합리함을 시인하는 것에 불과하다. 하지만 버클리는 이러한 논리를 구사하면서 무신론적 유물론자들을 공격했다. 참고로 짚고 넘어갈 것은 버클리가 시대 추세에 맞지 않게 관념론을 옹호했던 이유가, 그가 아일랜드의 성공회 주교였다는 사정과 밀접한 관련이 있다는 사실이다.

‘주관관념론’이란?

주관관념론이란 개별적인 인간의 감각, 의식을 1차적인 것으로 보고 그것에 의해 객관적 물질세계가 규정된다고 주장하는 비과학적인 철학이다. 주관관념론자들은 사람의 감각과 주관적 의식의 존재만 인정하고 객관적 사물이나 현상의 실재는 인정하지 않는다.

주관관념론에 의하면 객관적 사물과 현상은 인간의 여러 감각이 다양한 방식으로 결합되어 이루어진 ‘감각의 복합’에 지나지 않거나 의지의 산물일 뿐이다. 사물과 현상은 오로지 사람들의 감각에 의해 지각되는 한에서만 존재한다. 이 때문에 주관관념론은 필연적으로 객관적인 사물 현상과 그 운동 발전의 합법칙성을 부인하고, 현실적으로 존재하는 것이 오직 나와 나의 감각뿐이라고 주장하는 유아론으로 귀결된다. 또한 주관관념론은 감각을 순수 주관적인 것으로 봄으로써 객관적 사물 현상의 반영이라는 인식의 본질을 왜곡하며, ‘객관적 세계를 인식할 수 없다’라는 불가지론으로 이어진다.

근대 서유럽에서 주관관념론을 주장한 대표적인 철학자로는 영국의 버클리와 흄이 있다. 버클리는 사람의 감각이 순수 주관적인 것이므로 사물은 곧 감각의 복합에 지나지 않으며, 따라서 감각이 없는 곳에는 사물도 있을 수 없다고 주장했다. 흄 역시 버클리와 마찬가지로 사물이 객관적으로 존재한다는 사실을 부정하고, 사물은 곧 감각의 결합이고 모든 자연은 지각의 총체라고 주장했다. 버클리가 감각 외에는 아무것도 없다고 주장하며 유아론에 빠져들었다면, 흄은 감각의 배후에 무엇이 있는지 없는지는 올바로 설명할 수 없다고 주장함으로써 불가지론으로 떨어졌다.

버클리와 흄의 주관관념론은 이후 오스트리아의 에른스트 마흐Ernst Mach에 의해 다시 부활했다. 마흐는 사람들의 경험을 객관적 현상과 관계없는 인간의 체험, 감각의 총체로 이해하고 모든 현상의 기초에 경험의 요소가 놓여 있으며 각각의 사물 현상이 요소의 복합이라고 주장했다. 그리고 사람들의 의식이나 감각 없이는 객관세계가 존재할 수 없으며 자연법칙, 인과성, 합법칙성, 시간과 공간 등이 다 인간의 주관적 의식의 산물이라고 주장했다. 마흐 이후에도 주관관념론은 유럽에서 실존주의, 미국에서 실용주의라는 이름으로 끈질기게 그 명맥을 유지해오고 있다.

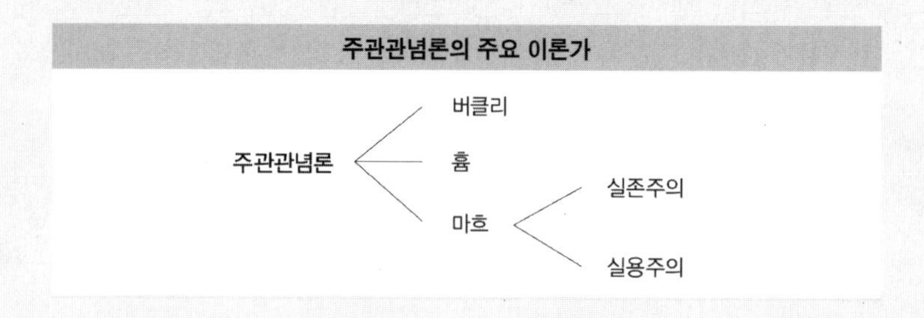

버클리와 흄, 마흐 등에 의해 제창된 주관관념론에 따르면 인간에 대한 착취와 압박, 실업과 빈궁, 공황, 살인, 강도와 같은 자본주의사회에 존재하는 모든 사회악들은 객관적 현실이 아니라 인간의 감각 속에서만 존재하는 순수 주관적인 것이 되어버린다.

'연합의 법칙'을 제안하다: 흄

◆ 데이비드 흄

데이비드 흄David Hume(1711~1776)은 버클리의 주장을 계승하면서도 그의 견해에서 발견되는 모순점을 극복하려고 노력했으나 결국 회의주의에 빠지고 만 인물이다. 흄이 심리학에 기여한 바가 있다면 그것은 아마도 영국 경험론 철학의 견지에서 제기했던 '연합'의 법칙일 것이다. 그는 유사성, 근접성, 인과관계라는 세 가지 연합의 법칙을 제안했다. 첫째로 유사성resemblance이란 A라는 대상이 B라는 대상과 비슷할 경우, A가 B를 생각나게 하는 것을 말한다. 어떤 사람의 얼굴을 보고 그것과 유사한 동물을 떠올리는 것을 예로 들 수 있다. 둘째로 근접성contiguity이란 사물들을 함께 경험하는 것을 말한다. 어느 휴양지에 놀러갈 때마다 광어매운탕을 먹었던 사람이 훗날 광어매운탕을 떠올릴 때 그 휴양지가 생각나는 경우를 예로 들 수 있다. 셋째로 인과관계cause and effect란 어떤 사건 뒤에 또 다른 사건이 규칙적으로 일어나면서 그 둘 사이의 연합이 만들어지는 것을 말한다. 누군가 밤에 사과를 먹고 위통을 경험하는 일을 몇 차례 반복해서 겪고 난 뒤, 밤에 먹는 사과가 위통을 일으킨다는 것을 알고 그 두 가지를 연합해서 생각하게 되는 상황을 예로 들 수 있다. 흄은 사람이 인과관계를 반복적으로 경험한다고 하더라도 사람의 경험에는 한계가 있기 때문에 결코 사건의 진

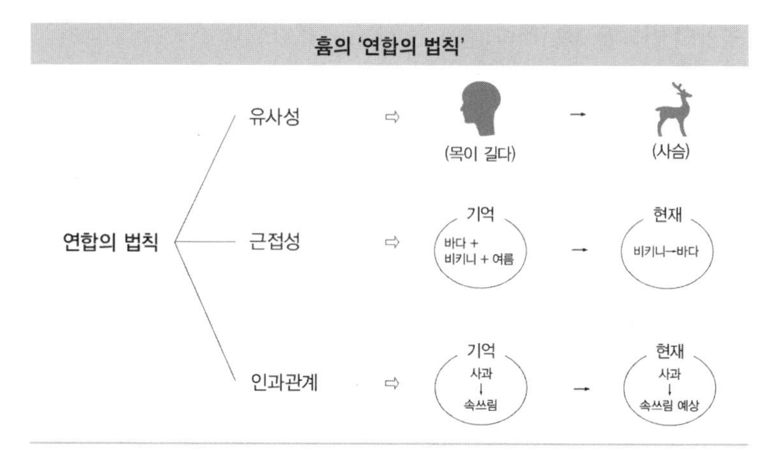

정한 원인에 대해서는 확신할 수 없다고 주장했다. 나아가 그는 "나는 오직 나의 감각만을 인식한다"라고 하면서 객관세계의 실재성에 대해 회의적인 태도를 취했다. 흄이 '회의론자'로 불리게 된 것은 바로 이러한 입장 때문이다. 흄은 인간이 단지 자기의 심리적 체험만을 알 수 있을 뿐이며 무엇이 그 배후에 있는지, 또 있다면 감각의 원천은 어디에 있는지는 알 수 없다고 생각했다. 심지어 흄은 자아의 존재까지도 지각에 귀결시켰는데, 그에 의하면 자아라고 하는 것은 이러저러한 지각의 묶음이나 집합에 지나지 않는다. 자아의 존재조차 지각의 한계를 넘을 수 없다고 본 그가 외부 세계의 존재를 회의적으로 대한 것은 당연한 귀결이다.

인간 심리에 대한 흄의 관념론적 견해는 윤리 및 종교에 대한 그의 견해에서도 찾아볼 수 있다. 그는 도덕과 미학이 오성悟性의 대상이 아니라 취미와 감정의 대상이라고 주장했다. 즉, 도덕적 미와 자연적 미는 개념적으로 파악해야 하는 대상이 아니라 '느껴야 하는' 대상이다. 이것들은 인간의 감정과 격정에 의해 규정된다. 이로부터 흄은 행위의 동기를 이성으로 보는 합리주의적 견해를 반대하고 감정이 영원한 도덕적 가치를 규정하는 유일한 원천이라고 이해했다.

또한 그는 종교란 희망, 공포, 실망 또는 자연의 조화에 의해 생긴 감정과 의인화라는 심리 작용이 결합되어 발생한 것이라고 주장했다. 다시 말해 종교는 '만들어진 것'이 아니라 인간 정신으로부터 자연적·필연적으로 생겨난 것이다. 흄은 이미 원시사회에서부터 장래에 대한 고통과 희망이 의인화라는 심리 작용과 결부되면서 사람의 운명을 지배하는 '신'이 등장했다고 주장했다. 신이나 종교에 대한 이러한 회의론으로 인해 흄은 당대 교회와 갈등을 겪어야 했다. 칸트와 같은 후세의 철학자들에게 상당한 영향을 미친 흄의 견해는 결론적으로 말하면, 객관적으로 존재하는 정신현상, 심리현상을 주관적으로 해석한 전형적인 주관관념론이라고 볼 수 있다.

영국의 연합주의 심리학

근대 영국에서는 인간 심리에 대한 유물론적 견해와 관념론적 견해가 경험론 철학의 테두리 안에서 서로 대립하면서 발생, 발전했을 뿐만 아니라 '연합주의associationism'(연합주의 심리학이라고도 한다)도 출현했다. 연합주의란 정신, 의식을 '연합이라는 힘에 의해 서로 연관된 관념들의 복잡한 집합'으로 이해할 수 있다는 학설이다. 이때 사물 현상은 여러 경험을 통해 인간 심리 속에서 서로 연합되므로 연합주의는 곧 경험론에 기초한 견해라고 볼 수 있다. 연합주의는 관념의 연합을 가지고 인간의 정신과 의식을 설명하려는 이론이다. 즉, 모든 정신현상, 의식현상을 관념의 연합으로 설명하는 것을 근본 원리로 삼는다. 물리학이 물체의 운동을 타성과 인력으로 설명하듯이 연합주의는 복잡한 정신현상을 구성하는 가장 단순한 요소를 관념(표상)이라고 보고, 그 관념이 연합되는 법칙을 발견해 그것을 이용해서 복잡한 정신현상을 설명한다. 이것이 바로 연합주의의 특징이다.

관념을 설명하기 위해서 처음으로 연합의 법칙을 사용했던 철학자는 아리스토텔레스Aristoteles이지만, 엄밀히 따지자면 연합주의적 경향은 홉스에 의해 본격화되었다. 홉스는 관념이란 신체의 물질 운동에 의한 것이며, 이 물질 운동은 규칙적이기 때문에 관념의 운동도 규칙적이라고 생각했다. 그리고 이러한 운동은 방해를 받지 않는 한 그 상태가 영원히 지속된다고 보았으며, 일단 소거되었던 관념도 다시 나타난다는 재생의 법칙을 제안했다. 버클리나 흄도 관념을 설명할 때 이런 식으로든 저런 식으로든 연합의 법칙을 적용했다고 말할 수 있으나 정확한 의미에서 연합주의를 주장한 최초의 학자는 하틀리라고 할 수 있다.

연합주의 심리학의 시조: 하틀리

◆ 데이비드 하틀리

흄과 동시대를 살았던 데이비드 하틀리David Hartley(1704~1757)는 물질의 진동에 근거해 정신 현상을 설명한 철학자이다. 그는 모든 물질을 공간 속에서 진동하는 분자들로 개념화할 수 있다는 아이작 뉴턴Isaac Newton의 아이디어를 받아들여, 신경이 진동을 통해 감각 정보를 전달한다고 믿었다. 그에 의하면 외부 세계에서 오는 물리적 작용의 운동은 뇌(신경)의 운동을 일으키고 그다음 운동신경에 전달된다. 일단 생겨난 감각 과정은 뉴턴의 시각잔상에 관한 설명처럼 계속 지속되기 때문에 뇌의 운동도 점차 경감되기는 하지만 계속 지속된다. 하틀리는 관념에 대응하는 이러한 미미한 진동('미소 진동'으로도 불린다)이 기억의 기초를 이루며 그것이 다시 재생된 것이 연상이라고 주장했다. 즉, 연상은 두 개의 감각이 동시에 혹은 계속적으로 신경을 자극할 때 발생하거나, 하나의 신경 흥분이 다른 신경 흥분을 불러일으킬 때 성립된다. 하틀리 역시 개별적인 관념들의 연합으로 복합관념이 형성된다고 믿었던 연합주의자였지만, 신경계에 기초한 입장 때문에 그의 학설은 생리학적 연합주의 또는 신경 흥분설로 불리기도 한다.

연합주의의 경우 학자들마다 견해에 다소 차이가 있으나 모두 궁극적 요소인 관념이 연합의 법칙에 따라 결합되어 여러 양상으로 나타

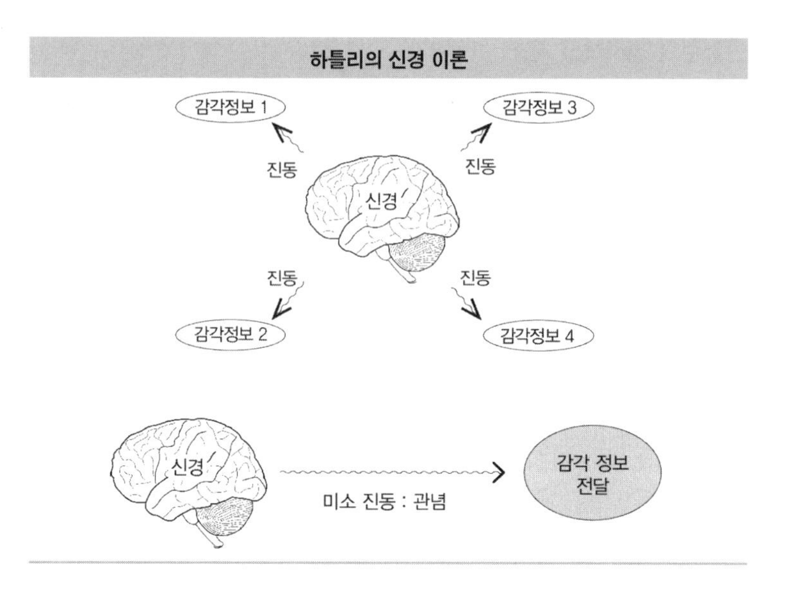

난 것이 정신현상이라는 데에는 의견이 일치했다. 그러나 연합주의는 연합의 원리를 사물과 현상의 내적이며 필연적인 연관에 의해서가 아니라 반복적인 경험이나 관습에 의해 주어지는 순수 주관적인 것으로 설명했다. 그 결과 사물 현상들의 합법칙적 연관성을 인정하지 않게 되거나 그것에 대한 연구를 등한시하게 되었다. 연합주의의 이러한 비과학적인 관념론적 견해는 이후의 심리학 형성에 커다란 영향을 미쳤으며, 궁극적으로 '사람은 객관적 법칙에 의해서가 아니라 주관적 신념에 기초해 행동할 수밖에 없다'라는 주장으로 귀결되었다.

02

근대 프랑스의 철학

데카르트 · 라메트리 · 엘베시우스 · 몽테스키외 · 콩디야크

근대 프랑스 철학에서는 영국과 달리 합리론이 주류적 지위를 차지했고 인간 심리에 대한 견해도 그것의 영향을 강하게 받았다. 문예 부흥기 이후에 유럽 대륙에서는 봉건주의와 종교를 반대하는 신흥 자본가들이 대거 등장했고, 프랑스를 비롯한 대륙의 여러 나라에서 자본주의적인 관계가 급속히 발전했다. 시민혁명을 주도했던 신흥 자본가들의 요구를 대변하는 합리론 철학자들과 사상가들은 주로 인간의 이성을 전면에 내세워 인간 정신을 설명하려고 했다.

심리학의 아버지: 데카르트

◆ 르네 데카르트

근대 프랑스 철학에서 합리론의 대표자는 흔히 근대 철학, 수학, 생리학 그리고 심리학의 아버지로 여겨지는 데카르트이다. 르네 데카르트 Rene Descartes(1596~1650)는 베이컨과 함께 근대 철학의 아버지로 불리는 학자로서, 유명한 철학자이자 자연과학자인 동시에 일련의 인간 심리에 관한 견해들을 주장한 인물이다.

데카르트의 심리학적 견해는 이성 위주의 합리론적 주장에서 잘 드러난다. 대중적으로도 잘 알려져 있듯이, 그는 "나는 생각한다. 고로 나는 존재한다"를 자기 철학의 출발 원리로 삼았다. 데카르트는 사람이 감각에 속을 수 있기 때문에 감각에서 나오는 증거들이 절대적인 진리가 될 수 없다고 믿었다. 그러나 그는 오직 한 가지만은 의심할 수가 없었는데, 그것은 바로 자신이 의심을 하고 있다는 사실 자체였다. 만일 감각이나 경험이 신뢰할 수 없는 것이라면 사람은 진리를 어떻게 파악할 수 있을까? 결론부터 말하자면 데카르트가 주장한 진리를 파악하는 유일한 방법은 이성적인 사유 능력 혹은 추론 능력을 확실하게 사용해 스스로 진리에 도달하는 것이다. 그는 감각이 지식의 원천이고 이성은 백지와 같다는 경험론의 견해를 반대하고, 지식이 경험에서 주어지는 것이 아니라 이성에서 도출된다고 강조했다.

데카르트의 '진리를 파악하는 방법'

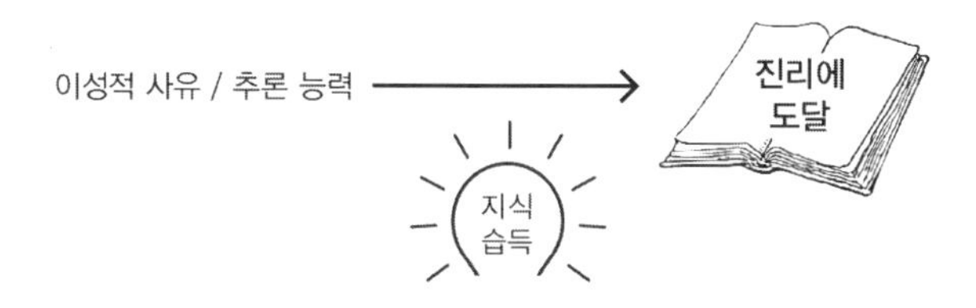

또한 데카르트는 경험적 지식을 부인하는 대신 지식의 기원을 '생득관념innate ideas'(본유관념이라고도 한다)으로 설명했다. 생득관념 중에는 선천적인 능력을 사용해서 알게 되는 관념들도 있고 추론 능력을 사용하여 도달할 수 있는 관념들도 있다. 전자에는 확대, 연장extension과 같은 관념이, 후자에는 신, 자아, 몇몇 기본적인 수학적 진리들에 대한 관념이 해당된다. 데카르트는 생득관념과 달리 세계를 경험함으로써 얻게 되는 관념들을 파생관념derived ideas이라고 불렀는데, '특정 크기의 숯이 3시간 정도 불에 탈 수 있다'라는 사실을 경험을 통해 아는 것 등이 그 예라고 할 수 있다. 데카르트에 의하면 생득관념은 증명을 필요로 하지 않지만 파생관념은 증명을 필요로 한다. 따라서 경험에 의존하지 않고 이성으로 도달하는 생득관념이 관념들 중에서는 가장 중요하다.

역사상 가장 잘 알려진 이원론자dualist로 불리기도 하는 데카르트는 이원론적 입장에서 영혼과 육체의 상호 관계 문제를 설명했다. 우

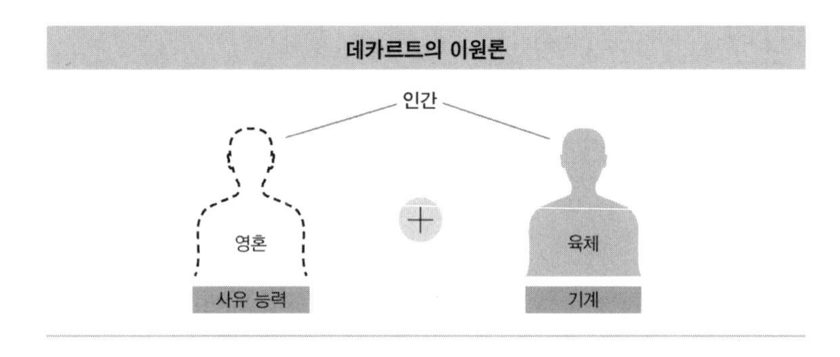

선 그는 영혼과 육체가 뚜렷하게 분리되어 있다고 주장했는데, 그것은 연장성을 가진 물질적 실체인 '육체'와 사유를 속성으로 가진 '영혼' 사이에 접촉점이 없기 때문이다. 데카르트에 의하면 육체는 사유할 수 없고 영혼에는 연장성이 없다. 또한 육체는 공간을 차지하며 공간에서 움직이는 반면, 마음에는 연장이라는 특성도 운동이라는 특성도 없다. 연장성이 없는 영혼의 중심부에 인간의 사유 능력이 있다면 육체는 본질적으로 기계이다. 데카르트의 이원론은 인간과 동물을 구분하는 하나의 강력한 기준을 제공했는데, 바로 인간만이 이성을 가진다는 점이다. 다시 말해 인간은 이성을 가진 동물 혹은 기계이며 이러한 특성이 동물과 인간을 구분 짓는다고 보았다. 데카르트가 인간의 육체를 기계로 간주했던 것에는 기계 제작 기술의 놀라운 발전이 영향을 미쳤다. 기계 제작 기술이 크게 발전했던 문예 부흥기에 유럽의 성당과 공공건물에서는 특정 시간마다 사람의 실물을 본뜬 움직이는 기계인형들이 등장해 사람들을 즐겁게 했다. 또 당시 유럽의 부유층들이 살던 저택의 정원에는 화려한 기계분수가 있었고 수력을 이용한 수압 기계로 작동되는 기계인형들이 있었다.

데카르트는 심신 관계 문제에서는 상호작용론자 interactionist의 입장이어서, 영혼(정신)이 육체에 직접적인 영향을 미칠 수 있고(예: 다이어트를 하겠다는 결심이 운동을 하게 만든다) 육체도 영혼(정신)에 영향을 미칠 수 있다고 생각했다(예: 다이어트의 부분적 성공으로 살이 빠지면 그것이 다시 더 열심히 다이어트를 하겠다는 동기를 유발한다).

데카르트는 인간의 정서에 관해서도 흥미로운 견해를 피력했다. 그는 정서가 동물 정기 animal spirits의 착란에 의해 발생한다고 보고, 정서가 심장의 열에 의존해 발생하기도 하고 아래에서 위로 올라가는 액체의 성질에 의존해 발생하기도 한다고 주장했다. 또한 정서가 신체에 대한 이익이나 위험을 예고하는 작용이라고 봄으로써 정서 본능설을 암시했다. 그뿐만 아니라 데카르트는 인간의 기본 감정에 관해서도 자기 의견을 개진했다. 그는 경탄, 사랑, 증오, 욕망, 희열, 비애를 인간의 여섯 가지 기본 감정으로 지목했다. 나아가 정서가 기본적으로는 신체의 본질적 변화에서 기인하지만, 과거의 경험이 정서에 영향을 미치기도 한다고 주장하면서 사람이 과거에 보았던 사물을 다시 보았을 때 그 사물이 당시의 정서를 불러일으킨다고 말했다. 데카르트는 정서를 지나치게 넓은 의미로 해석하는 바람에 정서에다 지각, 이념의 작용뿐만 아니라 감각까지 포함시키는 오류를 범하기도 했다. 하지만 그가 시대에 앞서서 다양한 심리학적 주제들을 고찰했다는 점은 높이 평가할 필요가 있다.

데카르트는 삶의 보람과 행복에 관한 문제에서도 이성을 위주로 설명했다. 그에 의하면 인간의 생활은 자유의지에 따라야 하는데, 이 자유의지는 지식에 의해 결정되며 인간의 행위는 지식과 감정이라는 두 측면의 제약을 받는다. 지식의 측면에서 도덕이란 명석한 지식이며, 감정의 측면에서 도덕이란 감정이 의지의 통제를 받은 것이다. 또한 지식의 측면에서 비도덕이란 불명확한 지식이며, 감정의 측면에서 비도덕이란 의지가 감정의 노예가 된 것이다. 감정은 의지와 지력의 활동을 방해하며 정신은 육체로부터 오는 감정과 욕망 때문에 혼란해진다. 참다운 생활의 목적은 이러한 그릇된 상태에서 벗어나는 것이며, 즉 이성이 자기 인식을 통해 마음을 어지럽히는 감정을 극복하고 명백한 지적 · 이성적 행위를 하는 것이다.

데카르트는 인간의 감정적 욕망을 충족하지 말고 이성으로 감정을 통제할 것을 강조했다. 사실 데카르트는 이성에 부합하지 않는 종교적 · 봉건적 도덕에 반대하기 위해 감정에 대한 이성의 우위를 주장했지만, 동기나 감정 등을 비이성적인 것으로 치부함으로써 결과적으로 이후의 학자들이 그것을 등한시하거나 심지어 적대시하게 만드는 원인을 제공했다. 이것은 데카르트가 동기나 감정의 본질을 올바로 이해하지 못했을 뿐만 아니라, 감정이 인간 심리에서 차지하는 지위와 역할에 대해서도 오해하고 있었음을 의미한다.

데카르트가 심리학에 공헌한 바는 무엇인가?

데카르트가 근대의 심리 이론에 공헌한 바는 크게 두 가지이다. 첫째는 반사reflexes 개념을 발견한 것이고, 둘째는 정신의 영역을 의식의 영역으로 개편한 것이다. 데카르트는 심리학 역사상 처음으로 반사 개념을 제안했다. 그는 신체 기관에 대한 경험적 연구에 기초해 신체가 자체적으로 조절되는 체계, 즉 기계bodily machine라고 결론 내렸다. 여기에 결정적인 영향을 미친 것이 윌리엄 하비William Harvey의 '혈액순환설'(하비는 심장이 피를 만드는 기관이 아니라 기계적인 펌프 역할을 하는 요소일 뿐임을 증명했다)과 생명체의 행동을 기계의 구조에 비유해 설명할 수 있는 가능성을 열어준 '과학기술의 발전'이다.

데카르트는 그 당시 하비가 발견한 혈액순환 법칙의 성과들을 고려해 생리학적 견해를 제기했는데, 그중에서 가장 가치 있는 것이 바로 반사에 관한 주장이다. 데카르트는 동물의 행동을 외부 자극에 의한 반사라고 설명했으며, 심신 관련 문제에 관해서도 이 반사의 개념을 활용했다. 그는 "신체 내에서 영혼이 즉각적으로 기능하는 기관은 결코 심장이 아니며 뇌도 아니다. 모든 부위들 중에서 가장 안쪽에 있는 부분, 즉 뇌의 한가운데에 위치한 아주 작은 어떤 선腺임이 확실하다"라고 하면서 심신 상호작용이 일어나는 장소로 송과선pineal gland을 지목했다. 데카르트에 의하면 본래 혈액에서 파생된 '동물 정기'(끊임없이 움직이는 미소한 입자로서 당시 모든 운동의 배후에 있는 원동력으로 간주되었다)는 감각에서 뇌로, 뇌에서 근육으로 흥분을 전달한다. 그리고 육체의 동력은 음식에 의해, 심장에서 만들어진 열에 의해 만들어진다. 이 열의 작용으로 순환이 일어나며 음식이 소화·흡수되면서 혈액이 생성된다. 즉, 정제된 음식은 외벽에서 심장으로 가서 혈액이 되고 심장에서부터 뇌까지 연결된 큰 동맥을 따라 동물 정기가 운동한다는 것이다. 이처럼 데카르트는 신체를 기계적으로 작동하는, 영혼과 완전히 독립된 별개의 것이라고 보았다. 그러나 인간은 의지로써 상호 독립적인 신체와 정신을 결합시켜서 신체 운동을 일으킬 수도 있는데, 데카르트는 그것이 이루어지는 장소가 바로 송과선이라고 보았다(물론 송과선에 관한 이러한 주장은 오류이다).

데카르트가 근대의 심리 이론에 공헌한 또 한 가지는 그가 의식의 문제를 초자연적인 영혼이나 정신의 문제와 구별 지었다는 점이다. 물론 데카르트도 다른 철학자들과 마찬가지로 정신에 관해 논했지만, 정신을 '자기 자신이 직접적으로 지각함으로써 스스로에게 발생하는 모든 것'으로 규정했다는 점에서 다른 철학자들과 구별되었다. 이것은 그가 내성의 원칙, 즉 의식의 자기 반영 원칙을 도입해서 '자기 자신을 반영하는 내부 세계에 폐쇄된 의식'으로서의 내성 개념을 쌓았음을 의미한다. 이처럼 데카르트는 그간 철학에서 논의되던 폭넓은 정신현상에 대한 개념으로부터 의식 혹은 심리의 개념을 분리하고 그 내용을 정식화함으로써, 인간 심리에 대한 연구를 더욱 깊이 있게 만들었다. 바로 이것이 심리학 이론의 발전에 기여한 데카르트의 주요한 공적이다.

그러나 인간 심리에 대한 데카르트의 견해에는 일련의 문제점들이 발견되었는데, 무엇보다 그가 물질적 실체와 함께 그것과 독립하여 존재하는 정신적 실체, 생득관념을 인정했다는 것이었다. 데카르트는 사유를 기본 속성으로 하는 독자적인 정신적 실체를 물질적 실체와 절대적으로 분리시킴으로써, 연역적 방법에 의해 도출된 지식의 진리성에 관한 기준을 외부 세계와 아무런 관련이 없는 지식 자체의 명백성, 명료성, 자기 명확성에서 찾는 관념론적 오류를 범하게 되었다.

이후 근대 프랑스에서는 데카르트의 합리론 철학과 함께 심리를 유물론적으로 해석하는 견해들이 등장했는데, 그 대표적인 철학자들이 라메트리, 엘베시우스 등이다.

‘내성법’이란?

내성이란 말 그대로 자기의 마음과 의식을 관찰하는 것으로, 이것을 심리학 연구에 도입한 것이 내성법introspection이다. 내성법은 의식을 연구하기 위해 자기 자신의 경험을 주관적으로 관찰하는 방법을 말한다. 그 예로서 실험실에서 실험자가 자신의 생각을 일러주는 대신, 피험자들에게 ‘가공되지 않은’ 감각 경험을 있는 그대로 보고하라고 주의를 주는 것을 들 수 있다. 실험자가 피험자에게 색깔이나 소리 등을 제시하고 내성을 보고하라고 요구하면, 피험자는 색채의 밝기나 소리의 크기 등을 나름대로 묘사하게 된다.

내성법을 올바로 사용하려면 피험자는 집중적인 훈련을 거친 사람이어야 한다. 따라서 피험자가 될 수 있는 사람은 제한적일 수밖에 없다(주로 심리학을 공부하는 대학생이 피험자가 된다). 티치너는 고도의 훈련을 받은 피험자들만이 ‘내성 습관’을 습득해 동일한 경험을 보고할 수 있다고 믿었다. 그러나 그것이 불가능하다는 사실이 곧 발견되기 시작했다. 예를 들면 동일한 자극을 제시했는데도 피험자들이 각기 다른 경험을 보고하는 경우가 빈발한 것이다. 그러나 내성법으로 얻은 자료는 본질적으로 주관적이기 때문에 누구의 말이 맞는지 판단할 만한 독립적인 방법이 없다. 이렇게 내성법이 객관적인 자료를 제공하지 못한다는 사실이 드러나고 행동주의 심리학이 내성법을 집중적으로 비판하면서 심리학자들은 내성법을 점차 사용하지 않게 되었다.

유물론 없이는 심리학도 없다: 라메트리

◆ 줄리앙 라메트리

줄리앙 라메트리Julien Offroy De La Mettrie(1709~1751)는 근대 프랑스 유물론의 창시자 중 한 사람이다. 그는 유물론적 입장에 기초해 인식현상을 설명했다. 라메트리는 물질적 실체가 모든 정신현상의 기초가 된다는 것을 자기 이론의 출발점으로 삼았다. 그에 의하면 세계의 기초에는 운동하는 물질이 있으며 모든 물질은 운동 법칙들의 직접적인 원인이 되는 운동 능력을 처음부터 가지고 있다. 그는 스피노자의 물활론과 달리, 만물이 모두 사유할 수 있는 것이 아니라 오직 조직된 물체만이 감각기능을 가진다고 생각했다. 즉, 라메트리는 동물과 사람만이 감각 능력을 가지고 있으며 무기계와 식물계에 속한 존재들에는 감각 능력이 없다고 보았다. 당시 상당수의 유물론자들이 물활론에서 벗어나지 못하고 있을 때 라메트리가 감각기능을 동물계에만 국한시킨 것은 매우 가치 있고 과학적인 주장이었다고 평가할 수 있다.

라메트리는 물질과 의식, 심리와의 관계 문제를 유물론적 입장에서 해석했다. 그는 감각하고 사유하는 인간의 능력이 전적으로 육체에 의존한 것이라고 생각했다. 라메트리는 이를 '인간기계론'을 통해 증명하려고 했는데, 그는 인간 유기체를 가장 복잡한 기계에 비유하고 거기에서 발생하는 복잡한 생리적 현상을 역학적인 합법칙성으로 설명했다. 그리고 정신현상을 생리적인 현상에 귀착시켜서 해석했다.

라메트리에 의하면 생리적인 현상은 신체의 기계적인 과정이며 용감함이나 비겁한 성질 등은 비장이나 간장의 상태와 관련된 것이다. 그는 사람이 두 다리가 있기에 걸을 수 있듯이 뇌의 물질적 · 기계적 운동이 있기에 사유할 수 있다고 주장했다. 이러한 견해는 인간의 의식을 신비화했던 기존의 종교적 · 관념론적 견해를 극복하는 데 공헌했으나, 인간의 정신을 유기체 기관의 생물학적인 작용과 동일시했다는 점에서 잘못된 견해였다.

인간 심리에 대한 라메트리의 견해는 사유에 대한 견해에서 뚜렷하게 드러난다. 그에 의하면 오직 조직된 물체만이 감각하고 사유할 수 있는 능력을 지니며 물질이 사유 능력을 갖는지의 여부는 그 조직성에 달려 있다. 따라서 가장 고도로 조직된 물질만이 사유할 수 있다. 이러한 맥락에서 라메트리는 인간 심리, 사유가 특수하게 조직된 육체의 산물이라고 주장했다. 그는 사유 활동이 '고도로 조직된 물질의

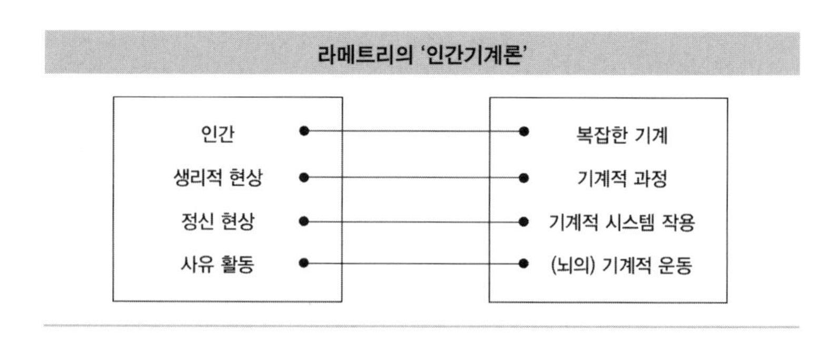

고차적인 운동 방식'이며 기계적 운동을 다소나마 포괄한다고 보았다. 한마디로 인간의 사유 활동이 뇌의 기계적인 운동이라는 것이다.

인간 심리에 대한 라메트리의 견해는 인식에 대한 견해에서도 드러난다. 그는 유물론적인 감각론을 주장했다. 라메트리에 의하면 사람의 인식 대상은 물질세계이며, 감각은 사유의 유일한 원천이다. 따라서 진리를 인식하려면 반드시 감각에 입각해야 한다. 감성 없이는 관념이 있을 수 없고, 감성이 적으면 그만큼 관념이 적다는 뜻이다. 그는 컴컴한 암실에 틀어박혀 있는 사람을 예로 들며 다른 사람과 전혀 접촉하지 않는 사람의 정신은 완전히 공허한 상태라고 보았다. 라메트리는 인식 과정에 대해 논하면서 인식이 사물에 대한 감성적 지각에서 시작되어 이론적 일반화로 상승해간다고 주장했다.

그는 1745년에 출간한 『영혼의 자연사Histoire naturelle de l'âme』에서 "감각기관보다 더 확실한 안내자는 아무것도 없다. 감각에 대해 아무리 나쁘게 말을 하더라도 진리를 탐구하는 문제에 있어서는 오직 감각만이 이성을 계발시켜줄 수 있다. 그러므로 만약 진리를 인식하기를 진정으로 열망한다면 언제나 바로 감각에 도달해야 한다"라고 말했다. 라메트리는 사유, 판단, 추리 등도 감각에 기초해서 해석했다. 그에 의하면 사유 활동은 감각에 의해서 발생하는 것이고 기억에 의해 보존된 관념적인 것들을 비교하고 결합시키는 행위이다. 판단은 두 개의 개념을 비교하는 행위로서 기억 없이는 이루어질 수 없다. 즉, 기억 없는 판단은 있을 수 없다는 말은 곧 감각 없이는 판단이 불가능하다는 것을 의미한다. 이 모든 것이 감각만이 논리적 사유의 기초라는 증거가 된다. 이러한 견해는 라메트리가 '감성적 인식'과 '이성적 인식'의 질적 차이를 무시했음을 잘 보여준다.

환경이 제일 중요하다: 엘베시우스

근대 프랑스에서 인간 심리를 유물론적으로 설명한 또 다른 대표자는 엘베시우스이다. 클로드 엘베시우스Claude Adrien Helvétius(1715~1771)는 다른 유물론자들과 달리 '사회적인 문제'를 자기 연구의 중심 과제로 설정하고 논의하면서 인간 심리에 대한 견해를 발전시켰다. 그의 논리에서 특징적인 것은 심리 형성 요인에 관한 견해이다. 엘베시우스는 감각이 모든 지식의 원천이라는 입장을 환경론에 입각해서 설명했다.

◆ 클로드 엘베시우스

그에 의하면 인간의 모든 관념, 의식은 감각이라는 하나의 근원으로 귀결되며 감각으로 환원될 수 있다. 이 감각은 외부 세계가 감각기관에 작용한 결과이다. 이로부터 엘베시우스는 인간의 관념과 의식을 객관세계와 환경의 반영으로 간주했으며, 그 결과 사람의 심리도 환경에 의해 결정된다고 믿게 되었다. 엘베시우스가 인간의 정신현상과 심리를 단순한 환경의 반영으로 이해했던 이유는 사람을 단순한 자연적 · 생물학적 · 육체적 존재로 바라보는 견해에서 벗어나지 못해 의식의 본질을 정확히 이해하지 못한 것과 관련이 있다.

엘베시우스는 인간의 지능과 사유 능력도 자연이 준 것이 아니라 교육의 산물이라고 주장했다. 그에 의하면 교육이란 사람을 감화시키는 데 영향을 미치는 사회적 환경의 총체로서, 이 사회적 환경이란 일정한 사회정치제도를 의미한다. 따라서 어떻게 교육되느냐에 따라 사람의 성격과 지능이 달라진다. 이렇듯 엘베시우스는 환경과 사람의 관계에서 환경이 사람의 심리에 영향을 미치는 측면을 절대화한 반면, 사람이 환경에 미치는 주동적 · 능동적 영향은 간과했다.

그러나 엘베시우스의 견해는 심리 형성 요인에 관한 가치 있는 학설이었다고 평가할 수 있다. 여러 심리 형성 요인 중에서 가장 중요한 것은 '동기'인데, 동기는 당대 사회제도의 성격과 발전 수준에 따라 제약을 받는 사항이었다. 이러한 점에서 그의 견해는 주목할 만하다. 하지만 행동주의 심리학의 입장과 본질적으로 동일한 엘베시우스의 견

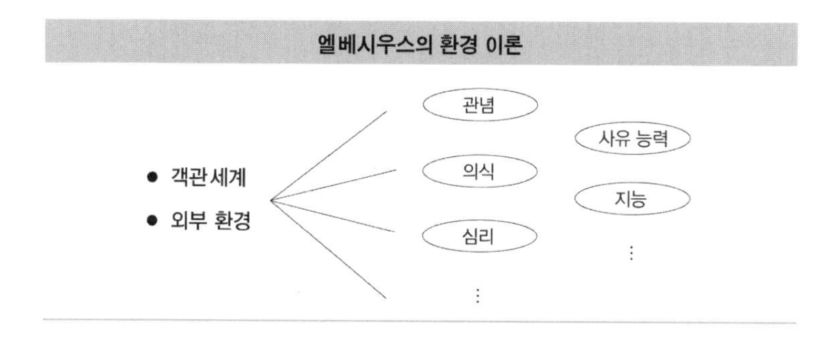

해는 환경만을 간주한 일면적인 이해에 기초한 것이어서 과학적인 타당성을 가질 수 없었다.

계몽주의 사상: 몽테스키외와 콩디야크

◆ 샤를 드 몽테스키외

근대 프랑스에서 나타난 인간 심리에 대한 견해는 계몽주의 사상에서도 일정 정도 발견되었다. 자본가계급의 사상적 대변자들이었던 계몽주의자들은 기독교의 교리와 봉건적 질곡을 반대하고 인간의 이성을 절대화하면서 모든 것을 다 이성에 비추어보아야 한다고 주장했다. 이성에 의해 증명된 것만이 진리라고 강조한 계몽주의는 한마디로 말해 이성의 빛으로 암흑을 계몽하려는 '이성 만세!' 운동이었던 것이다. 계몽주의자들은 이러한 입장에서 사회 역사적 견해들을 제기했고 그 과정에서 인간 심리에 관한 나름 가치 있는 견해들이 등장했다. 근대 프랑스의 계몽주의자들 중 인간 심리에 대한 가치 있는 견해를 주장했던 사람이 몽테스키외와 콩디야크이다.

샤를 드 몽테스키외Charles De Montesquieu(1689~1755)는 프랑스 계몽주의를 대표하는 학자이다. 그는 환경을 중심으로 사람들의 개성과 사회심리 형성에 관해 논했다. 몽테스키외는 엘베시우스와 달리 사람이 자연지리적인 조건에 의해 규정된다고 주장했는데, 그에 의하면 자연지리적인 조건은 정치형태뿐만 아니라 인종의 성격에도 영향을 미친다. 그는 북방인과 남방인의 성격에 차이가 나는 것도 기후 때문이라고 보았다. 즉 북방인이 정열적이고 호전적이며 용감하고, 인내력이 있고 자유를 좋아하는 것, 그리고 남방인이 나태하고 내성적이며 유약하고 종속적이며 악덕한 것이 기후와 관련이 있다는 것이다. 몽테스키외는 기후가 인간의 감정, 사상, 지성에도 커다란 영향을 미치며 민중의 풍속, 생활양식 등에도 영향을 주어 궁극적으로 법률에도 영향을 미친다고 주장했다.

몽테스키외에 의하면 추운 기후는 사람들의 원기를 왕성하게 해주어 좀 더 큰 힘으로 더 많은 결과를 거둘 수 있게 해주지만, 더운 기후는 사람들의 육체나 정신을 현저히 무력하게 만든다. 즉, "더운 나라 사람들은 노인과 같이 비겁하고 추운 지방 사람들은 청년과 같이 용감하기" 때문에 흔히 열대지방에서 노예제가 나타나고 한대지방에서 공화제가 나타난다고 보았다. 물론 몽테스키외가 자연지리적인 조건을 사회 역사와 인간을 규정하는 유일한 요인으로 본 것은 아니다. 하지만 자연지리적인 조건이 갖는 지배력이 다른 모든 지배력보다 강력하다고 주장했다. 이 때문에 그의 견해는 '지리적 결정론'으로 불리게 되었다.

몽테스키외의 학설은 사람과 객관적 조건 사이의 상호 관계를 통해 인간 심리를 이해하려는 긍정적인 시도를 포함한 것이기는 하지만 한

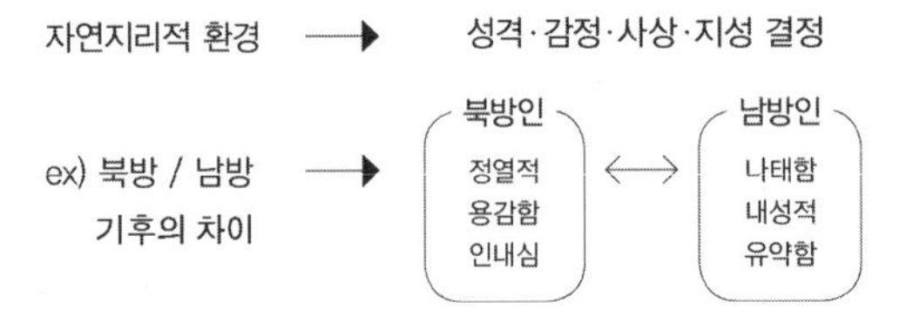

쪽으로만 치우쳐 있는 비과학적인 견해였다.

그 이유는 사람과 객관적 조건 간의 상호 관계에서 적극적인 역할을 하는 것이 사람이므로 심리 형성 요인 역시 사람을 중심에 두고 고찰해야 하는데, 자연지리적인 조건이 사람의 성격과 능력, 행동을 규정한다고 주장함으로써 사람과 객관적 조건 간의 상호 관계에서 주객전도의 오류를 범한 것이다. 또한 자연지리적인 조건이 모든 요인 중에서 가장 중요하다고 주장함으로써 심리현상의 근본 요인을 사람이 아니라 사람 밖에서 찾는 오류를 범했다.

사람의 정신적 · 육체적 특성에 미치는 자연지리적인 조건의 영향을 절대화하고 그것을 사회 역사의 영역으로까지 확대 · 과장했던 몽테스키외의 견해는 이후 착취 사회의 모순과 민족적 불평등을 합리화하는 데 이용되었으며, 인종주의와 민족배타주의를 합리화하고 침략과 전쟁을 정당화하기 위한 수단으로 전락해버렸다. 그러나 심리현상에 관한 논의에서 중세의 성격을 벗어던지고 사람과 객관적 조건 간의 상호 관계 문제를 전면에 제기했던 몽테스키외의 시도는 그 당시만 해도 진보적인 것이었다.

◆ 에티엔 콩디야크

인간 심리에 관한 근대 프랑스 계몽주의 사상가들의 견해는 콩디야크에게서도 찾아볼 수 있다. 에티엔 콩디야크Étienne Condillac(1715~1780)는 『감각론Traité des Sensations』에서 감각을 사유의 원천으로 간주하면서 경험이 과학적 지식의 기초가 된다고 강조했다. 그는 모든 인식 활동이 변형된 감각 작용에 지나지 않으며, 감성적 지각에서부터 시작된다고 생각했다. 콩디야크에 의하면 사람이 특정한 대상이나 현상에 주의를 돌리는 것은 감각에 몰두하는 행위이며, 기억한다는 것은 감각에 의해 주어진 것을 되살리는 행위이다. 또한 추상이란 한 개의 감각을 다른 감각으로부터 분리시키는 것이다. 감각은 감정적인 색채를 가지고 있어서 모든 감각은 쾌감이나 불쾌감을 주며 이로부터 긍정적이거나 부정적인 지향을 갖는 의지적 충동이 발생한다.

감각 중에서 가장 저급한 것은 후각이며 가장 고급한 것은 촉각이다. 사람들은 후각, 청각, 미각, 시각으로는 외부 세계에 대한 표상을 가질 수 없고 오직 촉각에 의해서만 처음으로 외부 세계에 대한 표상을 가질 수 있다. 이렇게 콩디야크는 촉각을 외부 세계에 대한 판단의 기초에 놓인 유일한 감각으로 간주했다. 콩디야크는 로크의 감각론을 계승하면서 그의 학설이 지닌 한계를 극복하려고 했으며 데카르트의 생득관념을 비판했다. 또한 로크와는 반대로 인간의 인식 활동에서 내적 경험이 갖는 특별한 의의, 즉 내적 경험의 존재를 부정했다. 다시 말해 기억, 사색, 판단들이란 감각의 변종에 지나지 않으며 따라서 내적 경험이 따로 있을 수 없다는 것이다. 콩디야크는 관념 역시 감각 혹은 감각에서 파생된 것에 지나지 않는다고 주장했다. 이와 같이 그는 데카르트의 생득관념과 합리론을 비판하면서 감각론을 고집했다.

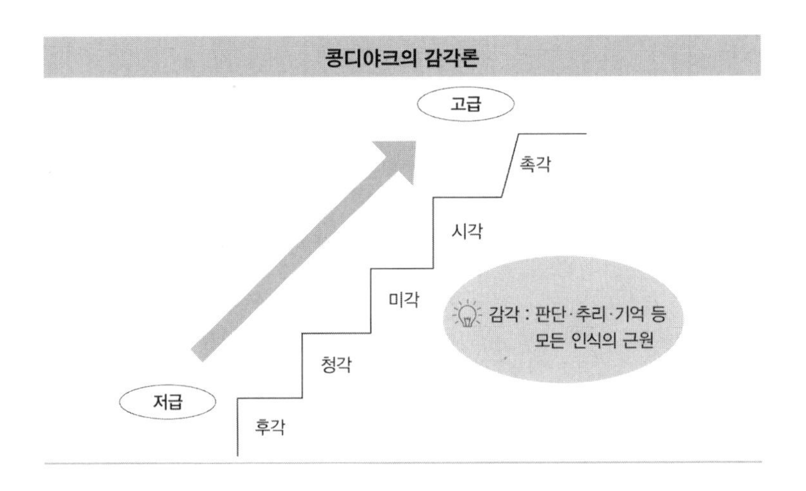

03

근대 독일의 철학

볼프 · 칸트 · 헤겔 · 포이어바흐

근대 독일에서는 고전 관념론 철학에 기초한 인간 심리에 관한 견해들이 발전했는데, 이러한 심리 이론은 영국과 프랑스의 '경험론'적 견해와 '합리론'적 견해가 절충된 것으로서 일련의 가치 있는 견해들을 포함하고 있었다. 여기서 특히 주목해야 하는 것은 근대 독일의 철학이 '심리학의 연구 대상을 명확히 규정하고 그것에 기초해 심리현상을 설명'하려고 시도했다는 점이다. 이러한 시도에서 등장한 것이 바로 독일 철학자 볼프의 '능력심리학'이다.

'능력심리학'의 시조: 볼프

◆ 크리스티안 볼프

크리스티안 볼프Christian Wolff(1679~1754)는 18세기 중엽에 심리학을 체계화하려고 시도한 인물이다. 그는 라이프니츠Gottfried Leibniz의 '단자론'과 '심신 평행론parallelism'(마치 두 개의 시계가 서로 독립적으로 존재하면서도 항상 같은 시간을 가리키듯이, 마음과 몸도 일치된 하나의 상태로 작동한다는 이론)을 계승하고 그것에 근거해서 심리현상을 논했다. 볼프는 1734년에 『경험적 심리학Psychologia empirica』을 출간하고 1754년에 『이성적 심리학Psychologia rationalis』을 발표하면서 자신의 심리학적 견해를 세상에 소개했다. 볼프는 '심리학'이라는 용어를 표제로 사용한 서적을 세계 최초로 출판한 사람으로서, 그의 심리학은 능력심리학이라고도 불린다.

볼프는 정신과 신체가 동일한 원리에 의해 이루어지고 발전한다는 관념론적 평행론을 지지했으며 인간의 모든 정신현상을 '능력'이라고 여겼다. 즉, 사람에게 알고 기억하고 상상하며, 느끼고 이해하고 추리하고 사랑하는 여러 정신 능력이 있다고 보고 그 내용을 분류하고 체계화하려고 시도했다. 그는 세계의 만물을 능동적 실체인 '단자'와 그 결합으로 설명했던 라이프니츠의 단자론을 받아들여 정신현상도 개개의 능력으로 이루어져 있다고 간주했다. 그리고 그것을 구분하고

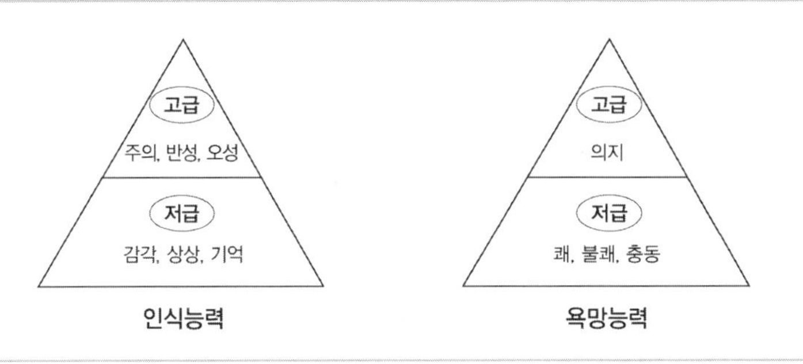

설명하는 것을 자기의 심리학적 연구의 목표로 삼았다. 볼프는 우선 능력을 크게 인식능력과 욕망능력으로 구분했다. 인식능력은 다시 저급한 인식능력과 고급한 인식능력이라는 두 가지로 구분된다. 저급한 인식능력에는 감각, 상상, 기억이 속하고 고급한 인식능력에는 주의, 반성, 오성(이성)이 속한다. 욕망능력도 두 개로 구분되는데, 저급한 것에는 쾌와 불쾌, 감각적 충동과 혐오, 정서가 속하고 고급한 것에는 의지가 속한다.

볼프는 의지에 관해 논하면서 훗날의 프로이트주의와 본질적으로 동일한, 쾌락과 고통의 감정이 행동을 결정한다는 쾌락주의적인 견해를 제기했다. 사람의 여러 능력이 오성에 의해 서로 연관되어 상호 영향을 주고받는다는 볼프의 주장은 인간의 정신현상을 관념론적으로 설명한 것으로서 내용 구분에서 독단적 · 주관주의적 경향이 강했고 신비주의적인 색채를 띠고 있었다. 이 때문에 볼프의 심리 이론은 과학적인 체계화로 이어지지 못한 채 사라졌다. 하지만 한때 그의 이론은 독일뿐만 아니라 프랑스와 영국에도 널리 알려졌으며, 19세기 중엽에 등장한 골상학 이론의 기초가 되기도 했고 훗날 미국에서 크게 유행했던 능력심리학에도 상당한 영향을 미쳤다.

탁월한 절충주의자: 칸트

◆ 임마누엘 칸트

근대 독일의 심리 이론은 칸트, 헤겔과 같은 관념론 철학자들과 포이어바흐에게서도 발견된다. 근대 독일에서 인간 심리에 관한 독특한 견해를 제안했던 철학자는 칸트이다. 독일 고전철학의 시조인 임마누엘 칸트Immanuel Kant(1724~1804)는 기존의 유물론과 관념론, 경험론과 합리론을 절충하고 화합해 완성된 철학 체계를 창시하려고 했다. 칸트는 선행 심리 이론들을 재평가하는 과정에서 일련의 합리적인 견해들을 제안했는데, 특히 객관세계에 대한 인식 과정에서 나타나는 심리현상을 선험주의적으로 해석했다.

그에 따르면 의식 안에는 어떠한 형식이 이미 선험적으로 존재하고 있어서 객관적인 대상이 감각기관에 작용하기 이전에 그 형식이 인식 과정을 규제한다. 칸트는 이러한 선험적 형식에 감성적 형식과 오성적 형식(이성적 형식)이 있다고 주장했다. 사람은 선험적 형식을 이용해 대상을 인식할 수 있으며, 감성적 인식으로는 객관적 대상을 파악할 수 없고 그것이 촉발시킨 현상만 파악할 수 있다고 보았다. 칸트는 『순수이성비판Kritik der reinen Vernunft』에서 "사람은 대상 자체, 즉 사물 자체가 무엇인지에 대해서는 아무것도 알지 못하며 다만 사물들의 현상, 다시 말해 사람의 감각에 작용해서 산생시킨 표상만 알 수 있을 따름이다"라고 말했다. 그러나 이것은 감성적 인식이 사물 현상의 외적인 측면만을 반영한다는 사실을 절대화하고, 그것을 현상의 세계만을 인식하는 것이라고 평가절하함으로써 표상의 본질을 왜곡하는 견해이다.

칸트는 감성의 선험적 형식과 함께 오성(이성)의 선험적 형식에 관해서도 논했다. 그에 의하면 인간에게는 12개의 표상이 이성의 선험적 형식으로 주어져 있으며, 이를 이용해야만 감성적인 형식으로 인식된 현상에 보편성과 타당성을 부여할 수 있다. 다시 말해 경험적 지식이 보편성 · 확실성 · 필연성을 가진 과학지식이 되려면 그것이 선험적인 범주에 의해 종합되어야 한다는 것이다. 이처럼 칸트는 경험적 지식의 보편성 · 확실성 · 필연성을 현실이 아니라 인간의 의식 안에 선험적으로 주어져 있는 범주와 개념에서 찾으려고 했다. 이러한 견해는 인식현상을 주관적인 것으로 곡해한 것이다. 인식현상은 인간의 심리현상 중에서도 가장 기초적이고 근원적인 정신현상으로서 모든 심리현상은 인식현상의 객관성과 보편성에 의해 그 내용과 수준이

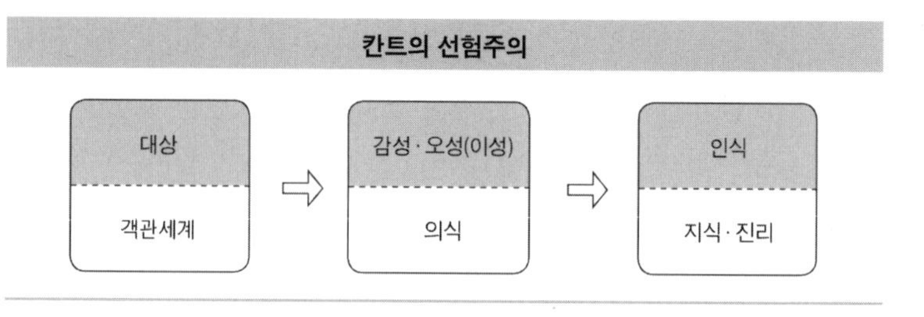

규정된다. 그런데 칸트는 인식 과정에서 나타나는 심리현상을 선험적이고 주관적인 것으로 규정함으로써, 결과적으로 인간의 모든 정신현상과 심리현상을 관념론적으로 설명했다.

칸트는 사람의 행동과 심리도 선험적 견지에서 해석했는데, 그에 의하면 사람의 행동은 선험적 이성에 의해 규정된다. 이성은 절대자, 자유로운 자의 능력이며 사람의 의지를 규정한다. 따라서 인간은 자기 자신을 규정하고 자발적으로 행동하는 자유로운 존재이다. 만일 인간의 의지가 선험적 이성이 아니라 외적인 요인에 의해 규정된다면 자발성은 불가능하다. 인간은 사유하는 존재로서 자신의 이성을 통해 자기를 규정하고 자유롭게 행동한다. 즉, 후천적으로 주어진 그 무엇에 의해 이성이 규정되는 것이 아니라 이성이 순수하게 자기 자신을 규정하는 것이다.

결국 칸트의 견해에 따르면 선험적인 이성, 천성적인 사유 능력에 의해 인간의 의지가 규정되고 인간의 행동이 결정된다. 이러한 이론은 인간의 행동에 작용하는 심리의 본질을 밝혀낸다는 점에서는 어느 정도 가치가 있으나, 인간의 의지를 선천적으로 타고나는 주관적인 것으로 규정함으로써, 행동 그 자체도 객관성을 결여한 순수 주관적인 것으로 설명했다는 점에서 비과학적인 견해이다.

칸트는 심리학이 절대로 자연과학 같은 과학적인 학문은 될 수 없다고 주장했다. 물리적인 현상들과 달리 정신현상은 직접 관찰할 수 없고, 수학에서와 같은 정밀함을 유지하면서 정의하거나 측정할 수도 없다고 생각했기 때문이다. 이러한 일련의 결함에도 불구하고 칸트의 선험주의는 기존 유물론의 수동적 성격을 포착하고 그것을 극복하려고 시도했다는 점에서 높은 평가를 받을 수 있다.

‘선험주의’란?

선험주의란 인식에 대한 주관관념론적 견해로서 인식의 선천적 형식이 경험보다 앞선다고 주장하는 철학 이론이다. 선험주의자들에 의하면 인간의 인식은 인식의 대상, 내용, 자료 등과 관련이 있는 것이 아니라 인식의 ‘선험적 형식’, 즉 경험 이전의 형식과 관련이 있다. 선험주의자들은 시간, 공간, 인과성, 필연성 등의 범주와 논리학의 기본명제들을 모두 인식의 선험적 형식으로 간주하면서 모든 지식이 선험적 인식에 의해서만 만들어질 수 있다고 주장했다.

선험주의를 대표하는 철학자는 칸트이다. 칸트 인식론의 기본 원리는 선험주의로서, 그는 인간에게 ‘선험적 원리’들이 있다고 보고 이 원리들에 기초해 얻어진 지식이야말로 무조건적이고 절대적인 과학적 지식이 된다고 주장했다. 칸트는 수학과 자연과학의 원리들, 가장 보편적인 개념, 범주들을 선험적인 것으로 간주했으며 ‘선험적 형식’들이 경험과 지식의 형식으로 작용한다고 보았다. 또한 감성적인 자료들을 체계화해 지식으로 구성하는 역할을 하는 것이 바로 인식의 ‘선험적 형식’이라고 말하기도 했다. 칸트는 선험주의에 기초해 이전에 대두되었던 합리론이나 신학, 스콜라 철학 등을 비판했으나, 칸트의 선험주의는 인간의 인식능력을 잘못 해석한 관념론적이며 비과학적인 견해이다.

심리의 본질에 한 걸음 더 다가서다: 헤겔

◆ 게오르크 헤겔

게오르크 헤겔Georg Wilhelm Friedrich Hegel (1770~1831)은 독일 고전관념론의 대가이다. 그는 개념이 단순히 현실을 반영한 것이 아니라 현실의 창조자가 된다는 객관관념론적이고 신비주의적인 철학을 전개했지만 그 안에는 일련의 가치 있는 견해들이 포함되어 있었다.

인간 심리에 관한 헤겔의 견해에서 중요한 것은 우선 그가 의식을 발전적 · 역사주의적 견지에서 취급했다는 사실이다. 헤겔은 감각으로부터 출발하는 인간의 인식현상을 크게 대상적 인식 단계, 자의식 단계, 이성 단계로 구분했다. 헤겔은 감각, 지각으로부터 개념이 발생하는 과정을 설명했으며 개인의식의 각종 발전 단계를 사회 전체의 의식 발전 상태와 연결시키고, 개별적인 인간의 의식 발전의 역사를 인류 역사가 역사적으로 통과해온 3단계의 축소된 재현으로 묘사했다. 또한 자의식에 관해서는 다른 자의식과 연관 지어 논했다. 헤겔은 오직 다른 자의식과의 관계 속에서만 자신을 만족시킬 수 있다고 주장했는데, 이는 의식이 다른 의식과의 관계 속에서만 발전할 수 있음을 주장한 것으로서 헤겔이 의식을 역사주의적 견지에서 고찰하려 했고 의식 · 심리의 실천적인 본성 문제에 접근했음을 의미한다.

또한 인간 심리에 관한 헤겔의 견해에서 중요한 것은 의식을 노동

헤겔의 '인식현상'에 관한 단계

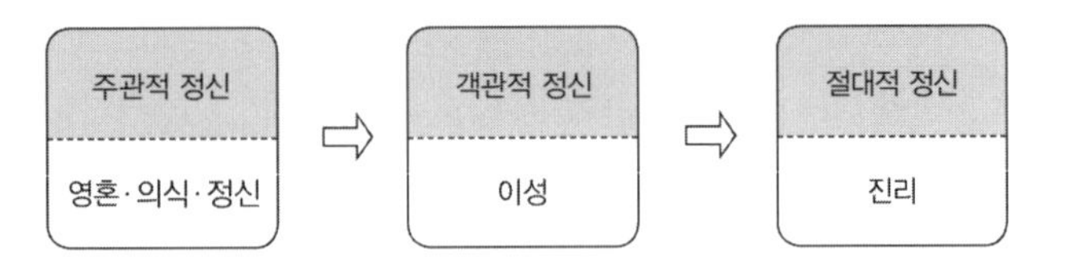

과 연관시켜 고찰했다는 점이다. 그에 의하면 의식은 노동에 의해 발전하며, 노동은 주관과 객관을 연결시키는 매개자적 역할을 한다. 노동과정에서 자의식이 형성되고 발전하며, 노동에 의해 의식의 대상화가 실현되고 동시에 대상의 인격화가 실현된다. 물론 헤겔이 말한 노동은 '자의식'의 활동이며 정신 영역에서의 관념론적 · 창조적 활동이다. 그러나 그가 노동을 관념론적인 테두리 안에서나마 주관과 객관을 연결시키는 고리로 간주하고 노동에 의해 의식의 대상화가 실현된다고 보았던 것은 주목할 만하다. 인간의 심리현상을 실천적인 것으로 이해하는 헤겔의 견해는 주관과 객관을 분리시켰던 칸트의 견해와 비교했을 때 현저하게 과학적 진보를 이룬 것이라고 평가할 수 있다.

인간 심리에 관한 헤겔의 견해에서 가장 중요한 것은 심리의 본질과 발생에 관한 견해이다. 그에 의하면 사람의 출현으로 절대이념(신)은 새로운 형식(인적 · 물적 형식)을 갖게 되고 (인간)정신 형태의 절대이념이 등장하게 된다. 정신 단계에서 절대이념은 주관적 정신, 객관적 정신, 절대적 정신의 단계를 경과하는데, 먼저 주관적 정신 단계에서는 개인의 인식의 변화 · 발전을 연구한다. 주관적 정신은 '영혼', '의식', '정신'의 3단계로 구분되며, 이 3단계는 각각 '인간학', '정신현상학', '심리학'의 연구 대상이 된다. 헤겔은 정신현상으로서의 심리에 관한 변증법적 견해를 제안했다. 그에 의하면 정신은 활동적이며 자신의 활동 과정에서 자기 자체(정正)를 자신이 아니라 자기와 구별되는 대상(반反)으로 전환시키고 그것을 다시 자신의 것으로 전환시킨다(합合). 그리고 의식은 다시 자기 자신을 대상화하며 대상을 자기화하고 인간화한다.

인간 심리에 대한 헤겔의 견해에는 합리적인 면도 있지만 관념론적이고 신비주의적인 면도 있다. 사유와 의식은 인간의 고유한 기능이므로 인간을 떠난 사유와 의식이란 있을 수 없다. 그럼에도 불구하고 헤겔은 사유와 의식을 인간에게서 동떨어진 실체, 존재로 보았다. 헤겔이 내세웠던 정신과 이성은 인간의 사유와 의식이 아니라, 인간에게서 인위적으로 분리되어 초인간적 · 초자연적 존재로 신비화되고 절대화된 것일 뿐이었다. 현실적인 인간이 아니라 인간과 동떨어진 신비화되고 절대화된 비현실적인 정신과 이성을 논한 것이 헤겔의 학설이 갖는 가장 큰 문제점이다.

이 외에도 헤겔은 사회 역사에 관한 견해를 전개하면서 인간의 심리현상이 역사 발전에 작용하는 역할에 대해 언급했다. 그는 개별적 인간의 욕망, 충동, 관심, 정열 등이 역사 발전에서 일정한 역할을 한다고 주장했다. 헤겔의 이러한 주장은 비록 전도된 형태이기는 하지만 개인의 취미와 감정, 의지에 따라 역사 발전이 결정된다고 보는 주관주의적 역사관의 제한성을 일정하게 극복한 합리적인 면을 가지고 있다. 그러나 그의 견해는 절대이념이라는 초인간적이며 초자연적인 개념을 중심에 두고 전개되었으며, 역사 발전에서 차지하는 민중의 지위와 역할을 왜곡했다는 문제점이 있다.

'인간학적 유물론'의 창시자: 포이어바흐

근대 독일에서 포이어바흐의 심리 이론은 상당히 중요한 위치를 차지한다. 루트비히 포이어바흐Ludwig Feuerbach(1804~1872)는 마르크스주의가 탄생하기 이전까지의 유물론 철학을 대표하는 학자로서 기존의 유물론적 견해를 종합하고 체계화해 '인간학적 유물론'을 창시했다. 그는 초자연적이며 초인간적인 절대이념에 관한 관념론적이고 종교적이며 신비주의적인 논의를 반대하고 인간 심리에 관한 무신론적이며 유물론적인 새로운 견해를 제창했다.

◆ 루트비히 포이어바흐

포이어바흐는 우선 물질과 의식, 존재와 사유의 선후차성 문제를 유물론적으로 해석하면서 사유가 존재에 선행한다는 헤겔의 견해를 반대하고 '존재, 물질'이 '사유, 의식'에 선행한다고 주장했다. 포이어

헤겔과 포이어바흐의 인식 차이

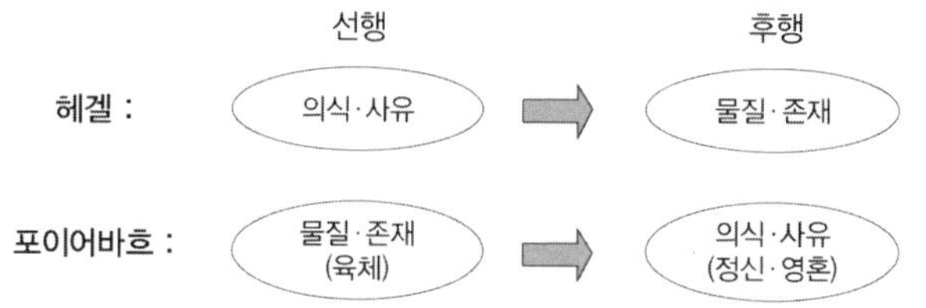

	선행		후행
헤겔 :	의식·사유	→	물질·존재
포이어바흐 :	물질·존재 (육체)	→	의식·사유 (정신·영혼)

바흐는 정신과 육체의 상호 관계에서 육체에 대한 정신 · 영혼의 의존성을 강조했는데, 그에 의하면 인간은 육체를 가진 구체적인 시공간적 존재이기에 사유할 수 있는 능력을 지닌다.

그러나 포이어바흐와 달리 관념론자들은 주체와 정신을 대립된 것으로 보고 인간 본질과 사유, 의식을 동일시하며 전일적인 존재로서의 인간을 양분했다. 또한 주체로부터 사유와 정신을 분리시켰을 뿐만 아니라 사유와 정신을 물질을 창조하고 육체를 창조하는 신의 힘으로 전환시켰다. 포이어바흐는 영혼과 주체에 대한 이러한 관념론적 견해를 비판하면서 "육체와 정신을 분리하는 것은 이론적으로만 가능하다. 현실에서 육체와 정신은 뗄 수 없을 정도로 연관되어 있다. 육체와 정신의 통일에서 바탕이 되는 것은 어디까지나 육체이며 정신은 육체에 의존한다"라고 주장했다.

그는 또한 물질의 일차성과 그에 대한 의식의 의존성의 견지에서 의식 발전을 설명했다. 포이어바흐는 무기자연에서 유기자연으로, 물질에서 의식으로의 이행을 부정하는 관념론을 비판하면서 의식이 자연 이외의 다른 것에서 생겨날 수 없으며 사유, 의식이 자연으로부터 발생했다고 주장했다. 그럼으로써 자연이 인간 이전에, 사유 이전에 발생했고 존재하고 있었다는 결론에 도달했다.

또한 포이어바흐는 인간의 의식과 동물의 의식 간의 차이를 밝히려고 시도했다. 그는 인간의 의식과 동물의 의식의 다른 점이 언어라고 생각했는데 자기감정이라든가, 감정적 식별력이라든가, 지각이라든가 하는 의미에서의 의식, 그리고 외부 세계의 사물들을 일정한 뚜렷한 표징에 따라 판단한다든가 하는 의미에서의 의식은 동물에도 존재하기 때문이었다. 포이어바흐가 인간의 의식을 언어와 결부시켜서 고찰했던 것은 긍정적 의의를 가진다. 그에 의하면 인간은 사유를 하고 언어를 사용한다. 인간은 자기 자신과도 대화할 수 있고 다른 사람이 없어도 능동적 기능을 수행할 수 있다. 따라서 사람만이 엄밀한 의미에서의 의식을 지닌다고 볼 수 있다. 포이어바흐는 인간의 의식을 사람에게만 고유한 언어와 결합시킴으로써 사람만이 가지는 '엄밀한 의미에서의 의식'을 구분해냈다. 그러나 그는 사람의 의식과 동물의 의식 간의 본질적인 차이가 무엇인지에 대해서는 명확히 규명해내지 못했으며, 그 결과 동물도 의식을 가지고 있는 것으로 보는 제한성을 극복해내지 못했다.

포이어바흐는 인간의 의식을 존재의 자각으로 이해했다. 그는 인간이 사랑하고 의욕을 갖고 사유하는 것에 무한한 기쁨을 느끼지 않고서는 자신이 사랑하고 의욕을 갖고 사유하는 존재라는 사실을 자각할 수 없다고 말했다. 즉, "의식이란 어떤 존재가 자기 자신에게 대상이 되는 것"이고 따라서 "의식은 어떤 특수한 것이 아니라 자기를 의식하는 존재로부터 구별되는 것"이다. 이렇게 의식을 존재의 자각으로 본 포이어바흐의 견해는 긍정적이며 진보적인 것이다. 그러나 이러한 견해가 의식에 대해 정확히 이해한 것이라고는 볼 수 없다. 왜냐하면 의식을 단순히 존재의 자각으로만 볼 수는 없기 때문이다.

포이어바흐는 물질과 의식, 존재와 사유의 관계를 유물론적으로 해석하고 의식이 뇌의 기능이며 물질세계의 반영이라고 주장했다. 이것은 정신현상에 관한 그간의 과학적 논의 중 가장 과학적인 것이었다. 그의 철학은 오랫동안 독일 철학을 지배했던 관념론적 견해에 큰 타격을 주었고 정신에 관한 유물론적 견해를 발전시키는 데 기여했다.

또한 포이어바흐는 종교를 비판하는 과정에서도 심리 이론을 발전시켰다. 그에 의하면 인간에게는 생득적인 종교적 감정이 없으며 종교는 역사 발전 과정에서 생겨난 것이다. 종교의 발생은 인간생활 속에 그 실제적인 원인이 있다. 자연은 '신'에 대한 관념의 재료를 제공하는 것으로, 사람들의 환상과 상상력에 의해 그 재료들이 가공되어 '신'의 개념이 만들어진다. 종교적 상상력의 특징은 공포감뿐만 아니라 사랑, 감사, 존경, 기타 감정을 포괄하는 넓은 의미에서의 의존감이다. 포이어바흐에 의하면 '신'에 대한 인간의 숭배는 그 본질에서 인간적 자아숭배의 표현에 지나지 않는다.

사람은 고립적인 존재가 아니라 다른 것에 의존하는 존재이다. 사람의 생활이 자연과 분리되어서는 유지될 수 없듯이 말이다. 이로부터 사람들은 자연을 자신의 존재를 유지시켜주는 근거로 보고 자연을 숭배하게 되었다. 이러한 경향은 처음에 자연 물체 숭배로 표현되어서 사람들은 자연 물체에다 인간적 성질을 부여해 인격화하고 그것을 숭배했다. 또한 인간의 사유는 본질적으로 무한한 것이다. 예를 들면 누군가가 책 한 권을 볼 때, 뇌에는 그 책 한 권에 대한 관념뿐만 아니라 무한한 책에 대한 관념도 형성된다. 이러한 사유의 무한성이 인간 외부에 존재하는 것은 아니지만, 무한한 인식능력이 독립화되고 대상화될 때 그것은 전능한 신이 된다. 사실 이 전능한 능력은 신이 아니라 무한히 발전하는 인류에게 체현되어 있는 능력이다. 그렇기 때문에 포이어바흐는 자신이 신학을 인간학으로 끌어내리고, 인간학을 신학의 수준으로 끌어올렸다고 자부했던 것이다.

지금까지 살펴보았듯이, 근대에 들어서 인간 심리에 대한 견해는 서양 철학사를 지배했던 유물론과 관념론 사이의 대립과 투쟁 속에서 지속적으로 발전해왔고, 그 과정에서 훗날의 심리학에 커다란 영향을 미치게 된 중요한 견해들이 제기되었다. 또한 근대 철학의 발전은 심리 이론을 점차 유물론적인 방향으로 기울어지게 만들었는데, 이것 역시 심리학 탄생에 긍정적인 영향을 미쳤다.

1부 정리

심리학 탄생에 영향을 미친 근대 철학

심리학 탄생에 커다란 영향을 미친 중요한 견해들은 근대 철학의 발달 과정에서 등장했다. 즉, 서양 철학사를 지배했던 유물론과 관념론 사이의 대립과 투쟁 속에서 인간 심리에 대한 견해들이 지속적으로 발전해온 것이라고 볼 수 있다. 또한 근대 철학은 심리 이론이 유물론적인 방향으로 논의되도록 만들었는데 이것 역시 심리학 탄생에 긍정적인 영향을 주었다.

근대 영국의 경험론 철학

근대 영국의 경험론 철학은 인간 심리에 관한 종교적 · 신비주의적 견해를 극복하는 데 기여했다. 베이컨, 홉스를 비롯한 근대 영국의 철학자들은 인간 심리에 관한 유물론적 견해를 제창했고 인간 심리가 구조화되어 있으며 연합에 의해 심리가 형성 · 발전된다는 등의 견해를 제기했다. 이러한 이론들은 훗날 구성주의 심리학이나 행동주의 심리학이 형성되는 데 큰 영향을 미쳤다.

근대 프랑스의 유물론 철학

근대 프랑스의 철학자이자 심리학의 아버지로 불리기도 하는 데카르트는 인간 심리와 관련해 반사 개념을 도입했다. 또 정신에서 심리 개념을 분리했으며 심신관계, 정서와 기본감정, 행복과 같은 다양한 심리학적 주제들을 고찰했다. 라메트리, 엘베시우스, 몽테스키외, 콩디야크 등도 인간 심리에 관한 유물론적 견해를 주장해 심리학이 유물론 쪽을 향하는 데 힘을 보탰다.

근대 독일의 관념론 철학

근대 독일의 관념론 철학자들은 기존의 경험론과 합리론을 절충해 인간 심리에 관한 의미 있는 주장들을 내놓았다. 칸트는 인식과 사고에 관한 유물론의 수동적 견해를 극복하는 데 기여했으며, 헤겔은 인간 심리를 역사주의적 견지에서 고찰했다. 비록 헤겔은 관념론의 테두리 안에서 논의하기는 했지만 인간 심리를 노동과 연관 짓는 새로운 시도를 하기도 했다. 한편 포이어바흐는 인간학적 유물론을 창시해 인간 심리에 관한 기존의 관념론적 · 종교적 · 신비주의적 견해를 극복하는 데 크게 기여했다.

2부

'철학적 심리학'에서 '과학적 심리학'으로

Makers of Psychology

the history of psychology from birth to growth

04

과학적 심리학의 탄생

생물학, 진화론부터 게슈탈트심리학까지

심리학 탄생의 전제 조건이 마련되다

철학의 한 특수한 분야로서 논의되었던 인간 심리에 관한 이론, 즉 철학에 포함되어 있던 심리학은 19세기 들어서 마침내 철학에서 분리되어 독자적인 과학으로 등장했다. 심리학이 탄생하는 데 여러 요인들이 영향을 미쳤지만 그중에서 가장 중요한 것은 자연과학의 눈부신 발전이다. 다른 모든 지식과 마찬가지로 심리학의 의의는 그것이 현실에서의 인간 심리를 얼마나 정확하게, 과학적으로 반영하고 설명하는가에 달려 있다. 기존의 심리 이론들은 그것이 비록 합리적인 면을 포함하고 있었다 할지라도 심리현상에 대한 철학적 논의에 그쳤을 뿐이었다. 한마디로 기존의 심리 이론들은 '단순히 정신에 대해서 이야기하는 수준'을 넘어서지 못한 것이다. 사실 근대까지 철학적 사유가 미숙성되었던 것을 고려해보면, 단순히 철학 이론의 심화로 과학으로서의 심리학 탄생은 물론이고 심리에 대한 과학적 이해를 끌어내기에도 역부족이었음을 알 수 있다. 따라서 독자적인 과학으로서의 심리학 탄생과 형성은 사회 역사적, 철학 이론적 요인들과 함께 직접적으로는 자연과학, 특히 생물학, 물리학, 천문학, 수학 등의 발전에 의해 비로소 가능한 것이었다. 인간의 심리현상을 이해하고자 하는 강한 욕구와 시도는 자연과학의 여러 영역, 특히 신경생리학에서 많은 연구가 진행되도록 북돋웠다. 이 과정에서 심리현상은 종교나 철학에서 다루어져야 하는 추상적이고 비물질적인 현상이 아니라 능히 과학적인 기초를 가질 수 있는, 즉 과학적 연구가 가능한 현상이라는 인식이 점차 싹트게 되었다.

생물학의 발전: 심리현상을 유물론적으로 이해할 수 있게 되다

심리학이 독자적인 과학으로서 발전하는 데 전제가 된 것은 무엇보다 신경생리학을 위주로 한 생물학의 발전이다. 이 중에서도 직접적인 것은 여러 정신적 기능(감각, 운동 기능)의 구조적인 기초(신경계통)를 찾아내려는 시도와 다윈의 진화론적 견해 및 반사에 대한 연구의 진전, 신경계통 구조와 신경전달의 특성에 관한 연구, 그리고 뇌 기능의 국재화localization 문제를 비롯한 고등신경활동에 관한 연구 등이다. 신경계통의 생리학에 관한 연구는 19세기 전반기에 집중적으로 진행되었다. 1811년에는 영국의 생물학자인 찰스 벨Charles Bell(1774~1842)이, 1822년에는 프랑스의 생물학자인 프랑수아 마장디François Magendie(1783~1855)가 각각 척수(중추신경)에서 감각신경과 운동신경이 분리되어 있다는 사실을 연구해 발표했다.

◆ 찰스 벨

◆ 프랑수아 마장디

벨-마장디Bell-Magendie 법칙이란, 감각신경과 운동신경이 분리되어 있고 척수의 후근이 감각 운동을 통제하며 전근이 운동 반응을 통제한다는 이론이다. 벨과 마장디는 동물실험을 통해 척수의 전근을 자극할 때에만 사지의 운동이 발생함을 발견했다. 이것은 신경생리적인 현상과 이런저런 행동 간에 밀접한 물질적 대응관계가 있음을 증명한 획기적인 발견이었다. 그 당시에는 인간을 포함한 동물의 행동을 이해할 때, 모든 생리적 기능이 그것을 뒷받침해 주는 독립적인 신경계통에 기초한다는 사실을 알지 못했다. 벨과 마장디에 의해 감각신경과 운동신경이 분리되어 있다는 사실이 밝혀짐으로써 모든 생리적 현상뿐만 아니라 정신 활동도 그것에 해당되는 물질적 기초를 가지고 있을 것이라는 추측이 더욱 확산되었다.

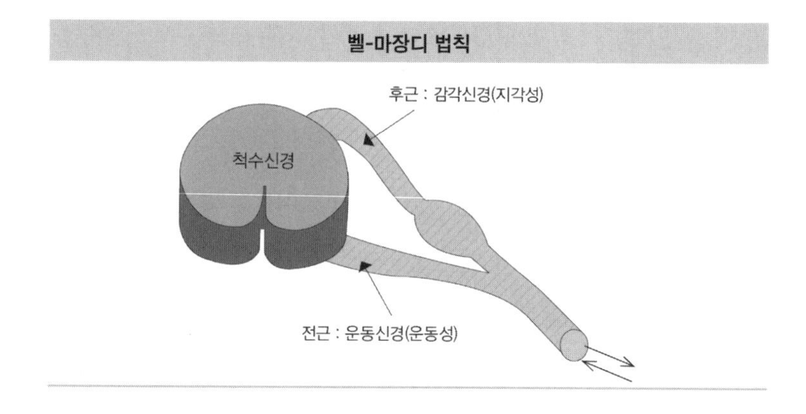

관념론적 세계관을 무너뜨린 최종 병기: 진화론

◆ 찰스 다윈

생물학에서는 장 라마르크Jean Lamarck와 다윈의 진화론이 등장해 심리학 탄생에 커다란 영향을 미쳤다. 찰스 다윈Charles Darwin(1809~1882)의 『인간과 동물의 정서 표현 Expressions of the Emotions in Man and Animals』은 적응의 개념에 기초해서 인간과 동물의 심리를 논하고 진화론적 입장에서 생물학 전반에 발달적 견해를 적용한 저작으로서 후에 동물심리학 · 아동심리학 · 민족심리학 등을 형성 · 발전시키는 데 이바지했다. 다윈의 연구는 당시 발전했던 신경생리학이나 해부학 등을 유기체 밖의 여러 요인들과 연관시켜서 설명할 수 있도록 해주었다. 그 결과 심리적인 것은 심리 그 자체에서가 아니라 외부 자극과 그로 인한 유기체의 생리적 상태에 의해 결정된다는 생각이 확산되었다. 진화론은 정신현상을 어떤 추상적인 원리나 초자연적인 실체에 의거해서 해석했던 관념론적 견해를 극복하고 그것을 물질적 기초와 결합시켰다는 점에서 의의가 있다. 그러나 그것은 정신현상, 의식을 생명 유기체의 진화의 산물로 보는 진화론적 견해로 귀결되었다.

반사에 관한 이론: 세체노프와 파블로프

◆ 이반 세체노프

인간 심리를 뇌의 기능으로 이해하는 신경생리학의 발전은 심리학, 실험심리학의 형성에서 중요한 의의를 지닌다. 인간 심리를 실험적으로 연구하는 데 직접적인 영향을 미친 것은 반사에 관한 이론이다. 19세기에 들어서 반사에 관한 연구에 관심이 높아졌는데, 최초로 이에 대해 체계적으로 연구한 사람은 러시아의 생리학자인 이반 세체노프Ivan Sechenov (1829~1905)이다. 그는 심리학의 형성과 거의 때를 같이하면서 반사에 대한 연구로 과학으로서의 심리학 탄생에 일정 부분 기여했다. 그는 저서 『뇌의 반사Reflexes of the Brain』를 통해 모든 심리 과정이 반사작용에 의해 진행된다고 주장하면서 "나의 과업은 단순한 반사도식에 기초해 관념, 의지적 행동, 고상한 도덕적 원칙을 설명하는 데 있다"라고 선언했다. 그에 의하면 심리 과정은 주위 세계에 대한 인간의 상호작용 과정(반사과정)에서 발생하며 완성된다. 또한 대뇌피질에서의 모든 과정들은 신경계에서의 흥분적 과정과 억제적 과정 사이의 복잡한 관계를 포함하며, '심리적' 사건들은 대뇌피질에서의 반사작용으로 환원되어 설명될 수 있다. 기계론적이고 유물론적인 19세기 과학의 경향에 잘 부합되는 세체노프의 견해는 후에 러시아의 생리학자인 이반 파블로프 Ivan Pavlov(1849~1936) 에 의해 계승되어 뇌 활동에 관한 고등신경 생리학설로 더욱 발전되었다. 반사에 관한 이론은 인간의 심리 과정과 인간의 행동을 이해하는 데 기초가 되는 뇌 신경계통의 특성을 밝힌 것이었기 때문에, 심리학의 탄생에 기여한 여러 요인들 중에서도 매우 커다란 자리를 차지한다.

◆ 이반 파블로프

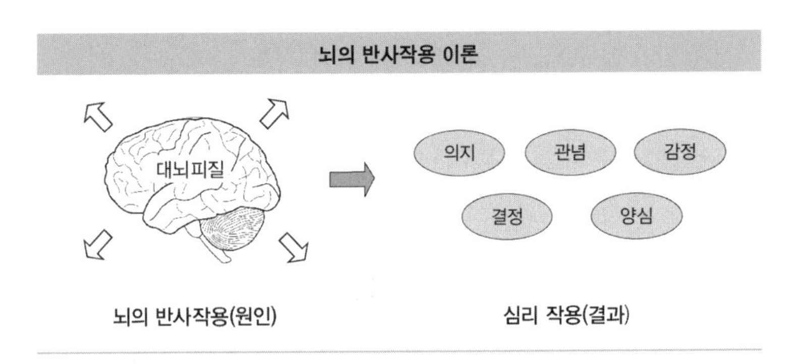

신경 충동의 속도를 측정하다: 뮐러와 헬름홀츠

◆ 요하네스 뮐러

◆ 헤르만 헬름홀츠

신경생리학 분야에서는 인간의 심리현상과 직접적인 관련이 있다고 간주되던 신경계통에 관한 연구, 특히 신경전달에 관한 연구가 진행되었다. 1844년 독일의 물리학자이자 생리학자인 요하네스 뮐러Johannes Müller(1801~1858)는 신경 충동의 속도가 너무 빨라서 측정하기 곤란하다고 주장했으나, 그의 제자였던 헤르만 헬름홀츠Hermann Von Helmholtz(1821~1894)는 1850년에 개구리 다리에서 하나의 운동신경과 이와 연결된 근육을 떼어냄으로써 신경 충동의 속도를 측정해내는 데 성공했다(그는 에너지 보존의 법칙으로도 유명하다). 헬름홀츠는 신경의 여러 다른 지점에 전기자극을 가한 뒤, 자극을 가한 시점으로부터 반응이 유발되는 데 걸리는 시간을 측정했다. '속도=거리/시간'이므로 거리와 시간을 알면 속도를 계산할 수 있다. 헬름홀츠가 밝혀낸 신경 충동의 평균속도는 초당 약 90피트(시속 60마일, 96km와 같다)였는데, 이는 그때까지 신경 충동의 속도가 광속과 유사할 것이라고 추정했던 것에 비추어보면 매우 느린 속도였다.

헬름홀츠의 연구는 유물론이 옳고 활력론vitalism(더 이상 환원될 수 없는 활력vital force 또는 생명력이 존재한다고 주장하는 관념론의 일종)이

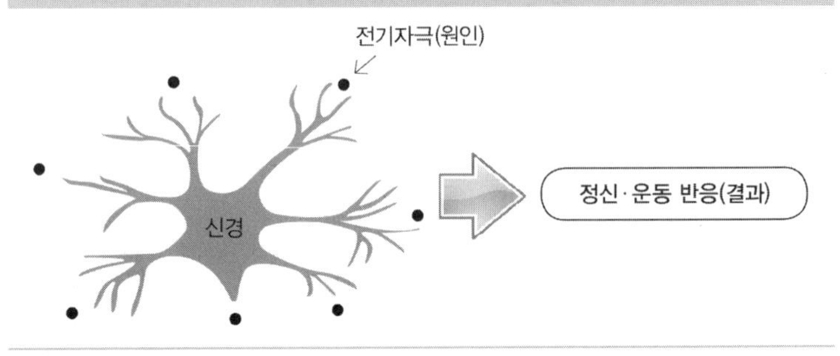

오류임을 강하게 시사해주었다. 활력론자들은 팔의 움직임을 예로 들면서 팔을 움직이려는 의식적 결정과 움직임이 동시에 일어난다고 주장했지만, 헬름홀츠는 두 개의 사건이 측정 가능한 시차를 두고 순차적으로 발생한다는 것을 입증해냈다. 신경 작용이 물리적·물질적 실체들을 포함하고 있다는 사실을 명백하게 밝혀낸 것이다.

헬름홀츠의 연구는 후에 감각, 지각에 대한 연구와 반응시간reaction time에 대한 연구 등 여러 실험심리학 연구의 기초가 되었다. 신경계통과 그 구성 요소에 대한 연구는 18세기 말에서 19세기 초에 들어 많은 과학자들의 관심을 불러일으켰으며 19세기 전반기에 광범위하게 진행되었다. 신경계통에 관한 연구들을 요약해보면 신경의 해부학적인 연구, 대뇌피질(회백질·백질) 간의 차이 연구, 신경 충동의 속도에 관한 연구 등이다.

‘활력론’이란?

활력론은 활력설活力說이라고도 불리는 유물론적 기계론에 반대되는 생명론이다. 유물론적 기계론은 생명현상을 신비화하는 것을 반대하면서 그것을 자연법칙으로 설명했다. 유물론적 기계론은 19세기에 유행했는데 이 견해에 따르면 활력은 단지 신화일 뿐이다. 즉, 물리적 물체만이 유일한 실체이므로 살아 있는 모든 유기체의 생명현상은 물리적 · 기계적 과정으로 환원해 설명할 수 있다고 보는 것이다.

이와 달리 활력론은 생명현상이 무생물계의 현상과는 근본적으로 다른 원리에 의해 지배되며, 물리화학적인 힘과는 차원이 다른 독특한 생명력 내지는 활력vital force에 의해 만들어진다고 주장했다. 이러한 견해는 고대 그리스 시대에서부터 존재해왔으며 이후 18세기 후반에서 19세기 초 무렵에 다시 부활했다. 18세기 말에서 19세기 초에 걸쳐서 스위스의 생리학자인 알브레히트 할러Albrecht von Haller를 비롯한 여러 철학자들은 근대 자연과학의 발달로 16~17세기경의 유물론적 기계론이 다시 유행하자 이에 저항하기 위해 고대의 활력론을 부활시켰다. 활력론은 물리학 · 화학 · 생물학이 발전함에 따라 점차 쇠퇴되었다가 20세기에 들어서 새로운 형태로 부활했다.

활력론적 입장에 있었던 심리학자 요하네스 뮐러는 생리적 체계를 구성하는 물리적 요소와 화학적 요소가 있음을 인정하면서도 생명현상의 근원에 더 이상 환원될 수 없는 ‘활력’ 또는 생명력이 존재한다고 믿었다. 반면 헬름홀츠는 ‘에너지 보존의 법칙’을 활용해 활력론을 반박했다. 에너지 보존의 법칙이란 한 체계 내의 전체 에너지는 그 체계 내에서 변화가 일어나도 불변한다는 견해이다. 자동차의 연료가 폭발하면서 생기는 에너지가 사라지지 않고 자동차의 바퀴를 돌리는 기계적 에너지로 전환되는 것처럼 전체 에너지는 그 형태나 성질을 달리할 뿐 불변한다. 헬름홀츠는 신체의 열과 근육의 힘에 관념론적인 활력이나 생명력이 있다고 전제하지는 않더라도, 음식이 위장에서 소화되면서 산화 과정이 일어날 동안에 화학적 에너지가 축적되는 현상들로 설명할 수 있다고 주장했다. 즉, 유기체의 경우에도 에너지를 만들어주는 어떤 특별한 생명력이 있다고 가정할 필요가 없다는 것이다.

활력론	유물론적 기계론
고대 그리스에서 등장 18, 19세기에 부활	16~17세기에 등장 19세기에 유행
생명현상의 근원 = 활력(생명력)	생명현상 = 물리적 · 기계적 과정

뇌 기능의 국재화에 관한 연구: 골상학과 브로카 영역

◆ 프란츠 갈

뇌 기능의 국재局在화에 관한 연구도 진척되었다. 그 시기까지 과학자들은 사람이나 동물의 특정 행동이나 심리적 기능이 대뇌의 특정 부위와 관련이 있는지 없는지에 관한 문제를 오랫동안 논의했었다. 19세기 초에 독일의 과학자 프란츠 갈Franz Gall(1758~1828)이 '골상학phrenology'을 창시했는데, 이것은 뇌를 비롯한 유기체의 외부적인 구조적 특징이 정신적 · 생리적 특성을 규정한다고 보는 견해이다. 골상학자들은 신경계통 일반의 해부학과 생리학을 연구하는 과정에서 대뇌피질에 주목했고 그것을 활용해 동물과 인간의 지적 · 도덕적 특성을 구별할 수 있지 않을까라는 문제에 관심을 가졌다.

골상학 이론은 몇 가지 가설에 입각한 것이었는데, 첫째는 특정한 심리적 기능이 대뇌의 어떤 특정한 부위에 의해 매개된다는 것이고, 둘째는 어떤 사람에게 특정한 기능이 충분히 발달되어 있다면 그것에 대응하는 신경 구조도 충분히 잘 발달되어 있어야 한다는 것이다. 그리고 셋째는 두개골의 형태가 어느 정도 그 아래에 존재하는 신경조직의 형태와 관련이 있기 때문에 두개골의 융기를 검토함으로써 그 아래에 존재하는 신경 구조는 물론, 궁극적으로 개개인의 행동 특성의 발달 정도를 알 수 있다는 가설이다.

프란츠 갈의 골상학 이론

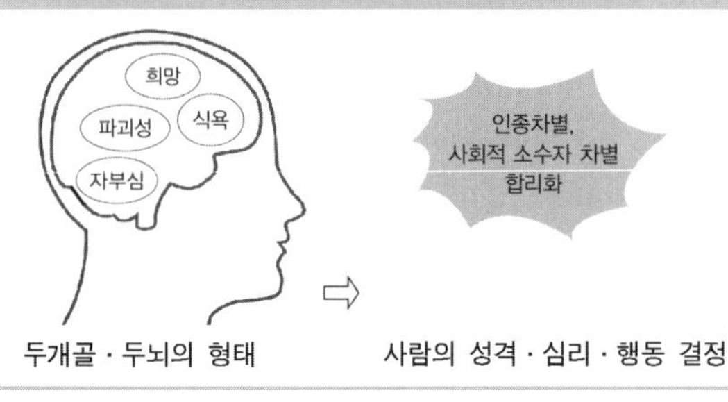

두개골 · 두뇌의 형태 ⇨ 사람의 성격 · 심리 · 행동 결정

갈에 의하면 도벽 충동은 대뇌피질 측두엽에서 약 1인치 정도 올라간 부분이면서 귀의 앞부분에 위치한 '소유욕(또는 습득성)'의 기능이 지나치게 발달한 결과이다. 그러나 골상학은 잘못된 이론이었다. 이후의 연구들에 의해 대뇌의 특정 부위의 발달이 존경이나 동정과 같은 특정한 심리를 규정할 수 없다는 사실이 분명해졌기 때문이다(일반적으로 심리적 기능은 뇌의 특정 부위뿐 아니라 뇌의 상당히 많은 영역 또는 뇌의 대부분을 필요로 한다). 또한 해부학적 단위의 크기와 기능의 복잡성이 반드시 일치하지는 않으며, 특정 신경 부위가 크다고 해서 그것에 대응해 두개골이 함몰되거나 융기되는 것도 아니기 때문이다. 이 때문에 골상학자들의 극단적인 국재론을 부정하는 견해들이 제기되면서 논쟁이 벌어졌다. 골상학을 반대하는 사람들은 대뇌의 어떤 부분이 상당히 특수한 기능을 하는 것은 맞지만 본질적으로는 대뇌 전체가 유기체의 행동을 조절하는 작용을 한다고 주장했다.

뇌 기능의 국재화에 관한 연구에서 중요한 의의를 가지는 것은 언어중추의 발견이다. 1861년 프랑스의 의사이며 인류학자인 폴 브로카Paul Broca(1824~1880)는 뇌의 형태학적 연구를 진행하던 중 실어증이나 언어능력 손실이 좌반구의 아래쪽에 위치한 대뇌 피질의 손상과 관련이 있음을 발견하고 이것을 '운동성 언어중추'라고 명명했다. 이를 '브로카 영역'이라고 하는데, 이 영역이 손상되면 발성기관이나 지능은 정상 상태를 유지해도 자신의 생각을 언어로 표현하지 못하는 '운동성 실어증motor aphasia'이 발생한다. 브로카의 주장은 그 이후에 임상학적인 자료들과 실험을 통해 확증되었다. 이와 함께 베르니케Wernicke 영역(이 영역이 손상되면 발음은 정확하지만 무의미한 내용의 말을 하거나 타인의 말을 이해하지 못하는 감각성 실어증sensory aphasia이 유발된다)도 곧 발견되었는데, 이러한 연구들은 정신현상을 생리적인 기초 위에서 설명할 수 있는 가능성을 높여주었다.

◆ 폴 브로카

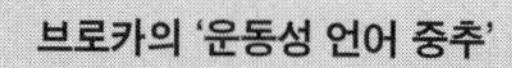

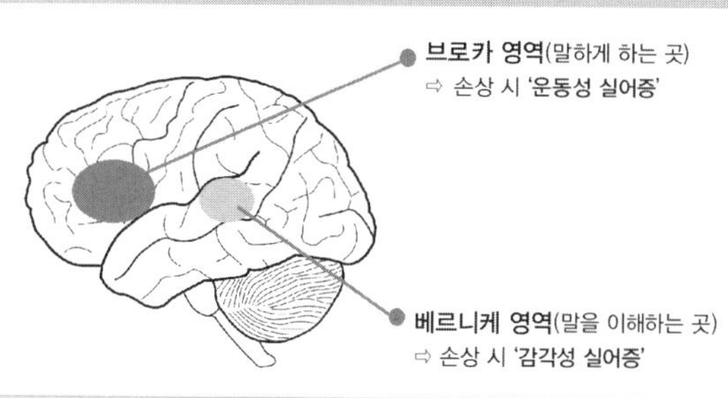

‘뇌 기능 국재설’이란?

뇌 기능 국재설이란 대뇌피질의 특정 부위가 각각 그에 해당하는 특정한 기능을 수행한다고 보는 견해이다. 뇌 기능 국재설은 대뇌피질의 기능에 관한 원리에 기초하고 있다. 이것에 의하면 대뇌피질은 전체적으로 동일한 작용을 하는 것이 아니라 각각의 부분에 따라서 그 기능이 다르며 일정 기능을 담당, 수행하는 부위가 고정되어 있다. 뇌 기능 국재설은 브로카가 언어 운동을 주관하는 중추를 1861년에 처음으로 발견하고 이후에 뇌에 운동중추가 존재한다는 것이 실험적으로 증명됨으로써 널리 확산되었다.

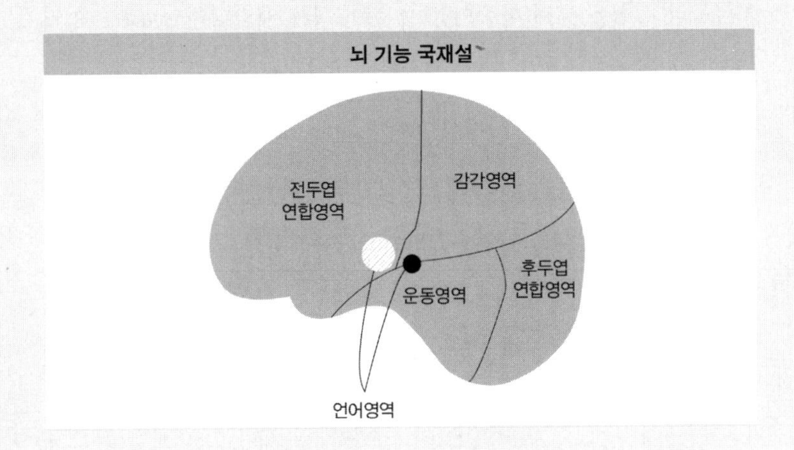

뇌 기능 국재에서 기본은 감각영역, 운동영역, 연합영역, 언어영역이다. 감각영역은 대뇌피질 가운데에서 주로 감각기능을 수행하는 부분이며 대뇌피질의 뒷부분에 위치하고 있다. 감각영역에는 1차 감각영역과 2차 감각영역이 있다.

운동영역은 운동 기능을 담당, 수행하는 부위로서 뇌의 앞쪽에 위치한다. 연합영역은 대뇌피질 가운데에 있으며 고차적인 정신 활동과 연관된 부위이다. 연합영역은 감각영역과 운동영역을 제외한 나머지 부위로서, 인간 대뇌피질의 3분의 2 이상을 차지한다. 만일 이 부위가 손상되면 일련의 정신이상 현상이 발생하게 된다. 전두엽의 연합영역은 주로 계획과 창조에 관여하며 주위의 감각영역과 신경섬유를 통해 연결되어 있는 후두엽의 연합영역은 지각과 재인식의 통합에 관여한다. 언어영역은 대뇌피질 가운데에서 언어 행위와 관련이 있는 부위로서 단어의 이해와 표현에 관여하는 부위이다. 일명 브로카 영역(언어 운동 중추)과 베르니케 영역(언어 지각 중추)이 언어영역에 속한다. 뇌 기능 국재설은 인간 뇌의 구조와 기능에 관한 과학적 이해를 심화시킨 이론으로서 인간 심리와 그것이 행동에 미치는 작용에 대한 이해에 도움을 주었다.

인식현상에 관한 과학적 연구: 베버와 헬름홀츠

19세기에 들어 중요하게 연구되었던 분야로는 감각, 지각을 비롯한 인식현상들이 있다. 17세기 말 뉴턴이 프리즘을 발명하고 나서 약 1세기가 지나고 생리학자 토머스 영Thomas Young에 의해 색채시각 이론이 처음으로 제안되었다. 그로부터 50년 후에 헬름홀츠가 『시각론Handbuch der physiologischen Optik』을 통해 시각의 조절 메커니즘을 규명하면서 '삼원색설'을 '영-헬름홀츠 이론'으로 발전시켰다. 영과 헬름홀츠는 적색, 녹색, 청색의 세 가지 색을 다양한 조합으로 혼합하면 다른 모든 단색을 만들어낼 수 있다는 사실을 증명했는데, 그들은 이에 근거해 눈에 적색, 녹색, 청색이라는 삼원색에 대응하는 세 가지 종류의 색 수용기가 있을 것이라고 추정했다. 특정 파장의 빛이 들어오면 이 수용기들이 각각 상이한 정도의 자극을 받아 특정 색을 지각하게 된다는 이론이다. 이 외에도 카를 헤링Karl Hering의 시각이론(대립과정설opponent process theory) 연구와 프랑스의 생리학자 에듬 마리오트Edme Mariotte에 의한 맹점blind spot 발견, 그리고 영국의 물리학자 찰스 휘트스톤Charles Wheatstone의 입체시각의 연구 등 많은 시각 실험들이 진행되었다.

감각, 지각에 대한 연구는 시각뿐만 아니라 청각에 관해서도 많이 이루어졌다. 헬름홀츠는 음파의 주파수 차이가 와우관의 기저막을 따라 상이한 위치에 존재하는 수용기들에 의해 탐지된다는 청각에 관한 공명이론resonance theory을 발표했다. 촉각, 근육 감각과 관련해서는 독일의 생리학자인 에른스트 베버 Ernst Weber(1795~1878)와 물리학자 구스타프 페히너Gustav Fechner에 의해 연구가 진행되었다. 베버는 피부상의 이점역 二點閾, two-point threshold (동시에 접촉한 두 점이 하나가 아님을 확인할 수 있는 최소거리)을 연구하기 위해 특수한 기구인 촉각계(컴퍼스처럼 두 끝부분이 뾰족한 장치로, 두 끝부분 사이의 거리를 조정할 수 있다)를 처음으로 제작해 활용했다. 피부상에서 두 점을 구분할 수 있는 감각, 즉 '하나'의 점이라고 지각되다가 '두 개'의 점이라고 지각하게 되는 감각은 신체 표면의 위치에 따라 그 거리를 달리한다는 것이 베버를 통해 확인되었다. 예를 들어 엄지손가락의 경우, 두 점이 그다지 멀리 떨어져 있지 않아도 두 개의 점이라고 인식되지만 민감도가 떨어지는 부위인 팔뚝의 경우 손가락보다 두 점 간의 거리가 더 멀어야 두 개의 점으로 인식된다. 앞서 언급한 여러 가지 실험 연구들은 심리학과 직접적으로 연관되는 생리학적 · 물리학적 영역들에서 이루어진 것으로서 이후의 실험심리학과 과학적 심리학이 탄생하는 데 크게 기여했다.

◆ 에른스트 베버

토머스 영	색채시각이론
헤르만 헬름홀츠	삼원색설, 공명이론
에른스트 베버	이점역, 베버의 법칙(촉각, 근육감각)
귀스타프 페히너	정신물리학

심리학 연구에 수학적 방법을 도입하다: 수량화와 통계학

독자적인 과학으로서 심리학이 발전하는 데 전제가 된 이론으로는 수학적 방법을 도입한 심리현상 연구가 있다. 이 연구들은 심리현상을 수량화 · 정량화함으로써 심리학적 내용을 객관화시켰으며 심리학이 과학으로서의 입지를 다지는 데 필수적인 조건을 갖추게 해주었다. '심리현상 수량화'의 첫 시도라고 할 수 있는 것은 '반응시간 연구'에서의 '개인 방정식personal equation' 정식화이다. 이때부터 반응시간 연구는 실험심리학 형성의 직접적인 선구자인 빌헬름 분트Wilhelm Wundt와 그의 제자인 프리드리히 랑게Friedrich Lange, 오스왈드 퀼페Oswald Külpe 등에 의해 19세기 말에서 20세기 초에 본격적으로 진행되었다.

심리학 연구에 수학적 방법이 적용되는 데 중요하게 작용한 것은 통계학의 도입이다. 개인차 문제를 해석하는 데 정규분포 곡선의 방정식을 적용한 것을 비롯해 후에 심리현상의 분석, 연구에서 중요한 의의를 가지는 연구기법들이 개발되었다. 또한 여러 통계 방법이 심리현상 해석에 활용되었고, 반대로 심리실험 결과를 분석하는 과정에서 여러 통계적 방법이나 척도가 발견되기도 했다. 통계적 방법은 방대한 실험 자료나 측정값들을 간단하면서도 유의미한 구조로 압축시키고 쉽게 해석할 수 있도록 해주었으며 과학적 심리학, 실험심리학 연구에서 없어서는 안 될 필수적인 수단으로 자리 잡게 되었다. 그 결과 심리현상 연구에서는 실험과 함께 수학적인 방법, 심리현상의 수량화와 통계적인 취급이 점차 일반화되기 시작했다.

1800년대에 칸트는 심리학이 결코 과학이 될 수 없다고 명백하게 선언한 바 있다. 그는 그 이유에 대해 과학에서는 실험과 측정이 필요하지만, 심리현상은 물리현상과는 달라서 그것을 측정하거나 수량화할 수 없고 실험을 진행할 수 없기 때문이라고 설명했다. 하지만 19세기 중엽에 들어와 과학이 발전하면서 이러한 주장은 자연스럽게 기각되었으며, 심리학은 신경생리학과 수학 · 물리학을 비롯한 자연과학에서의 일련의 연구 성과들에 기초해 과학적 심리학으로 발전했다. 또한 실험심리학이라는 독자적인 학문도 탄생하게 되었다.

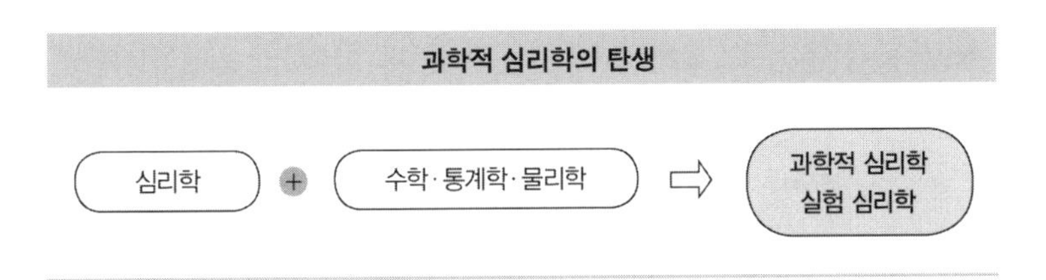

‘개인 방정식’이란?

18세기 말 영국의 그리니치 천문대에서 어느 천문학자가 자기의 조수와 함께 별이 통과하는 시간에 맞추어 선박용 항해 시계를 교정하고 있었다. 그런데 조수가 자기보다 0.8초 느리게 별의 통과를 보고하자 천문학자는 이 차이를 조수의 태만함에 있다고 보고 그를 해고했다. 그러나 이 이야기를 전해 들은 독일의 다른 천문학자는 그들 간에 측정값이 차이가 난 이유가 단순한 오차나 태만에 의한 것이 아니라 아마도 자연적인 개인차 때문일 것이라고 추측했다. 그는 자기 자신과 동료 그리고 다른 천문대 사람들이 각각 측정한 별의 통과시간을 서로 비교해보았다. 그는 상이한 결과들을 토대로 개인 방정식을 만들었는데, 이 방정식에 따르면 자신의 값을 다른 학자의 값으로 변환하기 위해서는 자신의 보고 시간에 정수(개인 상수)를 가산하면 된다. 즉, 어떤 학자에 의해 보고된 시간(tm)은 간단한 식을 통해 다른 사람의 값(tk)으로 변환할 수 있다. 위의 예를 들어 살펴본다면 tk = tm + 0.8s이다. 심리현상 혹은 정신의 속도를 측정하기 위해 심리학 실험에서 사용되는 ‘반응시간의 측정’이나 ‘정신시간 측정법 mental chronometry’은 이 개인 방정식에서 유래된 것이다.

심리학의 탄생: '곁방살이'를 끝내고 독립한 심리학

심리학은 자연과학 분야에서 근대적 발전이 이루어져 정신현상을 물질적 기초와 결부시켜서 연구할 수 있게 되었던 19세기 후반에 들어와서야 독자적인 과학으로 등장할 수 있었다. 철학적 사유 속에서 인간의 심리현상을 연구했던 이전 시기와 달리 이때부터 실증적 · 경험적 연구가 진행되었으며, 이러한 경향은 그 당시 자연과학적 연구 성과들에 의해 뒷받침되면서 더욱 강해졌다.

19세기 후반기에 심리학이 독자적인 과학으로 탄생하는 데 출발점이 된 두 가지 경향이 있다. 하나는 기존의 사변적 논의에서 벗어나 심리현상을 객관적으로 연구할 것을 주장하면서도 철학적 테두리 안에서 심리학의 이론적 체계화를 지향한 것이고, 다른 하나는 당시에 급속히 발전했던 자연과학의 연구 성과들과 실험적 연구 방법을 받아들여 철학보다 자연과학에 가까운 심리학적 연구를 지향한 것이다. 심리현상을 전문적으로 연구하려는 경향은 당시에 널리 퍼져 있었지만, 초기만 하더라도 전통적으로 내려오는 철학적 논의의 범위를 여전히 벗어나지 못했었다. 이러한 흐름에서부터 나오게 된 것이 볼프의 능력심리학과 헤르바르트의 표상역학설表象力學說이다. 이러한 이론들은 자연과학적인 연구 내용과 실험적 방법에 직접 의거하지 않고 철학적 연구의 테두리 안에서 심리학의 과학적 체계화를 지향한 이론들이었다.

철학의 테두리 안에서 심리학을 연구하다: 헤르바르트의 표상역학설

◆ 요한 헤르바르트

독일의 철학자이자 심리학자인 요한 헤르바르트Johann F. Herbart(1776~1841)는 심리학을 과학적으로 체계화하기 위한 시도의 일환으로서 '표상역학설'(관념역학설이라고도 한다)을 제안했다. 그는 실험심리학이 본격화되기 직전에 심리학 연구가 심리현상에 대한 기존의 철학적 논의에서 더욱 구체적이며 객관적인 심리학 연구로 이행하는 데 중요한 역할을 했다. 헤르바르트는 칸트의 후임으로서 쾨니히스베르크 대학의 철학 교수가 되었으며, 그 후 괴팅겐 대학의 철학 교수를 역임하면서 철학과 심리학을 연구했다.

헤르바르트는 칸트의 철학 체계와 내용에는 다소 공감했으나 심리학에 있어서는 칸트와 의견을 달리했다. 그는 1816년에 『심리학 교본Lehrbuch der Psychologie』을, 1821년에는 『과학(학문)으로서의 심리학Psychologie als Wissenschaft』을 출간해 심리학을 하나의 체계화된 과학으로 정립하기 위해 노력하면서, 심리학은 과학이 될 수 없다는 칸트의 주장에 대립하는 방향으로 나아갔다. 그는 표상역학설을 통해 인간에게 잘 알려진 경험을 연구해야 한다는 견해를 제기했다. 또한 자신의 저서들에서 "심리학은 경험에 입각해야 한다. 즉, 심리학은 경험적인 학문이 되어야 한다"라고 밝혔으며, 심리학은 수학적 방법에 의해 뒷받침되어야 하고 또 얼마든지 그렇게 될 수 있다고 주장했다. 그러나 그는 심리학이 생리학적인 학문이나 실험적인 학문이 되어서는 안 된다고 주장했는데, 생리학적 · 실험적 수법이 유기적인 전체로서의 정신현상을 서로 분리된 토막으로 쪼개서 바라보는 경향으로 이끌 것이라는 생각 때문이었다. 정신현상을 전체적인 것으로 바라보고 연구해야 한다는 그의 견해는 한 세기가 지난 뒤에 '게슈탈트Gestalt 심리학'에서 전면적으로 재현되었다.

헤르바르트는 형이상학적으로는 인간 활동의 원천을 정신(영혼)이라고 인정해야 하지만, 정신은 사변적이고 철학적인 것이므로 심리학의 연구 대상이 될 수 없다고 생각했다. 그는 심리학이 사람들에게 익히 알려져 있는 활동을 경험적으로 연구해야 하며, 경험되는 심리적 사실들 중에서 가장 근본적인 것이 '표상(관념)'이라고 주장했다. 헤르바르트에 의하면 마음속의 표상(관념)은 역동적인 것이다. 이 표상(관념)은 자기보존의 힘을 가지고 있어서 서로 끌어당기거나 반발한다. 이로부터 표상 간에 갈등이나 투쟁이 나타나며, 이때 강한 표상은 약한 표상을 의식 밑으로 억압한다. 그러나 이 억압된 표상은 소멸되는 것이 아니라 끊임없이 의식 위로 나오려고 시도한다. 이것이 바로 표상의 운동이다. 만일 두 가지 대립되는 표상의 강도가 같다면 두 표상은 서로 균형을 이루며, 이때의 두 표상은 서로 억제되고 서로의 힘을 약화시킨다. 그 결과 약한 표상은 불명료해진다.

헤르바르트는 표상들 상호 간에 작용하는 힘의 관계를 수식으로 표

헤르바르트의 표상 이론 도식화

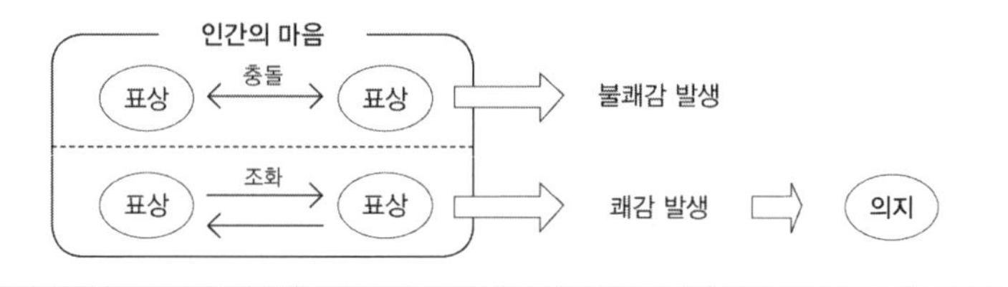

현했으나 그 수식의 근거를 과학적인 실험이나 관찰이 아니라 사변적인 방법으로 찾으려 했다. 이것은 그가 심리현상에 대한 사변적 논의에서 크게 벗어나지 못했음을 의미한다. 어쨌든 헤르바르트는 표상들 간의 역동적인 관계에 기초해 심리현상 전반을 설명하려고 했는데, 이러한 견해는 이후의 프로이트주의 심리학과 거의 대동소이하다.

헤르바르트에 의하면 감정이나 의지는 표상의 2차적 현상이다. 즉, 하나의 표상이 다른 표상을 억제한다든가 도와준다든가 해서 만들어지는 것이 감정이며, 의지는 무의식의 세계에 억압되어 있는 표상이 해방될 때 발생한다. 헤르바르트는 이렇게 감정이나 의지도 모두 표상이나 관념의 활동에 기초해서 발생한다고 보았다. 또한 그는 인식과정에 대해서도 연구했는데, 그에 따르면 과거 경험의 체계는 표상군(그는 이것을 '통각적 집합'이라고 불렀다)을 이루고, 사물을 인식할 때에는 새로운 표상이 이 표상군 속에 흡수되고 일반화되어야만 한다. 일반화될 수 없을 때에는 받아들이지 않는다. '주의'의 기능은 관념을 고찰하기 쉽게 해주고 파악하기 쉽게 해주는 적절한 통각적 집합을 만들어내는 데 있다. 이러한 견해는 사물 현상에 대한 지각의 중요한 특성을 규명한 것으로서 상당 부분 타당하다고 할 수 있다. 왜냐하면 어떤 대상에 대한 인간의 지각은 지각 대상의 외적 형상이 머릿속에 있는 과거의 경험(즉, 표상)과 일치할 때 더 잘 이루어지기 때문이다. 헤르바르트는 이러한 생각을 교육에 응용해 교수 원칙과 방법에 대한 견해를 발전시켰으며 교육과정에 대한 연구를 심리학과 결합시켜 오늘날 교육심리학의 시조 중 하나로 평가받고 있다.

헤르바르트는 정신현상을 철학의 틀 안에서 추상적으로 논의하던 지난 시기의 한계를 극복하고, 사람들이 현실적으로 경험하는 실제적인 심리현상을 폭넓고 체계적으로 연구했다는 점에서 긍정적인 평가를 받는다. 그는 우선 심리현상의 본질을 실제 생활과 동떨어진 추상적인 정신현상에서 추구하는 것을 반대하고 사람들이 직접 체험하는 경험에서 찾아야 한다고 주장했으며, 경험에서 가장 근본적인 요소를 찾고 그것으로 심리현상 전반을 설명하려고 노력했다. 이것은 그가 인간 심리의 본질을 어느 정도 옳게 이해하고 있었음을 의미한다. 또한 지난 시기에는 다양한 심리현상을 연구할 때 무턱대고 이런저런 개별적인 현상들을 나열하는 데 그쳤던 것과 달리, 그는 일련의 합법칙적(수학적 · 논리적) 관계 속에서 현상들을 설명함으로써 심리학에 과학적 성격을 부여하기 위해 노력했다. 물론 결과적으로 그런 노력은 주관적 의도에 그치고 말았지만 심리학의 연구 방향을 제시했다는 점에서 상당한 의의가 있다.

그러나 헤르바르트 이론에도 문제점은 있다. 먼저 현실적인 경험을 중시한다고 하면서도 개별적 표상 간의 투쟁이라는 관념 간 상호작용에 의해 심리가 형성된다고 주장함으로써, 정신현상으로서의 인간 심리를 어떤 실체처럼 취급하고 그것 자체가 능동성을 가진 것처럼 주장하는 관념론적 견해를 답습했다. 심리는 관념 간 상호작용에 의해 형성되는 것이 아니며, 심리의 직접적인 체험자는 인간 자신이다. 즉 인간 심리는 일정한 동기를 갖고 살면서 성장해나가는 사람에게 직접적으로 체험되며 사람에 의해 형성·발전되는 정신현상인 것이다.

헤르바르트 이론의 또 다른 문제점은 심리 연구에 실험적·생리학적 방법을 적용하지 않았다는 점이다. 그는 괴팅겐 대학의 교수로 재직하던 당시에 당대 유명한 수학자를 비롯해 여러 학자들과 교류했고, 그 자신도 수학 연구에 흥미를 가지고 있었다. 그래서 심리현상도 수학적 관계 속에서 설명할 수 있다는 생각으로 일련의 연구를 진행하면서도 생물학적 내용들과 실험적 연구 등 기타 과학들이 정신현상을 다루는 심리 연구에 적당하지 않다고 생각했다. 물론 이것은 그 당시 자연과학의 발전 수준과 관련된 시대적 제한성이라고도 할 수 있다. 결론적으로 헤르바르트는 심리학의 과학적 체계화를 위해 노력했으나 한창 형성되어가던 과학으로서의 심리학 분야에서 창시자가 될 수는 없었다. 그러나 그의 이론은 훗날 심리학 발전에 커다란 영향을 미쳤으며, 특히 '게슈탈트 심리학'과 '정신분석학' 같은 심리학 조류들을 낳는 직접적인 원천이 되었다.

‘게슈탈트 심리학’이란?

게슈탈트 심리학(형태심리학)은 운동지각에 관한 연구에서 시작된 관념론적 심리학 이론의 하나이다. 원래 게슈탈트는 모양, 형태, 구조 등을 의미했으나, 게슈탈트 심리학에서 말하는 형태는 전체적인 연관으로서 나타나는 구체적 현상으로, 전체를 이루는 개별적 요소와 부분과의 연계를 떠난 전체를 의미한다.

게슈탈트 심리학에서는 ‘형태’와 ‘전체’를 본래부터 의식에 마련되어 있는 것으로 간주한다. 사람들이 음의 계열을 선율로 묶은 것도 ‘특별한 성질을 가지는 전체로서의 경향’ 때문이라고 주장한다. 이처럼 게슈탈트 심리학은 심리와 마음에 전체화 기능이 본래부터 주어져 있다고 봄으로써 신비주의와 관념론적 견해에 속하게 되었다.

게슈탈트 심리학은 원래 형태 지각과 같은 인지심리학에서 출발했지만 ‘형태’가 지각을 비롯한 인식 과정의 범위를 벗어나는 심리현상 전반에 관한 문제라고 주장하면서 인간의 요구나 행동 같은 심리학적 문제들로까지 논의를 확장했다. 게슈탈트 심리학은 사람의 ‘정신적 · 신체적 행동이 개체와 환경을 연관시키는 작용’을 한다고 보고, 심리학을 ‘개체와 환경과의 관계에 대한 학문’이라고 정의했다. 그런데 여기에서의 환경은 물리적 의미의 환경이 아니라 ‘심리적 환경’을 말했다. 게슈탈트 심리학에 의하면 사람이 어떤 의도나 요구사항을 가질 때 그 사람과 환경으로 이루어진 전체 체계인 ‘심리적 장(마당)’은 어떤 불균형 상태, 즉 긴장 상태에 들어간다. 그리고 이 긴장 상태를 없애고 완전한 평형 상태를 이루는 방향으로 체계 변화를 요구하는데, 이것이 인간의 행동으로 나타난다. 이러한 견해는 인간 활동의 참다운 의미를 협소한 심리적 요인과 혼합함으로써 인간 활동의 본질적 성격을 희석화한 것이었다.

실험심리학의 등장 1: 뮐러와 헬름홀츠

앞에서도 반복적으로 지적했듯이, 과학으로서의 심리학 탄생은 정신현상에 대한 연구와 그 당시 활발하게 진행되었던 여러 자연과학 분야에서의 연구 성과들이 결합되면서 비로소 가능했다. 이러한 결합에 직접적으로 기여함으로써 심리학 탄생을 촉진한 대표자들은 뮐러와 헬름홀츠, 베버와 페히너를 비롯한 실험심리학자들이다. 독일의 생리학자, 물리학자인 뮐러와 헬름홀츠는 심리현상 연구에 실험적 방법을 도입해 과학적 심리학을 수립하는 데 기여했다.

뮐러는 본 대학과 베를린 대학에서 생리학 · 해부학 교수로 있으면서 거리지각을 비롯한 여러 감각 지각에 대해 상세한 이론적 연구와 실험을 진행했다. 그는 지각에 대한 연구에 기초해 '특수신경 에너지 학설doctrine of the specific energies of nerves'을 내놓았다. 특수신경 에너지 학설이란 감각의 내용이 객관적인 사물 현상 자체에 의해서가 아니라 감각기관에 있는 특수한 감각신경의 에너지에 의해 결정된다고 보는 이론이다. 뮐러에 의하면 일정한 감각신경은 항상 동일한 반응을 낳으며 자극의 성격에 의존하지 않는다. 이런 식으로 각각의 감각신경은 제각기 특수한 성질의 에너지를 가지고 있어서 감각별로 고유한 성질이 나타난다. 예를 들면 시각기관인 눈에서는 광선이 시신경을 자극할 때 빛에 대한 감각이 유발되는데, 이때 광선 자극뿐만 아니라 기타 물질적 자극[타격(눈동자를 치는 것)이나 압력(눈동자를 누르는 것))이 가해져도 시신경이 자극되어 빛에 대한 감각이 유발된다. 또한 냉점은 차가운 것에 의해 자극되든 뜨거운 것에 의해 자극되든 또는 전류에 의해 자극되든 항상 차가운 감각을 일으킨다. 즉, 감각은 감각기관에 주어지는 자극의 성질이 아니라 감각기관이 본래부터 가지고 있는 특수한 에너지에 의해 발생한다는 것이다. 뮐러는 감각기관에 따라 감각의 질이 달라진다는 사실을 지적했을 뿐만 아니라, 사람이 외부 세계를 직접 인식하지 않고 단지 외부 세계의 정보를 전달해주는 신경계의 작용을 인식할 뿐이라고 주장했다. 뮐러의 이론은 헬름홀츠나 헤링을 비롯한 일부 물리학자들에게 상당한 영향을 주었고 그들이 감각기관을 생리학적으로 연구하는 데 중요한 단서를 제공해주었다. 그러나 이후에 설명할 수 없는 많은 문제들에 부딪혀 점차 사라지게 되었다.

실험심리학의 등장 2: 베버

실험심리학 탄생에 기여한 또 다른 대표자로 독일의 베버와 페히너를 들 수 있다. 이들은 심리현상에 대한 실험적 연구를 전문적으로 진행하면서 '정신물리학psychophysics' 학설을 창시해 실험심리학 탄생에 기여했다. 정신물리학이란 간단히 말해, 물리적 자극과 그것을 지각한 심리적 경험(정신) 간의 관계를 연구하는 학문이다. 즉, 물리적 현상과 정신적 현상 사이에 내재하는 대응 관계를 밝히는 것을 목적으로 한 실험적 연구를 말하며 본질적으로 물리학적 관념론이라고 말할 수 있다.

베버는 라이프치히 대학의 생리학 교수로 재직하면서 피부감각, 온도감각을 비롯한 감각, 지각에 대한 실험적 연구에서 선구자적 역할을 수행했다. 그는 물리적 현상과 심리현상 간의 합법칙적 인과관계를 밝히기 위해 노력했는데, 특히 촉각을 수학적으로 연구해 '이점역'의 크기가 신체의 각 부위마다 다르다는 것을 밝힘으로써 감각의 공간적 기능 국재를 확인했다. 또한 최소식별차이 혹은 최소가지차이 Just Noticeable Difference: JND(자극에서의 변화를 판단할 수 있게 하는 가장 작은 차이)를 밝혀내는 데 집중했다. 만일 사람이 어떤 물건을 들어 올릴 때 30그램과 31그램을 구별하지 못하고, 30그램과 32그램도 구별하지 못하다가 (즉, 두 가지를 같은 무게로 느끼다가) 30그램과 33그램을 구별할 수 있다면 이것이 최소식별차이가 된다.

베버는 자신의 실험적 연구를 집대성해 '베버의 법칙'을 발표했는데, 이는 감각의 변별이 자극의 절대적 증가에 의한 것이 아니라 상대적 증가에 의존한다는 이론이다. 즉, JND/S = K로서 JND는 상대적 변화량, S는 표준 자극standard stimulus, K는 상수이다. 베버의 실험에 의하면 K는 청각에서 10분의 1, 시각에서 100분의 1, 무게감각에서 30분의 1이며, 베버는 이것이 사람들에게서 공통적으로 나타나는 사실임을 발견했다.

베버의 연구가 갖는 중요성은 크게 두 가지이다. 첫째, 베버는 심리현상들을 측정하고 수학적 공식화의 대상으로 삼음으로써 심리학을 과학으로 전환시키는 데 상당 부분 기여했다. 최소식별차이에 대한 연구로 객관적인 측정을 요구하는 과학의 요건을 충족시킨 것이 그 예이다. 또한 그의 연구는 물리적 사건과 심리현상 간의 관계를 수학적으로 표현할 수 있다는 가능성을 제시해주었다. 둘째, 베버는 물리적인 세계 내에서의 변화와 그런 변화를 반영하는 심리적인 경험 사이에 일대일의 대응 관계가 존재하지 않는다는 것을 증명했다. 이것은 사람이 경험을 어떻게 통합하는지 이해하려면 물리적 자극의 성질 이상의 것을 알아야 하고, 인간 심리가 물리적인 자극을 어떻게 지각하는지도 알아야 한다는 점을 강하게 시사해주었다. 베버의 실험적 연구는 심리현상에 대해 자연과학적 방법, 즉 실험적인 방법으로 연구하는 출발점이 되었고 이후 페히너에 의해 더욱 발전되었다.

실험심리학의 등장 3: 페히너

독일의 물리학자 구스타프 페히너Gustav Fechner(1801~1889)도 심리학적 실험의 선구자 중 한 사람으로, 고유한 의미에서 최초의 실험심리학자라는 칭호를 받을 만한 사람이다. 그는 라이프치히 대학에서 물리학 박사 학위를 받았다는 이유로 공식적으로는 물리학자로 간주되었지만 실제로는 신비주의적 관점에 기초해 유물론과 대립했던 철학자에 가까웠다. 심리학 발전에 기여한 그의 주요 저작으로는 실험적 연구를 집대성한 『정신물리학 요강Elements of Psychophysics』(1860)과 『미학 입문Vorschule der Asthetir』(1876)이 있다. 그는 수학에 대한 깊은 지식과 실험적 연구에 대한 강한 애착, 이원론적인 철학적 입장을 통합해서 정신물리학이라는 새로운 영역을 개척했다.

◆ 구스타프 페히너

페히너는 베버가 제시했던 최소식별차이에 대한 법칙 'JND/S = K'을 '베버의 법칙'으로 정식화하고 그것에서 출발해 자신의 주장을 펼쳤다. 페히너는 JND의 크기가 주관적으로 동등할 경우 감각도 정확한 측정 대상이 될 수 있을 것이라는 믿음을 갖고 있었다. 30그램과 33그램의 무게는 60그램과 66그램의 무게와 마찬가지로 최소식별차이를 두고 있다. 이 두 쌍의 실제 무게 차이는 각각 3그램과 6그램이지만, 페히너에 따르면 30그램과 33그램의 차이나 60그램과 66그램의 차이는 심리적 · 주관적으로 같게 느껴진다. 이와 같은 주관적 동등성이라는 가정에 근거해 페히너는 베버의 법칙을 'S = k log R'로 공식화했다(여기에서 S는 JND 단위로 표시되는 어떤 자극의 지각된 크기인 감각이고, k는 상수, R은 이 자극을 물리적으로 측정한 값이다). 이 공식에 의하면 심리적인 감각은 자극의 대수함수이다. 따라서 자극이 대수적으로 변화하면서 감각은 일차함수적으로 변화한다. 즉, 자극이 기하급

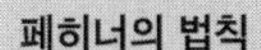

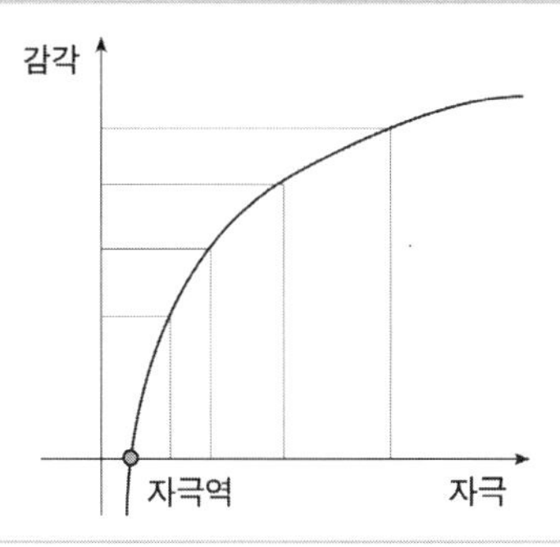

수적으로 급격히 증대되는 데 비해 감각은 산술급수적으로 좀 더 완만히 커진다는 것이다. 이것이 바로 '페히너의 법칙'이다.

페히너의 법칙과 그의 방법론은 심리현상에 대한 실험적 연구를 널리 확산시키는 데 중요한 역할을 했다. 그는 자신의 법칙이 갖는 타당성을 경험적으로 뒷받침하기 위해 대대적인 실험을 진행했고 그것을 '정신물리학적 방법'이라고 명명했다. 사실 JND의 동등성이라는 페히너의 가정은 거의 즉각적인 반박을 받았고, 그가 제시한 수학적 관계는 제한된 조건에서만 사실인 것으로 밝혀졌다. 하지만 페히너가 사용했던 연구 방법은 결정적인 중요성을 갖는다. 그는 실험과 그 분석에서 주요한 세 가지 방법(한계법, 항상자극법, 조정법)을 사용했는데 그것들 대부분이 변화 자극을 표준 자극과 비교하는 것이었다. 그 세 가지 방법은 다음과 같다.

① 한계법method of limits: 최소차이법이라고도 불린다. 순차적으로

값을 달리하는 변화 자극을 계열적으로 순서에 따라 제시하고 표준 자극과 같다고 지각되는 자극 범위를 구한다. 즉, '등가 영역'의 밖에서 출발해 표준 자극과 같아질 때까지 변화 자극을 서서히 변화시켜서 '등가 영역'을 구한다. 예를 들어 내림차순 시행에서는 역threshold보다 훨씬 더 위에 있는 자극을 제시한 다음에 피험자가 더 이상 소리가 들리지 않는다고 할 때까지 서서히 자극 강도를 감소시킨다. 그다음으로 오름차순 시행을 한다. 내림차순 시행과 오름차순 시행을 번갈아 진행한 뒤, 모든 시행의 평균을 내 역을 계산한다.

② 항상자극법method of constant stimuli: 세 가지 방법 중 가장 정확한 방법이다. 피험자에게 표준 자극과 우연적인 순서로 나열된 변화 자극 계열을 제시한다. 피험자가 해야 하는 일은 그 변화 자극이 표준 자극보다 큰지 작은지 판단하는 것이다. (두 자극의 정도가 같다는 판단이 주어지는 경우도 있다.) 예를 들어 다양한 강도의 소리를 피험자에게 임의의 순서로 제시하면, 피험자는 소리를 들었는지 듣지 못했는지 보고한다. 이 방법은 피험자가 역이 있을 만한 지점을 미리 알아차릴 수 있다는 한계법의 문제점을 피할 수 있게 해준다.

③ 조정법(재생법)method of adjustment: 피험자에게 표준 자극과 같아질 때까지 변화 자극을 조작하게 하는 방법으로 평균오차법이라고도 불린다. 조정법은 가장 적은 시간이 소요되지만 가장 부정확하다. 반면 항상자극법은 가장 정확하지만 시간이 제일 오래 걸린다. 물론 이 방법들이 심리학에만 사용되는 고유한 방법은 아니지만 페히너의 공

적은 이 방법들을 심리학 연구에 처음으로 도입했다는 데 있다.

페히너는 당대 독일에서 유행했던 관념론 운동idealism movement의 영향을 받아 관념론으로 유물론을 퇴치하겠다는 목표를 세웠다. 관념론 운동은 '전체로서의 우주란 의식의 한 형태이며 우주 안에 있는 개체들의 개별적인 의식 이상의 것'이라고 주장한 사조였다. 따라서 어떤 사람이 죽으면 그의 개인의식은 우주적 의식과 합쳐진다고 보았다. 페히너는 이러한 견해에 입각해 정신과 육체를 동일한 근본적 실재의 두 가지 측면으로 간주하고 이 실재의 일차적이며 주도적인 특징을 정신이라고 보았다. 그는 이것을 증명하기 위해 정신과 육체의 정확한 관계를 개념화할 방법을 찾았고 그 과정에서 정신물리학을 창시하게 되었다. 즉, 관념론의 승리를 위해 유물론적 방법론에 기초한 연구를 진행하다가 본래의 의도와 달리 유물론적 이론을 만들게 된 것이다. 이러한 이유로 심리학자 에드윈 보링Edwin Boring은 페히너를 "우연히 정신물리학의 창시자가 된 사람"이라고 말하기도 했다. 정신물리학 이론은 심리, 정신을 물리적인 것과 동일시했다는 점에서 일종의 관념론적 견해였다. 그러나 페히너는 심리현상의 실험적 연구에서 선구자였으며, 그의 실험방법은 당시뿐만 아니라 이후에도 감각, 지각에 관한 연구의 범위를 넘어서 여러 가지 심리검사나 측정, 기타 심리학의 여러 분야를 연구하는 데 기초가 되었다.

과학적 심리학 탄생에 결정적으로 기여하다: 분트

◆ 빌헬름 분트

실험심리학 탄생에 획기적으로 기여한 사람은 독일의 심리학자 빌헬름 분트Wilhelm Wundt(1832~1920)이다. 분트는 실험심리학을 독립된 지식 분야로서 과학적인 학문으로 확립시킨 대표적인 심리학자이다. 그는 독일 서남부에 위치한 튀빙겐 대학과 하이델베르크 대학에서 의학을 공부하면서 생리학에 흥미를 가지고 깊이 연구했다. 분트는 뮐러의 지도를 받으면서 베를린 대학에서 1년을 보내고, 그 후 헬름홀츠의 조수가 되어 그의 생리학 실험을 보조하면서 수년을 보냈다. 그러면서 그들의 실험적 연구 방법론에 깊이 발을 들여놓게 되었다. 이것은 이후 그가 실험심리학적 연구를 전문적으로 하게 되는 데 큰 영향을 미쳤다. 그는 1876년에 라이프치히 대학의 철학 교수로 초청되어 그곳에서 오랜 시간 연구 활동에 종사했다. 그리고 1879년에 라이프치히 대학에 정규적인 심리학연구 실험실을 설립했으며 그때부터 실험심리학 연구에 심혈을 기울였다.

분트는 자기의 연구 결과를 종합해 생리학 · 심리학과 관련된 저서를 다량 집필했다. 그는 1860년에 『근육 운동론Die Lehre von der Muskelbewegung』과 『망막지각론Beiträge zur Theorie der Sinneswahrnehmung』을, 그 후에는 『생리학 교과서Lehrbuch der Physiologie des Menschen』와 『의학:

물리학 편람Handbuch der medicinischen Physik』, 『인간 및 동물 심리학 강의Vorlesungen über die Menschen-und Tierseele』(1863)를 출간했으며, 1874년에는 심리학 연구사상 커다란 의의가 있는 책인 『생리심리학 원리Grundzüge der physiologischen Psychologie』를, 1881년에는 심리학 잡지인 ≪철학 연구Einleitung in die Psychologie≫(후에 ≪심리학 연구≫로 변경되었다) 등을 출판했다. 그리고 1896년에는 『심리학 개론Grundriss der Psychologie』 초판을 발행했으며 1900년부터 20여 년에 걸쳐 여러 민족의 언어와 예술, 철학, 종교, 윤리 등 사회생활 영역에서 나타나는 심리적 특징을 다룬 전 10권 구성의 『문화심리학Völkerpsychologie』이라는 사회심리학 서적을 간행했다.

분트는 심리학을 과학적으로 체계화하기 위해 인간의 심리현상을 개개의 작은 요소로 나누고 그것들을 연관시키는 원리를 증명하려 했다. 그는 선행한 심리학적 이론들의 추상화된 철학적 논의를 형이상학적인 것으로 치부하고 무시하면서 심리학을 '의식의 과학'이라고 정의할 것을 제안했다. 또 '직접 경험'이 심리학의 기본 연구 대상이라고 주장했다. 분트는 관찰자에게 직접적 · 현상적으로 주어지는 모든 체험을 '직접 경험'(즉각적 경험immediate experience이라고도 한다)이라고 정의했다. 반대로 물리학이나 기타 자연과학의 대상은 '간접 경험'(중재된 경험mediate experience이라고도 한다)이 된다. 즉, 그것들은 추리나 개념화를 통해서 얻어지는 경험이다. 예를 들어 창문 밖의 온도계가 영하 10도를 가리킨 것을 보았다면 추위라는 현상을 직접 경험한 것이 아니라 과학적인 도구를 통해 추위를 간접적으로 경험하는 것이고, 반면 옷을 입지 않은 채 밖에 나가 추위를 체험하는 것은 추위(현상)를 직접 경험하는 것이다.

심리학은 의식의 과학으로서 기타 모든 과학의 원천이 된다. 심리학이 직접 경험을 다루기 때문이다. 분트는 심리학이 주관적인 경험을 취급하는 반면 다른 과학은 주관적인 요인을 제거한 경험만을 연구한다고 주장했다. 마찬가지로 심리학은 철학이나 역사학, 사회학, 법학 등 모든 사회과학의 기초를 이루고 그 전제가 되며, 특히 인식론과 논리학의 기초 학문이 된다. 이것은 분트가 경험을 주관적으로 확장해 이해했다는 것을 의미한다. 객관적인 사물 현상과 그것의 특성이 아니라 주관적으로 확장된 '경험'을 과학적 연구 대상으로 보았다는 점에서 분트의 견해는 관념론적 특징을 지닌다.

분트는 심리학의 연구 방법으로 실험과 관찰을 주장했다. 또한 그는 내성법을 이용해 심리학에서 모든 실험을 진행할 수 있다고 보았고, 내성을 통해 의식의 내용을 체계적으로 분석해야 한다고 강조했

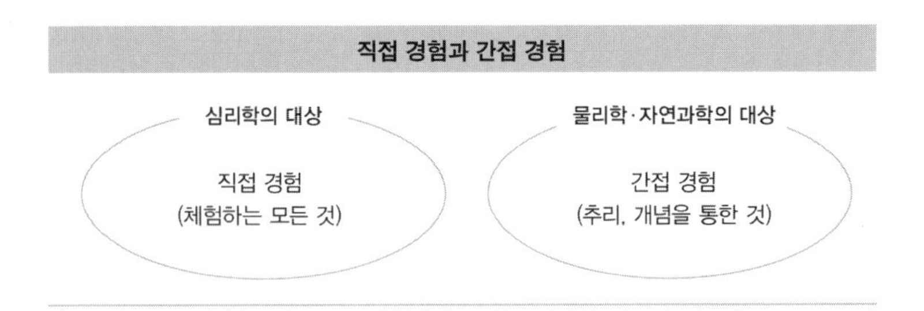

다. 내성(내관이라고도 한다)이란 일반적으로 자기가 의식하고 있는 정신 상태를 내면적으로 관찰하는 것이다. 즉, 내성은 자기의 관념 속에 들어 있는 지각 내용, 감각 상황, 감정 상태 등을 계획적으로 따져보고 다른 사물 현상과 연관시켜서 관찰하는 것을 의미한다. '내성주의'(내관주의)의 시조는 원래 고대 그리스의 관념론 철학자인 플로티누스Plotinus와 아우구스티누스Augustinus라고 볼 수 있다. 그들은 영혼이야말로 자기 자체로 환원될 수 있고 극도의 명료성과 신빙성으로 스스로의 행동과 보이지 않는 창조물을 재발견할 수 있다는 점에서 모든 지식이 깃든 곳이라고 보았다. 또한 영혼이 스스로에 대해 아는 것은 외적인 감각기관에 의해 주어진 경험과는 전혀 다른 내적 경험이라고 주장했다.

이 두 그리스 철학자는 현실 세계를 외면하고 자기반성과 '신'과의 영적인 결합을 시도하기 위해 외부와 차단되어 경험적 지식으로부터 독립해 있는 내적 경험을 중시했다. 이로부터 내관이라는 개념이 나오게 되었다. 다시 말해 '내성'(내관)을 통해 자기 경험을 관찰하는 연구 방법을 '내성법'이라고 하며 이것은 분트의 심리학에서 기본적인 연구수단이 되었다. 이 때문에 분트의 심리학을 그 방법론적 측면에서 '내성 심리학'이라고 부르기도 한다.

분트는 학습, 사고, 언어와 같은 고차적인 정신 과정과 인간 심리에 미치는 문화의 영향 등을 연구하고 싶어 했다. 하지만 이런 것들은 사람의 개인사, 문화적 배경, 사회적 환경 등과 너무나 깊이 얽혀 있는 것이어서 실험실에서 통제할 수 없었다. 그래서 고차적인 정신 과정이나 사회심리현상 등은 실험실에서가 아니라 귀납적 관찰 방법, 범문화적 비교, 역사적 분석, 사례분석법 등을 통해서 연구해야만 했다. 그래서 분트는 사회심리현상이나 고차적인 정신 과정 등이 관찰에 의해서만 연구될 수 있다고 보고 오직 언어와 예술, 종교, 문화적 습관, 윤리 등 문화적 산물, 사회생활의 산물을 관찰함으로써 사회적인 심리현상을 연구할 수 있다고 주장했다. 그는 이것을 '문화역사적 방법'이라고 불렀다. 따라서 분트에 의하면 실험적 방법은 감각, 지각, 연상 등 기본적인 심리적 과정들의 연구에 적절한 것이어서 실험이 접근할 수 없는 고차적인 심리적 과정을 알려면 관찰을 해야만 한다.

분트는 자신의 심리학적 연구의 기본 과제로 의식의 복합체들을 개개의 작은 구성 요소로 분석하는 것, 복합체가 그 요소들로부터 어떻게 종합되어 만들어지는지 연구하는 것, 그것으로부터 심리적 현상들의 원리와 법칙이 어떻게 확립되는지 연구하는 것을 내세웠다. 그에 의하면 요소가 모여서 복합체가 이루어지고 복합체가 모여서 더욱 큰 합성체가 형성된다. 분트는 다른 무엇보다 이 요소가 근본적이고 중요하다고 생각했다. 이 때문에 그의 심리학은 후에 '요소 심리학'이나 '구성주의 심리학'으로 불리게 되었다. 근래에는 분트를 구성주의 심리학의 창시자로 보거나 구성주의 학파의 학자로 분류해서는 안 된다는 의견이 우세해지고 있다. 이러한 주장을 하는 심리학자들이 생겨난 것은 분트의 견해 중 일부만이 과장되어 후세 학자들에게 소개되고 다른 측면(예를 들면 문화심리학에 대한 그의 관심)은 거의 알려지지 않는 사정과 관련이 있다.

분트는 심리학의 기본 연구 과제로서 직접 경험을 좀 더 단순한 요소로 나누고 그 성질과 요소 간의 결합을 연구할 것을 제기했다. 그에 의하면 모든 요소는 신중한 분석과 추상의 산물이며 크게 두 가지, 단순감각(경험의 객관적 내용)과 단순감정(경험의 주관적 내용)으로 분리된다. 이 요소들은 특정 차원에 따라 각각 더 세분화될 수 있다. 예를 들면 감각은 질(예: 다른 색깔), 강도 및 지속시간이라는 차원에 따라 분류될 수 있다.

분트는 감정을 근원적으로 세 가지에 귀착시켰는데 쾌와 불쾌, 긴장과 완화, 흥분과 진정이 그것이다. 그에 의하면 모든 감정은 이 세 개의 상태로 설명될 수 있다. 분트는 이 세 가지 상태가 서로 독립적이라고 가정했는데, 이러한 구분은 그가 주장한 내성적인 방법에 기초한 것이어서 의문시되었다. 또한 분트는 개개의 감정이 자체의 특정한 생리적 기초를 가지고 있으며 각각의 감정에 서로 다른 형태가 존재한다고 가정하고 제자들과 함께 실험을 진행했으나 그것을 입증하는 데에는 실패하고 말았다. 왜냐하면 감정은 심장박동수의 증감이나 호흡, 피부의 변화 등과 같은 생리적인 현상과 결합되어 있는데 그것들이 매 감정의 내용에 따라 달라지지는 않았기 때문이다.

분트는 자기만의 심리학을 만들어나가면서 심리 연구의 기본 대상으로서 의식의 개념에 대해 상세히 논했다. 그에 의하면 의식은 복합체로 이루어진 것이며, 의식의 기초는 유기체 기관의 구조이다. 의식의 중요한 과정 중 하나는 '주의'이다. 주의에 의해 비상히 명료한 지각이 이루어진다. 주의 집중된 영역은 의식의 가장 명료한 부분을 이루며, 주의는 사물 현상을 의식의 초점에 위치시킨다.

분트는 의식 개개의 요소들이 어떻게 전일적인 복합체로 결합되어 의식을 이루는지에 대한 문제에 부딪치자, 그것을 해결하는 방도로서 '연상'이라는 개념을 도입했다. 그는 감각적 단순 요소들이 연상에 의해 복합체로 결합된다고 주장하면서 융합, 동화, 혼합이라는 서로 다른 세 가지 연상 형식을 제안했다. 융합이란 피아노 선율과 같이 따로따로 존재할 수 없는 요소 간의 결합이다. 사람은 선율을 들을 때 그것을 구성하는 순수한 음, 즉 개개의 요소를 분리해서 들을 수 없다는 것이다. 동화란 의식에 존재하지 않는 요소들에 의해 지각이 보충되는 것이다. 예를 들면 단어를 읽을 때 특정한 자모나 글자에 주의가 가지 않는 현상 등이 그러하다. 혼합이란 서로 다른 양상의 감각 요소들 간의 복합이다. 향기가 미각, 후각, 시각, 촉각 등의 감각을 불러일으키는 것과 마찬가지다.

분트는 발달심리학에 대해서도 연구했다. 그는 정신 발달 과정을 두 부분으로 나누어 고찰했는데, 하나는 아동의 발달연구, 즉 개체의 심리적 과정 발달연구이며, 다른 하나는 집단의 문화적 발달연구(여기에는 언어와 법률, 예술, 종교 등의 연구가 포함된다)이다. 그에 의하면 이 두 분야는 완전히 별개의 것이어서 연구 방법도 완전히 다른 것을 써야 한다. 분트의 견해는 심리를 고립적이고 고정불변한 것으로 보는 입장을 반대하고 변화 · 발전 속에서 심리를 살폈다는 점에서 긍정적인 면을 지닌다. 그러나 개인의 정신발달이 집단의 전반적인 발달과 변화에 의해 규제되고, 그것의 영향을 받는다는 점을 이해하지 못해 양자를 형이상학적으로 분리시키는 오류를 범했다는 한계가 있다.

분트가 활동하던 시기에도 뜨거운 논쟁거리였던 정신과 육체의 상호 관계 문제(심신문제)와 관련해 그는 '평행론'을 제안했다. 그는 물리적인 영역에서의 인과적 법칙이 심리적 영역에서도 동일하게 존재한다고 주장하면서 심리적 현상이 물리적 현상과 마찬가지로 일정한 질서를 가진다고 생각했다. 그리고 사람의 경험을 개념적으로 간접적인 것(물리학)과 직접적인 것(심리학)으로 구분할 수는 있어도 실제로 그것들은 단일한 존재라고 주장했다. 이 두 종류의 경험은 서로 모순되지 않는다. 간접 경험은 인과성을 가지며 인과성은 모든 경험에(직접 경험까지도 포함해서) 내재하는 것이기 때문이다. 분트는 요소의 복합만으로 다양한 의식현상 전반을 설명하기 곤란해지자 '창조적 종합 creative synthesis'이라는 개념을 제안했다. 정신이 심리적 요소들로 이루어지며 그것들이 단순한 연합이 아니라 창조적으로 결합된다는 견해다. 따라서 창조적 종합의 결과는 그것을 만들어내는 요소들의 총합과는 다른 것이다. 이것은 분트가 후에 게슈탈트 심리학에서 중심이 되는 어느 사상을 예상하고 있었음을 말해준다.

분트의 '심신평행론'은 뮐러나 페히너 등 당대 실험심리학자들 사이에서 지배적이었던 견해와 관점, 방법론을 그대로 계승한 이론이다. 심신평행론은 그것이 처음에 등장했던 때만 해도 진보적인 견해였다. 정신현상을 추상적인 것, 초자연적인 것으로 간주하면서 물질세계와 절대적으로 분리시켰던 관념론적 견해를 반대해 나온 것이기 때문이다. 그러나 심신평행론은 복잡한 관념적 현상인 정신현상을 물질적 기관이나 그것의 생리적 작용과 동일시하는 비과학적인 견해였다. 정신현상은 물질적 기관인 뇌의 산물이지만 그 자체를 물리적 현상과 동일시해서는 안 되며, 물리적 세계의 법칙이 정신현상에 그대로 적용된다고 보아서도 안 된다. 심신평행론은 물리적인 것과 심리적인 것 사이에 어떠한 인과관계나 대응 관계가 있을 것이라고 가정하고 물리적인 관계를 설명해 간접적으로 심리적인 것을 밝히려고 한 시도이다. 그러나 기계론적 · 형이상학적 성격으로 인해 이 이론은 심리현상에 대한 올바른 견해를 제공해줄 수 없었다.

한편으로 심신평행론은 물리적 현상에 심리적 현상을 조응시키는 것을 절대화함으로써 외부적 자극에 의해 심리적 반응이 전적으로 규제된다고 주장하는 행동주의적 경향을 낳았으며, 또 한편으로는 물질적 기관의 구조 작용에 의해 정신현상이 규제된다고 봄으로써 골상학이나 '부대현상설epiphenomenalism'(수반현상설隨伴現象說이라고도 하며 일정한 물질적 기관의 작용으로 인한 여분이나 찌꺼기가 의식, 정신이라고 주장하는 관념론적 견해를 말한다)과 같은 관념론적이며 형이상학적인 관점을 낳았다.

분트에게서 발견되는 가장 특징적인 점은 그가 심리학이 진정한 과학이 되는 데 필요한 전제 조건을 실험으로 간주하고 실험을 중시했다는 것이다. 분트는 역사상 처음으로 심리학 연구를 전문적으로 하기 위해 실험실을 설립했다. 그가 라이프치히 대학에 심리학 실험실을 세우고(1879) 그곳에서 심리현상에 관한 실험적 연구를 진행하면서부터 심리학이 독자적인 학문으로 등장하게 되었다고 말할 수 있다. 그는 생리적인 연구에서 시작해서 점차 심리현상에 대한 실험으로 나아갔다. 분트가 진행한 실험은 생리학적인 성격이 강했으며 그 중 대부분은 감각, 지각에 관한 것이었다.

또한 그는 반응시간을 연구했고 주의, 연상, 감정, 기억 등에 대해서도 포괄적으로 연구했다. 그가 세운 심리학 실험실에는 많은 사람들이 새로운 심리학을 배우기 위해 모여들었고, 그의 실험실은 당대 유럽뿐 아니라 미국에서도 심리학 연구의 중심지가 되었다. 분트는 제자들과 함께 매우 다양한 심리학적 질문들을 제기하고 그것을 연구함으로써 후세의 심리학적 연구자들에게 출발점을 제공했다. 그의 연구 방법은 당시의 지배적인 연구 방법이었던 생리학적 방법과 수학적 방법을 받아들인, 엄밀하게 조작적인 성격을 띤 것으로서 주로 실험실에서 행해졌다. 분트의 궁극적인 목표는 '인간의 모든 심리현상을 가장 근본적인 요소로 환원하는 것'이었으며, 그의 연구를 지배했던 이론과 방법은 연상주의적이었고 생물학적인 이론과도 밀접한 연관이 있었다. 그는 심리 연구에서 경험적 · 실험적 방법을 강조하면서 인간의 정신생활이 경험의 복합적 산물이며 대부분의 심리현상이 과거의 경험에 의존한다는 경험론적 입장을 계승했다. 분트와 그의 실험실에서 이루어진 심리현상에 대한 실험적 · 자연과학적 연구는 이후 오랫동안 심리학의 발전 방향을 규제했다. 심리현상을 실험적 · 체계적으로 연구하는 심리학 분야를 분트가 개척함으로써 독자적인 과학으로서의 심리학 입지가 더욱 명백해졌다.

분트는 훗날 심리학적 연구에서 커다란 업적을 쌓은 여러 심리학자들을 양성해 심리학 발전에 크게 기여했으나 그의 심리학 이론에는 다음과 같은 제한성이 있었다. 첫째, 정신현상을 형이상학적 · 관념론적으로 고찰한 것이다. 인간의 심리현상과 정신현상은 전일적인 것으로서 고립된 개개의 요소들로 분해될 수 없으며 개별적 요소들의 단순한 결합도 아니다. 그러나 분트는 심리현상의 본질을 밝히기 위해서는 원자와 같은 궁극적 요소, 단위를 찾아야 한다고 생각했다. 또한 그러한 최소단위의 의식 요소가 선험적인 것이라고 보았다. 그렇기 때문에 정신현상에 대한 분트의 연구는 비록 자연과학적인 관점에 입각해서 진행되기는 했으나, 그것의 관념론적이고 형이상학적인 특성으로 인해 결과적으로 심리현상의 본질을 정확히 밝힐 수 없었다.

둘째, 심리현상 연구에서 실험적 방법을 절대화하면서 전적으로 실험에 의존하고 실험을 적용한 것이 마치 심리학을 과학으로 만들어준 유일한 조건인 것처럼 간주했다는 점이다. 심리학이 실험적 연구 방법을 통해 과학적인 토대 위에 올라서고 비로소 자연과학적인 기초를 가진 독자적인 학문이 된 것은 사실이지만, 실험이 심리학의 모든 분야에 적용 가능한 보편적·기본적 방법은 아니다. 인간의 심리는 눈으로 볼 수도, 손으로 만질 수도 없는 관념적인 현상이며 다른 많은 요인들과 연관된 복잡하고 다양한 정신현상이다. 따라서 심리는 실험 방법과 함께 여러 다른 방법을 창조적으로 적용함으로써 옳게 밝혀낼 수 있다. 물론 분트는 실험법의 한계를 지적하면서 고차적인 정신현상 등을 연구할 때는 실험법을 사용할 수 없다고 지적하기도 했지만, 그가 실험법을 지나치게 과대평가했다는 것만큼은 분명한 사실이다. 필자가 실험만능주의, 실험숭배주의라고 비판하기도 했던 이러한 편향은 오늘날의 심리학자들에게까지 커다란 영향을 미치고 있다.

셋째, 분트가 심리 연구 방법으로서 내성법을 강조하고 내성으로 피험자의 심리를 전면적으로 밝혀낼 수 있다고 믿은 것이다. 분트의 심리학은 내성법으로 인해 관념론의 늪에 빠져들면서 심리현상을 객관적이고 전면적으로 파악하기 위한 올바른 방도를 찾지 못했다. 그러나 이러한 모든 제한성에도 불구하고 심리학을 과학적인 실험적 연구의 토대 위에 올려 세우고 독자적인 과학으로 정립한 것은 그의 공적이라고 할 수 있다. 이러한 공적 덕분에 분트는 심리학의 발전 역사에서 매우 중요한 자리를 차지할 수 있었다.

‘심신평행론’이란?

정신과 육체 사이의 모든 인과적 상호작용을 배제하는 이론으로 심신병행설이라고도 한다. 심신평행론은 근본적으로 전혀 다른 성질을 가진 두 실체가 어떤 식으로든 서로에게 영향을 줄 수 없다고 보고, 정신적 현상과 육체적 현상 또는 정신과 육체도 완전한 상관관계에 있는 두 개의 사건계열이므로 서로에게 영향을 미칠 수 없다고 보았다.

시간을 똑같이 맞추어놓은, 정확하게 움직이는 시계 두 개를 떠올리면 심신평행론을 이해하기 쉬울 것이다. 이 이론에 의하면 팔을 들어 올리겠다는 정신현상이 발생한 다음에 팔을 들어 올리는 육체적 현상이 즉시 발생하지만, 두 현상 간에 직접적인 인과관계를 설정할 필요는 없다.

심신평행론의 원조는 17세기 독일의 철학자이자 과학자 겸 수학자였던 라이프니츠라고 할 수 있다. 라이프니츠는 조물주가 세상을 창조할 때 ‘예정조화’(신이 태초에 우주의 조화를 정해놓았다는 주장)로 정신과 육체 사이의 완전한 상관관계를 보장했다고 주장했다. 한마디로 심신평행론은 정신과 육체 사이의 지속적 상관관계는 인정하면서도 인과관계의 설정은 거부하는 이론이라고 할 수 있다.

05

심리학의 발전

지각심리학 · 사회심리학 · 마르크스주의 심리학

심리학 기초 분야의 발전

긴 과거와 짧은 역사를 가진◆ 심리학은 분트가 체계화시켜 실험과학으로 탄생시킨 이래로 수많은 연구자들에 의해 급속도로 발전되었다. 19세기 말부터 본격적으로 시작된 이 새로운 과학은 많은 이들의 관심을 끌었으며 당시에 연구되던 물리학, 생물학, 수학과 같은 자연

◆ 심리학 역사에 철학까지 포함시킬 경우 심리학은 긴 역사를 가지고 있다고 말할 수 있다. 하지만 과학으로서의 심리학 탄생부터 계산할 경우, 심리학 역사는 약 100년 정도밖에 되지 않는다. 이와 관련해 헤르만 에빙하우스(Hermann Ebbinghaus)는 "심리학은 오랜 과거를 가지고 있지만 그 진정한 역사는 짧다"라고 말하기도 했다.

과학의 성과들에 힘입어 적극적으로 연구되기 시작했다. 과학으로서의 심리학이 탄생한 이래로 심리학 발전에서 나타난 기본적인 경향은 심리현상과 연관된 다양한 실험적 연구의 활성화이다. 또 그 과정에서 심리현상의 기초적이고 기본적인 개념, 원리, 법칙들 전반에 대한 연구가 광범위하게 진행된 것이다. 19세기 말에서 20세기 초에 유럽의 여러 나라에서는 사회 계급 관계와 사회경제 관계에서 많은 변화가 일어나고 급격한 과학기술적 진보가 이루어졌는데, 이는 심리학 발전에도 커다란 영향을 미쳤다. 특히 실험적 연구가 심리학 연구의 기본 방법으로 인식되어 하나의 추세를 이루었으며, 많은 연구자들이 심리현상에 대한 각자의 실험적 연구를 경쟁적으로 진행했다.

지각심리학의 발전: 헬름홀츠

심리현상에 대한 폭넓은 실험적 연구로 실험심리학의 형성과 그 기초 분야의 발전에 직접 기여한 대표적인 인물은 독일의 물리학자이자 생리학자였던 헤르만 헬름홀츠이다. 헬름홀츠는 베를린 대학의 생리학자였던 뮐러의 제자로서 당대 여러 분야의 이름 있는 학자들과 접촉하면서 다방면의 지식을 축적했다. 그는 쾨니히스베르크 대학, 본 대학, 하이델베르크 대학 그리고 베를린 대학 등으로 옮겨다니며 23년간 연구 활동을 했고, 그 과정에서 심리학을 비롯한 여러 분야에서 많은 과학적 업적을 쌓았다. 헬름홀츠는 다방면적인 지식을 가지고 과학의 여러 분야에 공헌했으며, 물리학과 생물학에 대한 실험적 연구에 몰두하면서 심리학 분야까지 연구해 실험심리학의 창시자 중 한 사람이 되었다. 그는 1856년에 『시각론Treatise on Physiological Optics』을(2권과 3권은 각각 1860년, 1866년에 간행), 1853년에는 『청각론Die Lehre von den Tonempfindungen als physiologische Grundlage für die Theorie der Musik』을 출판해 물리학·생리학·심리학에 관한 풍부한 지식을 보여주었다. 1878년에는 『지각론The Facts in Perception』을 발표해 실험심리학자로서의 존재를 뚜렷이 부각시켰다. 헬름홀츠는 물리학에 대한 연구를 제외하고도 신경 충동 전달 속도를 측정했고 시각, 청각에 대한 풍부한 연구 업적을 쌓아 실험심리학 발전에 공헌했다. 그는 색채 시각에 대한 실험적 연구를 진행하면서 토머스 영의 이론을 발전시켜 '영-헬름홀츠 이론Young-Helmholtz theory'(삼원색설trichromatic theory이라고도 한다)을 만들었다. 또한 시지각 실험 기구로서 검안경을 발명하고 수정체의 조절 변화에 관한 상세한 심리학적 연구를 진행했다. 청각에 대해서도 음악에서의 협화음·불협화음에 대한 연구와 청각에 대한 '공명이론resonance theory'을 내놓았다. 헬름홀츠의 시각, 청각에 대한 이론은 풍부하고 깊이 있는 내용을 담고 있어서 당대뿐만 아니라 오늘날에도 그 의의를 잃지 않고 있다. 그는 주로 감각·지각에 관한 실험적 연구를 통해 심리학의 발생, 특히 실험심리학의 발전에 직접 기여했다.

헬름홀츠는 그의 지각 이론에서 감각과 지각을 구별했다. 그에 의하면 감각은 자극 흥분의 인식인 반면, 지각은 '감각 더하기 경험'으로 이루어져 있다. 감각은 감성적인 단순 자극 형태, 즉 말단 감각기관의 자극이 있을 경우에 발생하며 지각은 감각보다 훨씬 복잡한 인식 과정으로서 과거의 경험에 입각한 무의식적인 추리unconscious inference를 포함한다. 예를 들면 의자의 존재를 지각하는 것은 단순한 감각자극에 아주 많은 것들이 무의식적인 추리 과정을 거쳐 부가된 것이다. 의자를 보았을 때 감각기관의 표면에 들어오는 자극, 즉 망막의 여러 부분에 충돌하는 빛 개개의 파장인 감각만으로는 그것이 의자라고 지각할 수 없다. 사람은 의자를 봄으로써 생겨난 감각 자료를 의자에 대한 과거의 경험(의자에는 보통 네 개의 다리가 있고 나무로 만들어졌으며 앉을 수 있게 되어 있다 등)을 이용해 순간적으로 무의식적 추리를 거친다. 즉, 의자를 지각하는 행위는 지각하는 사람이 의식하지 못하는 사이에 일어나는 복잡한 추리, 인식적 판단, 결론에 의존한다. 헬름홀츠의 지각에 대한 견해를 한마디로 요약하면 '지각은 무의식적 추리를 동반한다'라고 할 수 있다. 헬름홀츠는 무의식적 추리를 인위적으로 억제할 수 없다고 보았다. 그는 관찰자가 지각 과정에서 불가피하게 무의식적인 추론을 활용하기 때문에, 모든 관찰이 정밀한 도구로 얻어진 정보에 의해 뒷받침된다 하더라도 필연적으로 개인적 관찰에 머무를 수밖에 없다고 생각했다. 즉, 관찰은 관찰자의 편견, 과거의 경험, 그의 능력과 수준의 영향을 받는 것이다. 이것은 그 당시로서는

헬름홀츠의 지각 이론

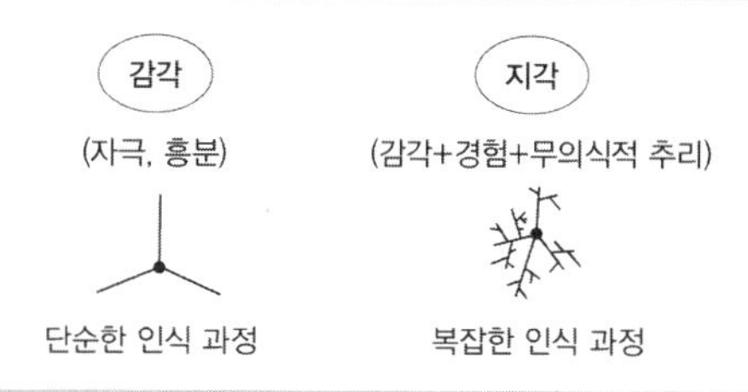

지각에 대한 새로운 관점이었다. 지각 과정에 추리가 동반되며 지각이 인식에서 중추적 현상이라는 것을 발견한 헬름홀츠의 견해는 지각 이론을 발전시키는 데 크게 기여했다.

실험적 연구를 촉진한 사람들: 브렌타노와 뮐러

19세기 말에서 20세기 초에 실험심리학이 발전하는 데 독일의 프란츠 브렌타노Franz Brentano(1838~1917), 카를 슈툼프Carl Stumpf, 게오르게 뮐러George Elias Müller와 헤링, 마흐 등의 실험적 연구도 한몫했다. 이들은 대체로 물리학에서 심리학으로 연구 방향을 돌린 학자들이었는데 심리현상을 실험적으로 연구해 심리학으로 전환했다는 공통점이 있었다. 브렌타노는 심리현상을 독자적으로 연구하는 과정에서 '작용심리학act

◆ 프란츠 브렌타노

psychology'◆이라는 심리학설을 제안했다. 그는 튀빙겐 대학에서 철학 박사 학위를 받고 뷔르츠부르크 대학과 빈 대학을 비롯한 독일과 오스트리아의 대학들에서 신학을 가르쳤다. 분트의 『생리심리학 원리 Grundzüge der physiologischen Psychologie』가 출판된 1874년에 브렌타노의 가장 중요한 심리학적 업적인 『경험적 입장에서 본 심리학Psychologie vom empirischen Standpunkt』도 출판되었다. 그러나 브렌타노의 견해는 분트와 현저하게 달랐다. 브렌타노는 심리학을 전적으로 생리학화해서는 안 된다고 주장하면서 심리학이 경험적인 것이어야 한다는 데는 동의하지만 꼭 실험적일 필요는 없다고 주장했다. 브렌타노는 실험이 과도하게 조작적인 방법을 강조한 결과 심리학이 직면하고 있는 많은 중요한 문제들을 간과하게 된다고 생각했다. 그래서 그는 실험의 제1인자였던 분트와 견해를 달리한 것이다.

브렌타노와 분트 간에 발견되는 또 다른 큰 차이는 심리학과 물리학 간의 구별에 관한 것이다. 브렌타노에게 물리적 현상은 자족적인 것이고 다른 대상에 대한 언급을 요구하지 않는 것이며 본질적인 완결성을 가지는 것이다. 다른 한편 정신현상은 내재적인 대상성을 지닌다. 즉, 정신현상은 자기 밖의 어떤 내용에 대해 언급하고 필연적으로 어떤 대상이나 지시 대상을 담고 있다. 모든 정신현상은 자기 밖의

◆ 브렌타노는 현상학이 의식 내용을 연구하는 것이라고 보고, 의식 작용을 연구하는 심리학과 구별했다. 즉, 심리학은 의식 내용이 아니라 의식 작용을 연구해야 한다는 것이다.

대상에 대해 언급하는 작용이며 그 대상들은 정신작용에 내재하고 있는 것이다. 이렇게 심리현상이란 다른 무언가에 대해 언급하는 것이기 때문에 브렌타노의 관점은 분트의 관점과 대비되어 작용심리학이라고 불리게 되었다. 분트가 좀 더 정적인 정신 내용과 의식 자체에 대한 연구를 주장했다면, 브렌타노는 심리현상을 외부에 대한 작용으로 보고 주로 동적인 관점에서 연구할 것을 주장했다. 심리현상을 현실적인 작용으로 보고 그 과정 속에서 연구할 것을 주장한 브렌타노의 견해는 심리의 본질을 밝히는 데 한 걸음 전진한 것이라고 평가할 수 있다.

심리학적 연구에 중요하게 기여한 또 다른 사람으로 게오르게 뮐러가 있다. 독일의 물리학자이자 심리학자인 뮐러는 실험적 연구를 심리학의 기본 방법으로 간주하고 실험에 정력을 집중했다. 그는 40여 년 동안 괴팅겐 대학의 교수로 재직하면서 심리학 실험실을 만들고 심리현상 연구 분야에서 많은 업적을 쌓았다. 또한 지각, 주의 등에 대한 연구를 중심으로 많은 실험을 행했는데 그것에는 정신물리학, 생리심리학, 기억의 연구 등이 포함된다.

심리학 영역의 확장

20세기 초에 들어서면서 심리학 연구는 감성적 인식의 협소한 영역을 벗어나 좀 더 넓은 분야에서 진행되기 시작했다. 뮐러와 그의 제자인 아돌프 요스트Adolf Jost는 기억에 관한 연구를 통해 일련의 법칙을 발견했다. '요스트의 법칙'이라고 불리는 이 법칙은 기억에서 오래된 연합이 같은 강도를 가진 새로운 연합보다 한 번의 반복에 의한 재생 효과가 더 크다는 이론이다. '하루에 10시간을 외우는 것보다 매일 1시간씩 10일 동안 외우는 것이 더 기억에 많이 남는다. 공부한 다음에는 조금 쉬는 것이 기억에 좋다'와 같은 조언들이 바로 이 요스트의 법칙에 근거한 것들이다. 뮐러와 그의 제자들은 인식현상뿐만 아니라 성격유형을 비롯한 여러 분야의 심리학적 연구를 진행했다.

이 외에도 미국의 심리학자인 윌리엄 제임스William James의 감정에 대한 연구와 '제임스-랑게 이론James-Lange theory'(정서경험이란 어떤 자극에 의해 발생한 신체 내부의 변화를 지각한 결과라는 이론)의 발표, 러시아 생리학자인 파블로프의 '고등신경 생리학설'에 의한 심리현상 기제에 관한 연구 등이 기초적인 심리학 부문들의 발전에 기여했다. 20세기 초에 심리현상에 대한 실험적 연구가 활발히 진행되면서 심리현상의 기초적인 개념들과 범주들뿐만 아니라 수많은 법칙들과 원리가 밝혀졌다. 그 결과 심리학은 점차 개별적인 응용 분야에 대한 연구로 방향을 돌리게 되었다.

응용심리학의 발전

과학으로서의 심리학이 탄생하자 심리학에 대한 사람들의 관심이 커졌고 심리학을 다양한 영역에 응용하려는 시도가 촉진되었다. 그 결과 여러 나라에 심리학 실험실과 심리학 연구소가 만들어졌고 응용심리학에 관한 연구가 활발하게 진행되었다. 분트의 실험심리학이 가지고 있던 일련의 제한성에도 불구하고 19세기 말부터 단순한 심리현상, 감각, 지각의 영역을 벗어나서 광범한 심리현상에 대한 실험적 연구가 전개되었다. 이러한 경향에 기여한 것으로 에빙하우스와 뷔르츠부르크 학파의 대표자들이 한 연구를 들 수 있다.

'기억 연구'의 선구자: 에빙하우스

◆ 헤르만 에빙하우스

독일의 심리학자인 헤르만 에빙하우스Hermann Ebbinghaus(1850~1909)는 페히너의 정신물리학 이론의 영향을 받아 심리학을 연구하기 시작해 인식현상에 관한 많은 업적을 쌓았다. 그는 실험심리학적 연구를 지지하면서 심리현상들에 대한 실증적 연구를 진행했다. 그중에서 주목할 만한 것은 기억에 대한 연구이다. 에빙하우스는 『기억에 관하여On Memory』

(1895)를 비롯한 여러 저서를 통해 기억에 대한 자기의 실험과 그 분석 결과에 관해 상세히 소개했다. 심리학 발전에 기여한 에빙하우스의 중요한 공로는 기억 실험을 진행하는 과정에서 기억의 합법칙성과 망각곡선을 발견한 것이다. 그는 감각을 측정할 수 있듯이 다른 정신 과정들도 측정할 수 있을 것이라고 믿었다. 이로부터 에빙하우스는 처음으로 생리학적 실험의 한계를 벗어나 본격적인 심리학적 실험이라고 평가할 수 있는 기억에 대한 실험적 연구를 진행함으로써 기억의 법칙을 정식화했다. 그는 기억을 흔적들의 기계적 결합과정으로 이해했다.

에빙하우스는 기억 연구에서 암기법과 보존법을 이용했는데, 암기법이란 피험자에게 무의미한 철자nonsense syllables를 제시하고 그것을 실수 없이 정확하게 말할 때까지 반복시키는 것이다. 이때 암기의 속도와 정도는 반복 횟수라는 지표에 의해 평가된다. 보존법은 암기한 자료의 재생 불가능성에 기초해 '완전한 망각'에 대해 연구하는 것이다. 피험자가 완전히 망각했을 때, 다시 자료를 제시한다. 이때 피험자의 암기 시간은 과거에 전혀 암기를 하지 않았을 때보다 단축되었다. 또한 '두 번째로 학습할 때 필요한 시간이나 반복 횟수는 첫 번째로 학습할 때보다 눈에 띄게' 짧아졌다. 이러한 결과들은 과거에 암기했던 것들이 비록 현재의 시점에서 회상되지 않을지라도 기억에 흔적을 남긴다는 것을 증명해주었다. 에빙하우스는 기억에 대한 실험적 연구에 기초해 그것에서 작용하는 일련의 합법칙성을 규명했다. 그에

에빙하우스 '망각곡선'과 '기억 효과'

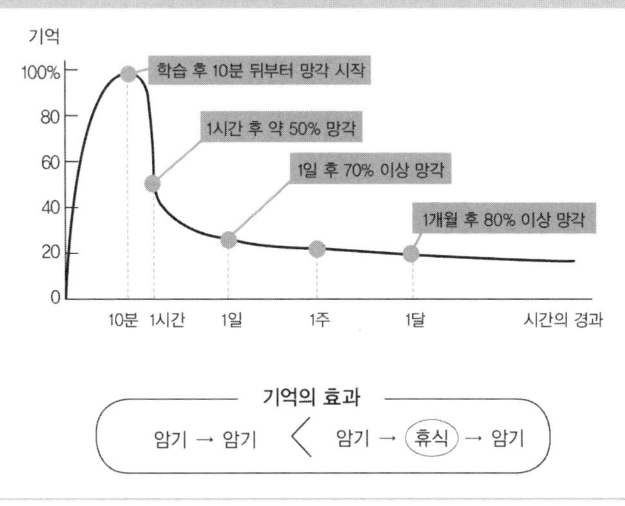

의하면 머릿속에 새겨 넣어야 할 자료가 증가함에 따라 작업 능력은 저하되기 때문에 일련의 간격을 두고 기억을 되새기는 시간을 합리적으로 구분하는 것이 좋다. 예를 들어 어떤 자료를 완전히 기억하기까지 30회의 반복이 필요하다면, 그것을 하루에 30번 반복하는 것보다 3일에 걸쳐 매일 10번씩 반복하는 것이 효과적이다. 즉, 에빙하우스는 연속적인 반복보다 적절한 휴식을 동반한 반복이 재생에 훨씬 효과적임을 발견한 것이다. 그는 기억의 보존과 그것의 반대 과정인 망각에 대해 연구해 그 유명한 '망각곡선'을 찾아냈다. 이것은 그가 무의미한 철자라는 단순 자료를 가지고 약 800여 명에 달하는 사람들을 대상으로 실험을 진행해 분석함으로써 얻어낸 것이었다. 에빙하우스에 의하면 머릿속에 새겨진 내용은 특별한 보강 대책을 세우지 않는 이상 망각되기 마련인데, 망각의 속도와 그 정도는 새김 직후에 가장 심하고 시간이 지남에 따라 점차 줄어든다. 이러한 합법칙성은 후에 심리학자들의 실험을 통해서도 확증되었다.

사고에 관해 연구하다: 뷔르츠부르크 학파

실험적 연구는 사고에 대한 연구에도 적용되었는데 그 대표적인 것이 뷔르츠부르크 학파의 연구이다. 뷔르츠부르크 학파는 의식을 연구할 때 '전체성'을 중시하는 심리학으로서 그 주요 인물로는 오스왈드 퀼페, 헨리 와트Henry J. Watt, 카를 마르베Karl Marbe, 나르치스 아흐Narziss Kasper Ach 등이 있다. 이들은 감각심리학적 입장과 달리 비감성적 형상을 중시하면서 그것에 기초해 고차적인 심리현상들, 특히 사고에 대해 연구했다. 종전의 심리학을 대표하던 티치너나 분트의 견해에 따르면 모든 사고의 핵심 구성 요소는 그것이 어떤 종류이든 '심상'이다. 예를 들어 전형적인 정신물리학 실험인 '추 들어 올리기 실험'에서는 관찰자가 추를 하나 들어 올린 뒤 그것에 관해 형성된 운동감각 심상을 살핀다. 그런 다음 두 번째 추를 들어 올리고 두 추의 무게가 같은지 다른지 판단하기 위해 두 번째 추의 감각을 첫 번째 추의 심상과 비교한다. 이런 식으로 판단은 두 개의 추에서 나온 감각 및 심상 요소들로 구성된다. 반면에 뷔르츠부르크 학파는 감성적 형상, 표상 없이도 사고가 가능하다고 주장했다. 소위 '무심상 사고imageless thought'(무형상 사고라고도 한다)라는 현상을 발견한 것이다. 마르베는 추 들어 올리기 실험에서 판단 순간에 아무런 감각적 심상도 일어나지 않는다는 것을 발견했다. 즉, 관찰자들은 추를 들어 올리는 동안에 감각 및 심상이 있었다고 보고했지만 판단은 심상 없이 자동적으로 발생하는 것처럼 보였다. 마르베의 실험에서 관찰자들은 판단 직전에 다른 정신 과정들이 일어나는 것으로 보고했는데, 그것들은 감각 및 심상으로는 환원될 수 없는 것이었다. 그 정신 과정에는 망설임, 의심, 동요 같은 것이 포함되었고, 마르베는 그것을 '의식 태도conscious attitudes'라고 명명했다. 한편 아흐는 상황에 따라서 정신이 특정한 방식으로 기능할 준비(예: 덧셈을 할 준비)를 한다고 보고, 이를 결정 경향 또는 마음 갖춤새mental set라고 불렀다. 또한 와트는 표상의 직접적인 작용 없이도 사고가 가능하다고 보고 비감성적인 사고로서의 '비언어적 사고'를 강조했다. 무심상 사고, 의식 태도, 마음 갖춤새 등의 존재 가능성은 모든 정신적 내용을 의식 경험의 기본적 구성 요소들로 환원해 이해할 수 있다고 주장했던 티치너와 같은 구성주의 심리학자들에게 타격을 주었다. 무심상 사고에 관한 논쟁은 지금까지도 계속되고 있다.

개인차를 연구하다 1: 크레치머의 성격 이론

◆ 에른스트 크레치머

심리학이 독자적인 과학으로 탄생한 이후에 심리학 발전에서 이룩된 중요한 성과 중 하나는 성격이나 지능, 재능을 비롯한 인간의 개인적인 특성, 즉 개인차에 관한 연구가 활발히 진행된 것이다. 그 대표적인 것으로 크레치머의 성격 이론을 들 수 있다. 독일의 정신의학자이자 심리학자인 에른스트 크레치머Ernst Kretschmer(1888~1964)는 마르부르크 대학과 튀빙겐 대학의 교수로서 주로 성격에 관한 연구를 진행했으며, 『의학적 심리학Medizinische Psychologie』(1922)을 비롯한 여러 저서를 통해 성격의 유형 분류에 대한 이론을 제안했다.

그의 성격 이론은 한마디로 규정하면 '체격설'이다. 이것은 확실하게 구별되는 체질 유형들을 구분한 이론으로, 체격·체질에 의해 기질이나 성격이 규정된다고 보는 견해이다. 크레치머의 연구에서 중요한 점은 사람들의 성격, 기질을 그들의 체격, 체질상 특성에 따라 구별하고 그것의 특징을 상세히 밝힌 것이다. 사실 이러한 이론은 일찍이 고대 그리스의 의사이자 철학자였던 히포크라테스Hippocrates에게서 시작되었는데, 그의 이론은 고대 그리스의 유물론 철학이었던 4원소설四元素說◆의 영향을 받은 것이었다. 히포크라테스의 견해는 '체액설'이라고 알려져 있다. 체액설은 몸 안에 흐르고 있는 액체들의 혼합

체격설과 체액설

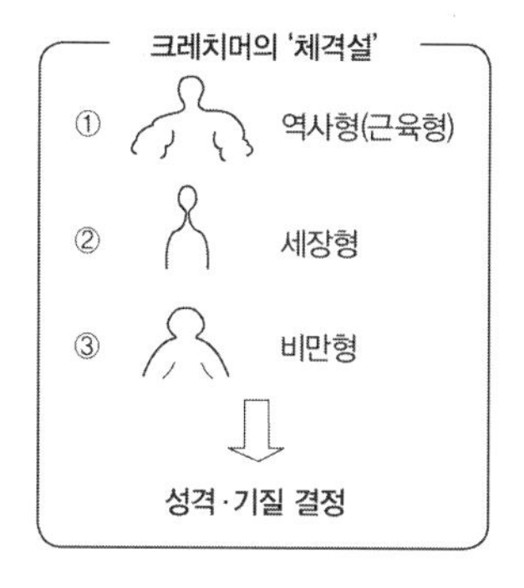

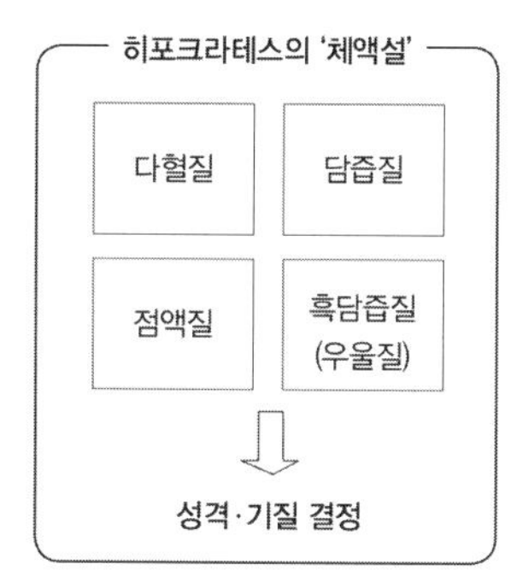

비율과 상태에 따라 사람의 기질이 다혈질, 담즙질, 점액질, 흑담즙질(우울질)로 구분된다는 이론이다.

히포크라테스가 서로 다른 기질, 성격의 근원을 체액이라고 보았다면 크레치머는 골격을 비롯한 유기체의 구조적 특징을 근원이라고 보았다. 크레치머는 사람들의 체격을 크게 역사형力士型(근육형이라고도 한다), 세장형細長型, 비만형 등으로 구분하고 각 유형의 특징을 상세히 서술했다. 그러나 크레치머의 성격 이론은 사람들의 성격을 생물학적인 것, 자연적인 것에 귀착시킴으로써 정신적(심리적) 특징을 기본으로 한 성격의 본질을 왜곡했다. 성격은 개개인에게 공고하게 굳어진

◆ 만물이 물, 불, 공기, 흙의 네 가지 원소로 이루어져 있다는 내용의 가설로서 고대 그리스 철학자였던 엠페도클레스(Empedocles)가 주장한 이론이다. 사람들은 존 돌턴(John Dalton)의 원자설이 나오기 전까지 4원소설을 믿었다.

정신적 특징과 그것의 개성적 표현이며 그중에서 기본은 어디까지나 동기이다. 크레치머의 성격 이론은 성격의 형성과 발전 가능성을 부정했으며, 성격이 전적으로 육체적 구조에 의해 규정된다고 봄으로써 사람들이 생활하는 과정에서 형성되고 발전하는 특성이 있는 성격을 고정불변한 것으로 간주했다는 문제가 있다. 그러나 크레치머의 이론은 분명한 제한성에도 불구하고 인간 심리에 대한 연구에 일정 부분 기여했으며 심리현상에 관한 다양한 분야의 연구를 자극했다.

개인차를 연구하다 2: 비네의 지능검사

◆ 알프레드 비네

20세기 초에 들어서자 사람들이 가진 능력의 개인적 차이, 즉 개인차에 관한 논의가 활발하게 전개되었고 지능에 대한 연구가 심리학의 새로운 영역으로 자리 잡게 되었다. 이것은 당시 사회에서 사람들의 능력을 정확히 평가하고 교육과 실천 영역에서 능력을 고려하는 것이 시대적인 요구로서 제기되었던 사정과 관련이 있다. 지능에 대한 연구에서 선구자가 된 사람들로는 영국의 프랜시스 골턴Francis Galton과 미국의 제임스 커텔James M. Cattell, 프랑스의 알프레드 비네Alfred Binet(1857~1911) 등이 있다. 이들은 당시에 지배적이었던 실험적 연구에서 자극을 받아 지난 시기에는 그다지 주목받지 못했던 지능에 대해 연구했다. 지능검사의 시초가 된 것은 1905년에 이루어진 비네의 '비네-시몽 검사 Binet-Simon test'이다.

19세기에 들어서 유럽과 미국에서는 공공 교육이 급격하게 증가했다. 의무교육 체계하에서 특수교육 학급이라고 불리는 반을 편성해 정신적인 능력이 부족해서 정상적인 학교생활을 할 수 없는 아이들을 가려낼 필요가 있었다. 프랑스의 심리학자 비네는 이것을 위해 아동의 지능을 검사하는 방법을 연구하기 시작했다. 그는 먼저 쉬운 것에서부터 어려운 순서로 배열되어 있는 30개의 문제들을 가지고 지능을 알아보는 검사를 개발했고 그것을 1908년과 1911년에 각각 개정했다. 비네 검사는 3세부터 13세까지의 연령에 속한 대다수 평균적 아동이 풀 수 있는 문제들로 구성되었다. 비네는 아이의 지적 수준을 평가하기 위해 정신 수준mental level이라는 개념을 도입했는데, 훗날 이것이 정신연령mental age으로 오역되어 널리 퍼지게 되었다. 예를 들어 정신 수준 판단에서 어떤 아동이 평균적인 7세 아동이 정답을 맞힐 수 있는 문항들을 모두 맞히고 8세 아동에게 해당되는 문항들 중에서도 일부를 맞힐 경우, 그 아동의 정신연령은 7년 몇 개월로 산출된다. 이렇게 비네는 연구 조교이자 의사였던 테오도시우스 시몽Theodosius Simon과 함께 정상 아동들 속에서 지적 능력이 떨어지거나 미약한 아동들을 식별해내고 우수한 아동들을 선발하기 위한 검사를 개발했다. 이것이 바로 지능검사의 시초이다. 비네 검사로 지능을 숫자로 표현할 수 있게 되자 개인 간, 집단 간의 지능도 비교할 수 있게 되었다. 비네는 정신적 능력, 즉 지능이 훈련을 통해서 향상될 수 있다고 믿었고 자신이 개발한 검사가 작은 교육적 맥락 안에서 일반교육을 받을 수 없는 정신적으로 취약한 아동들을 가려내는 데 유용하다고 믿었다. 그러나 유럽에서 개발된 비네 검사의 영향을 받아 20세기 초엽부터 미국에서 크게 유행한 '지능검사론' 또는 '지능검사운동'은 사회 모순과 계급적 차별을 정당화하려는 지배계급의 동기와 사람들의 지적 차이를 타고난 것으로 간주하는 비과학적 견해와 결합됨으로써 반역사적이고 반민중적인 역할을 수행하는 도구로 전락해버렸다. 그 예로 미국에서 비네 검사가 이민자들을 국외로 추방하는 데 근거로 쓰이는 악명 높은 도구로 전락한 것을 들 수 있다.

비네-시몽 검사란?

19세기 말, 프랑스 정부는 대대적인 교육개혁을 단행하면서 귀족뿐만 아니라 모든 계층의 아이들이 한 반에서 공부하는 초등학교 교육 시스템을 구축했다. 제각각 학습 능력이 다른 다양한 계층의 아이들이 함께 교육을 받게 되자 아이들의 지능을 측정해 지적으로 뒤떨어지는 아이를 가려낼 필요성이 대두되었다. 프랑스 정부는 지적으로 뒤떨어지는 아이들에게 보충 교육을 실시할 목적으로 심리학자 비네와 의학자 시몽에게 지능검사를 개발해달라고 요청했다.

비네와 시몽은 아동의 지적 능력을 측정하기 위해 편향되지 않은 객관적인 지능검사 개발에 착수했다. 이들은 학급에서 가장 뛰어난 학생은 풀 수 있지만 가장 열등한 학생은 풀 수 없는 과제들을 찾아내려고 했다. 가장 뛰어난 학생과 가장 열등한 학생을 구별할 수 있게 해주는 과제들이 전체 학생의 성공적인 학업 수행을 예측하는 데 사용될 수 있다고 믿었기 때문이다.

비네와 시몽은 논리 문제, 단어 기억하기, 그림 외우기, 먹을 수 있는 음식과 먹을 수 없는 음식 구별하기, 각운 생성하기, 질문에 답하기(예: 당신에게 무례한 행동을 한 사람이 사과한다면 어떻게 하겠습니까?)와 같은 과제들을 만들었다. 그리고 약 30개의 질문으로 구성된 지능검사를 개발하고 그것으로 아동의 자연지능natural intelligence을 측정할 수 있다고 믿었다. 이것이 바로 1905년에 탄생한 비네-시몽 검사이다.

비네-시몽 검사는 성적과 같은 학교에서의 수행을 예측하는 데 유용한 도구였고 실제로 지능이 학교에서의 수행에 영향을 미치는 중요한 변인이기도 했지만 검사가 개발된 이후에 양호한 학습 태도, 동기, 주의력, 부모에 대한 순종 등도 성적에 영향을 미치는 또 다른 중요한 변인들이라는 것이 밝혀졌다. 이에 따라 비네-시몽 검사가 학교에서 부진한 수행을 보일 것으로 예측되는 학생들을 가려내는 데는 사용될 수 있었지만, 그것이 실제로 '지능'을 측정하는지에 대해서는 의문이 광범위하게 제기되었다. 현재 가장 널리 사용되는 지능검사로는 스탠퍼드 대학의 루이스 터먼Lewis M. Terman과 그의 동료들이 비네-시몽 지능검사를 대폭 수정하고 현실에 맞게 개정해 만든 '스탠퍼드-비네 검사'와 '웩슬러 지능검사WAIS: Wechsler Adult Intelligence Scale'가 있다.

사회심리학의 탄생: 분트와 맥두걸

심리학의 여러 분야에 대한 연구가 광범위하게 진행되면서 사회심리학에 대한 연구도 진행되었다. 또한 이 시기에 여러 나라에서 착취와 억압에 시달리던 민중의 정치적 진출이 강화되었고 수많은 대중운동이 벌어졌다. 그 결과 사람들의 사회적 활동을 유발하고 이끄는 요인을 비롯한 사회생활의 심리적 측면, 즉 여러 사회적 집단의 심리적 특징이나 집단심리를 연구할 필요성이 대두되었다. 그렇게 해서 나온 심리학 전문 분야가 사회심리학이다. 사회심리학도 분트에게서 시작되었다고 말할 수 있다.

분트는 말년에 『문화심리학Völkerpsychologie』(전 10권)을 출간했는데, 그는 이 책에서 각각의 민족에게 고유한 민족정신과 민족심리가 있다고 주장하면서 그것을 개인의 생활과 독립되어 있는 실체라고 보았다. 분트에 의하면 개인의 정신생활에서는 발견할 수 없는 이 민족심리의 일반적 법칙은 민족의 언어, 신화, 종교, 풍속, 법률 등을 통해 발현되며 그것들의 집합을 통해 파악할 수 있다. 분트는 헤겔의 관념론을 받아들여서 절대적인 민족정신을 주장했는데, 이 민족정신 때문에 민족의 운명과 민족 구성원들의 생활이 규제된다고 간주하는 관념론적인 오류를 범하기도 했다. 또한 전일적인 민족심리를 '개별적인 사회적 의식 형태들의 기계적인 결합'으로 이해해버리는 형이상학적인 오류도 범했다. 그러나 분트가 집단심리에 관해 논의한 것은 사회심리학 발전에 일정 부분 기여했다고 평가할 수 있다.

사회심리학 발전에 공헌한 대표적인 인물은 영국의 심리학자 윌리엄 맥두걸William McDougall(1871~1938)과 미국의 사회학자 에드워드 로스Edward Alsworth Ross이다. 이들은 동시에 『사회심리학An Introduction to Social Psychology』(1908)이라는 동일한 제목의 심리학 저서를 발표했다. 두 사람은 사회적 집단의 심리적 특징과 사회적 활동의 요인을 밝히는 데 관심이 있었다. 맥두걸은 인간의 사회적 행동의 요인이 '본능'이라고 생각해 본능과 정서로 사회적 행동을 설명하려고 했다. 맥두걸에 의하면 인간의 내부에는 움직임을 유발하는 원동력인 자연력이 존재하는데, 그 힘이 바로 본능이다. 이 본능은 모든 인류가 공유하는 것이며 변하지 않고 선천적이다. 그는 각종 사회현상이 본능이라는 내재적 힘에 의해 발생하며 어떤 사회현상이나 사회적 행동도 그 근저에 놓인 본능을 파악함으로써 설명할 수 있다고 보았다. 사회는 자연과 구별되는 사람들의 집단으로서 자기의 고유한 합법칙성에 의해 발전하는 것인데도 맥두걸은 사회를 자연의 한 부분으로 간주했고, 인간을 자연적 본능에 의해 완전히 지배당하는 수동적이고 보잘 것 없는 존재라고 생각했다. 맥두걸이 염두에 두었던 사회는 극단적인 개인이기주의와 탐욕이 판을 치며 생존경쟁이 극심한 자본주의사회였다. 이 때문에 맥두걸의 사회심리학 이론은 출발 전제에서부터 구성 체계와 내용에 이르기까지 자본주의를 정당화하고 옹호하는 것으로 일관되어 있다. 맥두걸의 본능론은 오랫동안 자본주의사회에서 사

맥두걸의 본능론

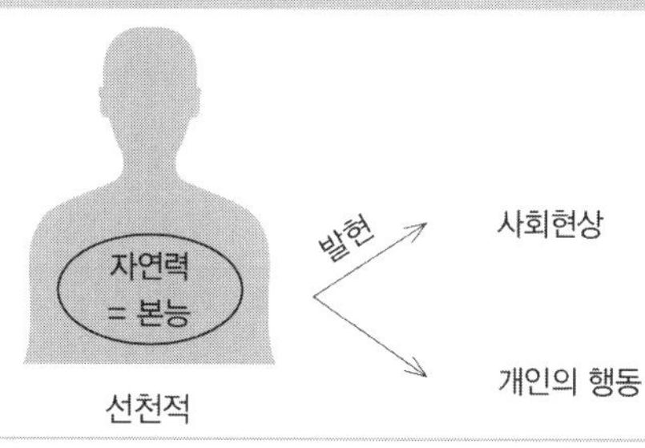

회심리학의 변화 · 발전에 강한 영향을 미치게 되었다. 심리학의 여러 분야 중에서도 사회심리학은 사회집단의 심리적 특징과 사회 속에서 이루어지는 심리현상을 연구 대상으로 했기 때문에 계급적 입장과 밀접히 결합된다. 사회심리학은 자본가계급이 진보성을 상실하고 서서히 반동화되어가던 시기에 등장했기 때문에 발생 초기부터 부르주아적인 성격을 강하게 가지고 있었다.

사회심리학은 탄생한 이후부터 여러 이론의 영향을 받아 다양한 조류로 갈라지게 되었다. 그 결과 '행동주의 사회심리학', '사회다윈주의 Social Darwinism 심리학'과 같은 비과학적이고 반민중적인 이론들도 만들어졌다. 20세기에 들어와서는 심리학의 분화와 발전이 광범위하게 이루어졌지만, 당시 반동화되어가던 자본가계급의 입장이 반영되면서 심리학 이론에 반민중적인 색채가 더욱 짙어지게 되었다. 그리고 그 외 잡다한 이론들이 유포되면서 심리학의 건전한 발전에 장애가 생겼다.

맥두걸의 본능론

영국의 심리학자 맥두걸은 사회심리학의 창시자 중 하나로 평가된다. 그는 미국을 중심으로 대유행했던 행동주의적 · 기계론적 견해에 강하게 반대하고 영국적인 전통에 입각한 진화론적 · 경험주의적 입장에서 생물학적 · 진화론적 · 목적론적 심리학을 수립하려고 했다. 행동주의 심리학은 기본적으로 사람의 행동을 자극에 대한 반응으로 간주한다. 맥두걸은 이러한 행동주의적 견해에 반대하면서 사람에게 본능이 있고 사람은 그것을 실현하기 위해 행동한다고 강조했다. 한마디로 행동은 자극에 대한 단순 반응이 아니라 본능의 실현이라는 방향과 목적을 지닌다는 것이다. 맥두걸에 의하면 사람에게는 도피, 거부, 투쟁, 호기심, 굴종, 과시, 성性, 군거, 암시, 동정, 모방과 같은 본능이 있다. 또 사람에게는 본능의 실현이라는 목적이 있고 사람의 행동이 목적 추구를 위한 도약跳躍의 성격을 가진다는 점에서, 그는 자신의 심리학을 '목적적 심리학 hormic psychology'(hormic은 그리스어로 도약이라는 뜻이다)이라고 명명했다.

인간의 사회적 행동의 근원을 '본능'에서 찾았던 이러한 견해는 행동주의가 지배하던 당시에 굉장히 새로운 것이었다. 맥두걸의 본능론은 1920년대 중반까지 여러 방면에 걸쳐 커다란 반향을 불러일으켰으나 크게 볼 때 다음과 같은 두 가지 문제점이 있었다. 첫째, 그가 본능으로 간주했던 것들이 '본능'이라는 증거가 없다. 예를 들면 과시는 사람의 본능이 아니라 열등감이나 무가치감 등을 보상하기 위한 병적인 욕망일 수도 있다. 둘째, 사람의 행동은 본능으로 설명할 수 없다. 고차적이고 복잡한 인간의 행동은 동물처럼 유전에 의해서 전달되는 선천적인 본능으로는 설명이 불가능하다. 이러한 이유들 때문에 맥두걸의 본능론은 점차 그 영향력을 잃게 되었다.

'마르크스주의 심리학'의 발생과 발전

마르크스주의 심리학의 탄생은 심리학이 독자적인 과학으로서 새로운 단계로 넘어갈 수 있도록 해주었다. 즉, 마르크스주의에 기초한 진보적인 심리학은 시대적·계급적 한계에 발목 잡혀 있던 기존의 모든 심리 이론과 질적으로 구별되는 것이어서 심리학 발전 과정에서 전환적인 계기가 되었다.

새로운 심리학의 시대를 열다

마르크스주의 이전까지의 심리학은 그 내용과 형성, 발전 과정에서 대체로 자본주의사회 지배계급의 이익과 요구에 부합하는 것이었고 그 사상이론적 기초가 관념론적이고 형이상학적이었다. 또한 사회생활 전반에서 자본주의제도를 변호하고 옹호하는 것으로 일관되어 있었다. 이러한 의미에서 자본주의사회에서의 심리학을 부르주아심리학이라고 부르기도 한다. 19세기 후반기에 노동계급의 이익과 요구를 대변하는 학설인 마르크스주의가 발생·발전함에 따라 종전의 부르주아적 심리학과 구별되는 마르크스주의 심리학이 탄생하게 되었다. 마르크스주의 심리학은 이전 시기의 잡다한 심리학 이론들과 근본적으로 구별되는 새로운 심리학으로서, 독자적이고 새로운 사상이론적 기초와 현실적인 사회적 요인에 의해 탄생했다. 마르크스주의 심리학의 사상이론적 기초란 마르크스와 프리드리히 엥겔스Friedrich Engels의 사상이론을 말하며, 사회적 요인이란 러시아에서 나타난 사회주의혁명과 사회주의제도의 수립을 의미한다. 마르크스주의 심리학의 발생과 발전에 가장 커다란 영향을 미친 것은 당연, 1840년대에 출현한 마르크스주의 철학 이론이다. 마르크스주의 심리학은 마르크스주의 철학에 기초했으며 그것에 따라 심리학 이론의 형성과 발전 방향이 규정되었다. 마르크스주의 심리학의 탄생에 기여한 사회적 요인은 앞서 말했듯이 세계 최초의 사회주의혁명과 그 결과인 사회주의제도의 수립이다. 러시아의 사회주의 실험은 실패로 끝났지만, 세계적인 범위에서 줄기차게 진행되어온 사회주의 실험은 자본주의사회와는 다른 사회를 실물로 보여주었으며 최소한 자본주의사회가 영원불멸하거나 완전무결한 사회제도는 아니라는 것을 분명하게 보여주었다. 또한 상당수 지식인들이 자본가계급의 편이 아니라 노동자계급, 나아가 착취당하고 억압당하는 민중의 이익과 지향을 대변하는 쪽에 설 수 있게끔 고무해주었다.

사실 마르크스와 엥겔스가 심리학에 관해 전문적인 글을 쓴 것은 아니다. 따라서 그들의 어떤 저서에서도 심리학과 관련된 체계적인 이론이나 견해를 발견할 수 없다. 이것은 그들이 인간의 심리현상에 대한 깊이 있는 전문적 연구를 자기들의 기본 과업 중 하나로 내세우지 않았다는 것과 관련이 있다. 그러나 비록 단편적이기는 하나, 마르크스와 엥겔스의 저서 중에서 심리학과 직접 관련된 견해를 제시한 것들도 있다. 그 저서 중 하나가 바로 마르크스의 초기 저작 중 하나인 『경제철학수고Economic and Philosophical Manuscripts』(1884)이다. 이 저서는 헤겔 철학에서 마르크스주의 철학으로 넘어가는 전환기에 기록된 최초의 저서로서 심리학 발전에 크게 기여한 몇 가지 기본적인 사상이 정식화되어 있다. 첫째, 인간과 인간의 심리 형성에서 인간의 실천적 · 이론적 활동과 노동의 역할을 인정하는 견해이다. 이것은 마르크스주의에 기초한 심리학의 탄생과 발전에 중요한 영향을 끼쳤다. 인간의 활동으로 생성된 대상적인 체계는 인간적 감정, 인간 심리, 인간적 인식의 모든 발달을 제약한다. 마르크스에 의하면 인간의 활동이란 곧 주체와 객체의 변증법이다. 마르크스는 『경제철학수고』에서 "활동의 주체와 대상은 노동 속에서 서로 침투한다"라고 강조했다. 다시 말하면, 인간 활동의 결과란 그 자신(인간 심리)의 표현이고 인간 심리는 다시 인간 활동의 결과로서 창조된 객관적인 대상에 의해 영향을 받는다. 둘째, 인간 심리가 사회적 · 역사적 산물이라는 견해이다. 마르크스는 인간의 심리와 인간의 감각이 역사적 산물이라고 주장했다. 이것은 지각과 같은 간단한 인식현상에서부터 언어나 이성적 사고에 이르기까지 인간 심리가 선천적으로 타고나는 것이 아니라 역사적 산물이며 따라서 해당 시기의 역사적 제약을 받는다는 것을 의미한다. 마르크스는 이 저서에서 인간과 인간의 의식, 정신적 특성을 현실과 분리시켜 추상적으로 논의하는 기존의 잘못된 이론들을 극복하고 그것을 처음으로 현실적인 인간의 실천 활동과 결부시켜 논의함으로써 심리학의 내용 전반을 과학적으로 전개할 수 있는 전제를 마련했다.

마르크스주의 철학은 유럽의 여러 나라에서 자본주의가 급속히 발전하고 새롭게 등장한 노동계급이 자본의 착취와 압박에 반대해 투쟁하던 시기에 창시되었다. 그래서 혁명 투쟁의 실천적 요구가 반영되어 있다. 마르크스주의 창시자들은 유물변증법과 유물사관을 창시하고 그것에 기초해 프롤레타리아 혁명과 과학적 사회주의에 관한 이론을 발표하면서, 인간 심리현상의 본질과 특징에 관한 이론을 전개하는 데 지침으로 삼아야 할 일련의 중요한 원리들을 제안했다. 마르크스주의 심리학은 심리학의 구성과 내용, 방법론적 원칙에서 이전과 다른 일련의 변화를 가져왔다.

인간 심리와 의식의 본질에 관한 이론

마르크스주의 심리학은 가장 먼저 유물론적 반영론의 견지에서 인간 심리와 의식의 본질 및 내용을 밝혔다. 마르크스와 엥겔스는 헤겔의 관념변증법적 견해와 포이어바흐의 형이상학적 유물론의 견해에서 '합리적인 알맹이'들만 모아 역사상 처음으로 변증법적 유물론을 창시했다. 그리고 그것에 근거해 인간의 의식을 과학적으로 설명했

유물변증법적인 반영론

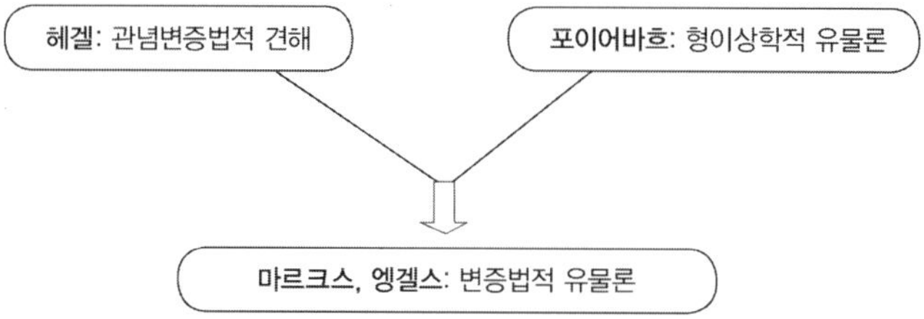

헤겔: 관념변증법적 견해

포이어바흐: 형이상학적 유물론

⇩

마르크스, 엥겔스: 변증법적 유물론

다. 마르크스주의 창시자들은 물질과 의식, 존재와 사유의 상호 관계 문제에 관한 유물론적 입장에서 인간 심리와 의식이 뇌의 기능이며 속성이라는 견해를 내놓았다. 즉 그들은 인간 심리와 의식이 물질과의 관계에서 2차적이며, 의식이 고도로 발전된 인간의 뇌에 의한 물질세계의 반영이라고 보았던 것이다. 다시 말해 마르크스주의 철학은 인간의 심리와 의식이 자연의 진화와 발전 과정에서 탄생한 뇌의 산물이며 객관세계의 반영이라는 견해를 내놓음으로써, 역사상 처음으로 인간 심리와 의식의 본질에 대한 과학적인 이해를 정립할 수 있는 시초를 열었다.

엥겔스는 『반듀링론Anti-Dühring』(1878)에서 "모든 관념은 경험으로부터 도출된 것으로서 그것이 정확하든 왜곡되었든 현실을 반영한다"라고 말했다. 그에 의하면 의식의 유일한 원천은 객관적인 물질세계이며 객관적인 사물과 현상이 사람의 감각기관에 작용할 때 의식이 발생한다. 또 인간의 뇌에 발생한 관념적 현상은 자극을 가한 외부 세계의 사물 현상과 일치한다. 마르크스와 엥겔스는 의식을 객관세계의 반영으로 규정함으로써 인간 심리와 의식을 유물론적으로 설명했고, 의식이 자연 이전에 존재한다고 보았으며 세계를 감각의 복합으로, 객관세계를 의식 혹은 관념이 외화된 것으로 왜곡했던 관념론에 결정적인 타격을 주었다.

마르크스와 엥겔스는 반영론에 기초해 의식의 내용이 객관세계의 본질과 그 운동 법칙을 반영한 지식이라고 생각했다. 이와 관련해 엥겔스는 "사유의 유일한 내용은 세계와 사유법칙이다"라고 말했고, 마르크스는 "지식은 의식의 유일한 행위이다"라고 말했다. 지식을 의식의 주요한 내용이자 의식의 유일한 존재 방식으로 간주했던 이러한 견해는 의식의 본질에 대한 두 사람의 믿음에서 흘러나온 필연적인 귀결이었다. 마르크스와 엥겔스는 철학의 근본 문제를 물질과 의식의 상호 관계 문제로 정의하고 그것에 대한 유물론적 견해를 세우기 위해 노력했기 때문에 의식이 뇌에 의한 객관세계의 반영이고, 지식이 그 주요한 내용이라는 결론으로 나아갔다.

또한 마르크스주의 심리 이론은 유물변증법적인 반영론의 입장에서 인간 심리가 객관적 실재이자 객관세계의 사물 현상에 대한 인간의 '주관적' 반영이라는 견해를 제기했다. 마르크스와 엥겔스는 의식과 관념이 인간의 뇌에 옮겨져 반영된 물질적인 것이며, 인간은 현실을 관조적 · 수동적이 아니라 실천적 · 능동적으로 반영한다고 주장했다. 즉, 마르크스주의 심리 이론은 여러 생물체들의 반영 형태를 연구해 인간의 심리적 반영이 다른 생물체와 질적인 차이를 보인다는 견해를 피력했다. 마르크스주의 창시자들에 의하면 인간의 심리적 반영은 무기물이나 여러 생물체의 반영처럼 수동적이고 피동적인 것이 아니라 적극적이고 능동적이며, 그 결과 인간의 심리와 동물의 심리는 근본적으로 다르다. 또한 인간은 객관적 실재의 작용만 받는 것이 아니라 그것에 반작용하며, 인간 심리는 작용과 반작용의 변증법적 상호 관계 속에서 발생하고 발전한다.

인간 심리와 의식의 본질에 대한 유물변증법적인 견해가 확립되면서 의식에 대한 견해의 발전에서 중요한 이정표가 마련되었다. 유물변증법적 견해는 의식이 마치 물질세계와 객관세계의 물질을 산생하는 실체인 것처럼 신비화하는 관념론적 견해를 타파했으며 인간 심리, 의식에 대한 온갖 종교적이고 비과학적인 견해를 극복하고 의식의 본질에 대한 과학적 이해를 확립하는 데 크게 기여했다. 마르크스주의 심리학은 유물변증법적 견해에 기초해 뇌와 심리의 상호 관계에 대한 연구를 심화시켰고 이와 관련한 새로운 과학적 이해를 수립했다. 또한 인간의 심리적 반영의 물질적 · 생리적 기초인 반사에 대한 이론을 발전시켰다. 이로부터 뇌, 특히 대뇌피질의 기능 국재화와 대뇌피질에서의 고등신경활동의 특성에 대한 연구가 폭넓게 진행되었고 감각 · 지각 · 사고 · 기억 · 감정 · 의지 · 욕망 등 다양한 심리현상들과 그것의 물질적 · 생리적 기초에 대한 연구가 진행되었다.

☙ 헤겔의 관념변증법적 견해 ❧

서양 철학사에서 변증법적 견해는 고대에서부터 존재해왔다. 헤겔은 그것을 체계화하고 정식화함으로써 변증법을 창시했다. 변증법은 간단히 말하면 세상 만물이 고립적으로 존재하는 것이 아니라 상호연관 속에서 존재하며 고정불변하지 않고 끊임없이 변화·발전한다고 보는 견해이다.

헤겔은 비록 관념론을 기초에 두긴 했지만 모든 것이 끊임없는 역사적 발전 과정에 놓여 있다는 것을 인정하고 모순을 사물 현상들의 자기 운동, 자기 발전의 원천으로 보았다. 그리고 양과 질, 그것들의 상호 이행, 통일로서의 한정량, 변증법적 부정과 같은 일련의 중요한 변증법적 개념과 범주들을 정식화했다.

원래 사유의 논리적 형식과 법칙들은 객관세계의 연관과 운동에 관한 법칙을 반영한 것이다. 쉽게 말해 사유의 변증법이란 사람이 객관세계의 변증법을 인식한 결과이다. 그러나 헤겔은 객관세계가 변증법적인 법칙에 따라 변화·발전한다는 유물론적 견해를 반대하고 객관적이며 초자연적인 '절대이념'을 세계의 근원으로 보았다. 그의 견해에 따르면 세계란 신비적인 '절대이념'의 발현이며 이 발현 과정을 논리적으로 사유해나가는 것이 철학이다. 이 때문에 헤겔의 변증법을 관념변증법이라고 부른다. 마르크스와 엥겔스는 헤겔의 관념변증법이 거꾸로 서 있는 것이라고 비판하면서 유물변증법을 창시했다.

포이어바흐의 형이상학적 유물론

형이상학적 방법에 기초하고 있는 유물론을 형이상학적 유물론이라고 한다. 베이컨, 홉스 등에 의한 17세기 영국 유물론, 18세기의 프랑스 유물론, 그리고 19세기의 포이어바흐 유물론 등이 여기에 포함된다. 형이상학적 유물론의 기본 입장은 '세계는 물질적이고 의식은 물질로부터 파생되었으며 사람은 물질세계를 인식할 수 있다'는 것이다.

그러나 형이상학적 유물론은 모든 사물 현상이 고립되어 있고 고정불변하다고 고찰함으로써 사물 현상들 사이의 상호작용과 내적 모순을 간과한다. 형이상학적 유물론자들은 변증법적 유물론자들과 달리 내적 모순을 인정하지 않기 때문에 물질의 운동과 발전을 그 어떤 외부적인 충격이나 작용의 결과로 설명한다. 운동 형태에 대한 문제에서도 이들은 역학적 운동, 단순한 양적 증가와 감소, 순환적 운동만을 인정함으로써 인간을 기계로 간주하며 궁극적으로는 사물 현상의 발전을 부정한다.

형이상학적 유물론의 제한성은 특히 사람과 사회 역사에 대한 설명에서 뚜렷이 드러난다. 이들의 견해에 의하면 사회 역사는 착취계급의 대표자들, 예를 들면 왕이나 군사령관들의 의사나 견해에 의해 규정되며 민중은 이들의 의사를 실현하는 도구에 지나지 않는다. 또한 이들은 사람을 초역사적 · 추상적으로 고찰함으로써 자기보존의 욕망이나 남녀 간의 사랑과 같은 본능을 사람의 본질로 보았고 사람의 생명 활동을 기계적 운동에 귀착시켰다.

형이상학적 유물론자였던 포이어바흐는 헤겔 철학을 관념론 철학의 최종점이자 완성으로 간주하면서 그것의 신학적 · 신비주의적 본질을 비판했다. 그러나 그는 헤겔 철학의 진보적 측면을 객관적으로 평가하지 못했으며 변증법의 합리적 핵심을 이해하지 못했다. 그 결과 그는 인간을 육체적 · 감성적 존재로만 바라보는 일면적인 견해를 가지게 되었다. 즉, 포이어바흐는 사람이 사회적 관계 속에 놓여 있는 사회적 존재임을 이해하지 못했고 생산도구를 가지고 자연을 자기의 목적에 맞게 개조하는 인간의 적극적인 활동도 이해하지 못했다.

형이상학적 유물론의 전개
·17세기 : 영국 유물론(베이컨, 홉스, 로크) ·18세기 : 프랑스 유물론(라메트리, 디드로) ·19세기 : 포이어바흐 유물론

인간 심리의 발생과 발전에 관한 이론

마르크스주의 심리학은 발전에 대한 유물변증법적 입장으로부터 인간 심리의 발생과 발전에 대한 새로운 과학적 견해를 제시하기도 했다. 즉, 마르크스주의 심리 이론은 인간 심리의 '사회 역사적 발전 과정'과 '개체 발전 과정'에 대한 이론을 정립한 것이다.

마르크스와 엥겔스에 따르면 의식은 인류의 탄생과 함께 오랜 역사적 기원을 가진다. 의식은 유인원이 노동을 통해 인간으로 진화하는 과정에서 발생했다. 진화 과정에 있던 유인원은 노동을 하면서 본격적으로 직립보행을 했고, 집단 노동이 필요해지면서 사회가 조직되고 언어가 생겨났다. 노동과 언어 그리고 이와 불가분의 관계에 있는 논리적 사유를 물질적 · 육체적으로 뒷받침해줄 수 있게끔 인간의 뇌가 완성되어갔고 그 결과 추상적 사유가 발생했다. 최초의 인간 의식, 즉 원시적 의식은 감성적으로 지각될 수 있는 가장 가까운 환경에 대한 극히 단순하고 초보적인 의식이었다. 그러나 이러한 낮은 수준의 의식은 그 후 생산력의 발전과 인구의 성장 등에 힘입어 역사적으로 변화 · 발전했다. 노동을 통해 발생한 의식은 처음부터 사회적이었으며 의식의 발생에 결정적인 영향을 끼친 동력인 노동과 언어도 둘 다 사회적이다. 인간의 노동은 고립된 개인의 노동이 아니라 사회적으로 결합되어 진행되는 사회적 활동이며 의식의 물질적 형식인 언어 역시 사회적 현상이다. 이러한 견해는 종교와 관념론의 비과학성을 비판하고 극복하면서 의식에 대한 올바른 견해를 세울 수 있게 해주었다.

마르크스주의 심리학은 개인 심리의 형성과 발전에 대해서도 견해를 제기했다. 사회적 환경과 인간의 실천 활동, 교육, 소질이 인간 심리의 형성과 발전에 영향을 주는 중요한 요인들이라는 견해에 기초해 인간 심리가 각각의 연령기에 따라 양적 축적에서 질적 비약으로 전환된다는 이론을 내놓은 것이다. 피아제의 인지발달이론이 보여주듯 인간 심리의 개체 발전에 대한 이론은 심리학의 새로운 분야인 발달심리학과 아동심리학의 발전에 크게 기여했다.

또한 마르크스주의 심리학은 유물변증법적 분석과 고찰 방법에 기초해 인간 심리의 전일적인 구조와 그 구성 요소들을 밝히는 데 기여했다. 마르크스주의 심리학은 인간 심리에서 추상적 사고와 창조적 상상, 논리적 기억, 도덕적 감정과 의지 등을 고차적인 심리 구성 요소로 보는 반면 감정이나 욕망 등은 저차적인 심리 구성 요소들이라고 보았다. 그리고 이것들이 성격, 성미 등과 하나로 어우러져 유기적 전일체를 이루게 된다는 견해를 발전시켰다. 그러면서 심리학에서 하나의 유기적 전일체로서의 인간 심리에 대한 연구와 함께 그것을 이루는 개개의 구성 요소들에 대한 연구도 깊이 있게 진행되어야 한다고 강조했다. 이러한 견해는 인간의 개별적 심리현상들에 대한 연구가 활발히 진행되도록 자극했다.

인간 심리와 인간 활동의 변증법

마르크스주의 심리학은 인간의 심리와 활동 간의 상호 관계를 깊이 파고들었다. 마르크스주의 심리학은 인간 심리가 사람들의 활동 속에서 발생·발전하고 인간 활동을 추동하고 조절하며 통제한다는 견해를 내놓았다. 인간의 활동과 심리 의식의 결합은 마르크스주의에 기초한 심리학의 중요한 특징이며 공적이다. 지난 시기의 심리학에서 나타나는 주요한 결함 중 하나가 바로 심리현상을 인간의 활동과 분리시켜서 추상적으로 논의했다는 데 있었다. 마르크스주의 창시자들은 유물론이 심리와 의식의 능동적인 역할을 부인하는 것이 아니라고 강조하면서 인간의 모든 활동이 직접적으로 의식현상에 의거해 진행된다고 생각했다. 엥겔스에 의하면 인간은 감각·사유·충동·의향 등 '관념의 힘'에 의해서만 행동할 수 있다. 의식 없는 인간의 활동에 대해서는 생각할 수조차 없다. 마르크스주의 심리학은 인간 심리가 사람들의 활동과 세계의 개조·변혁에서 중요한 역할을 한다고 인정하면서 그것을 객관세계에 대한 반작용 과정에 귀착시켜서 설명했다.

인식 과정의 심리적 특성에 관한 이론

마르크스주의 심리학은 유물변증법에 기초해 인식 과정의 심리적 특성에 관한 문제를 제기하고 설명했다. 마르크스주의 창시자들은 마르크스의 『자본론Das Kapital』을 비롯한 일련의 저서들에서 과학적 인식 방법에 대한 견해를 밝혔다. 마르크스는 과학적 인식에 대해 객관적으로 존재하는 사물 현상들이 연관되어 있고 변화・발전한다는 것을 의식과 사유에 정확히 재현하는 과정이라고 보았으며 이러한 과학적 인식은 과학적인 방법에 의해서만 옳게 진행될 수 있다고 강조했다. 그에 의하면 과학적 인식에서 중요한 의의를 가지는 것은 과학적 추상과 추상적인 것에서 구체적인 것으로의 상승 방법, 역사적인 것과 논리적인 것과의 관계 문제이다. 과학적 인식의 변증법적 방법에 관해 마르크스주의 창시자들은 객관세계의 사물 현상들이 가진 본질과 합법칙성을 내적인 연관 속에서 과학적으로 인식할 수 있는 방법론을 증명한 것이다.

1917년 러시아혁명을 이끈 블라디미르 레닌Vladimir Il'Ich Lenin(1870~1924)은 인식에 대한 마르크스주의 심리학이 발달하는 데 기여했다. 그는 감각의 본질과 원천, 기원의 문제를 유물론적 견지에서 한층 구체화시켰다. 레닌은 감각에 관한 문제를 연구하는 데 큰 관심을 보였는데, 이는 당시 마흐주의Machism(19세기 말 오스트리아에서 생겨나 널리 유포된 불가지론적인 주관적 관념론)철학자들이 유물론을 공격하기 위해서 감각을 관념론적으로 왜곡하는 데 매달렸기 때문이다. 당시 온갖

• 블라디미르 레닌

형태의 주관적 관념론자들은 감각이 1차적인 것이고 물체는 감각의 복합에 지나지 않으며 세계는 감각으로 구성되어 있고 사람은 감각 외에는 아무것도 인식할 수 없다고 주장했다. 레닌은 이와 같은 마흐주의자들의 견해를 반대하면서 유물론적 입장에서 감각에 대한 견해를 제기했다. 그는 본질적으로 감각은 운동하는 물질이 우리의 감각기관에 작용함으로써 일어나는 현상이라고 주장했다. 감각을 통하지 않고서는 객관적인 물질세계의 형태나 운동에 대해 알 수 없다. 물질은 감각의 원천이며, 감각은 지식의 원천이다. 물론 감각은 어디까지나 객관적 실재의 반영과 모사에 지나지 않는다. 모사가 존재하기 위해서는 모사되는 실재가 꼭 있어야 한다. 따라서 감각은 물질과 구별되면서도 객관적인 것과 주관적인 것의 변증법적 통일로 이루어져 있다. 이러한 입장은 레닌이 감각을 내용 면에서는 객관적인 것으로 보고 형식 면에서는 주관적인 것으로 보았음을 의미한다. 결론적으로 그는 감각과 그것의 원천인 외부 세계, 물질을 구별하면서도 감각과 그 대상과의 유사성을 인정했다. 레닌은 감각의 기원 문제와 관련해 '감각은 모든 물질의 고유한 반영이다'라는 속성이 장구한 역사 발전 과정에서 발생했다고 주장했다.

마르크스주의 심리학에서 중요한 위치를 차지하는 것은 인식 과정의 심리적 구조와 심리적 특성에 관한 연구이다. 이 연구는 마르크스주의의 인식론과 조건반사에 관한 학설을 이론적 기초로 삼는다. 이 연구에서 특히 중요한 것은 '감성적 인식에서 이성적 사고로의 이행'

과 '감성적 인식에 대한 추상적 사유의 작용'에 관한 문제이다. 이전까지 심리학에서는 주로 감각, 지각과 같은 감성적 인식의 개별적 형태들에 대한 연구가 진행되었으며 인간의 인식 과정의 합법칙성, 특히 추상적 사유에 대한 연구에는 거의 손을 대지 못하고 있었다. 감각, 지각현상은 감각기관을 비롯한 구체적인 생리적 기초를 가지고 있어서 그것을 자극함으로써 비교적 용이하게 연구할 수 있는, 즉 실험적으로 연구할 수 있는 분야였던 반면, 추상적 사유에 대한 연구는 시대적으로 보았을 때 이루어지기가 극히 어려웠다. 이 때문에 마르크스주의 심리학은 감성적 인식에 관한 폭넓은 연구와 함께 이성적 인식으로서의 추상적 사고의 특성, 사고 과정의 물질적 기초, 사유의 발생·발전의 합법칙성과 각이한 단계에 따르는 특징들, 사고와 언어의 연관성에 대해서도 관심을 기울였다.

마르크스주의 심리학의 제한성

마르크스주의 심리학은 종교적·신비주의적이고 관념론적이며 형이상학적인 견해의 비과학성을 비판, 극복하고 심리학을 새로운 과학적 기초 위에서 전개할 수 있도록 해주었다. 그러나 마르크스주의 유물변증법을 사상이론적·방법론적 기초로 삼아 전개되고 체계화되었던 심리학 이론들은 일련의 제한성을 갖는다.

마르크스주의 심리학이 갖는 제한성은 먼저, 그것이 기초하고 있는 철학적 세계관의 근본적인 제한성으로 인해 인간 심리의 본질과 내용, 발전의 합법칙성을 완벽하게 밝히지 못한 것이다. 마르크스주의 철학은 인간의 본질을 과학적으로 완벽하게 증명하지 못했다. '인간을 어떻게 보는가'라는 사안은 심리학에서 매우 중요한 문제 중 하나이다. 그것은 인간의 본질을 어떻게 규정하느냐에 따라 인간의 물질적 뇌에서 이루어지는 관념적 현상인 인간 심리의 본질과 내용, 그 발전의 합법칙성에 대한 견해가 서로 달라지기 때문이다. 마르크스는 인간을 사회적 관계와 결부시켜 고찰하면서 인간의 본질을 "사회적 관계의 총체"라고 규정했다. 이러한 마르크스의 견해는 사회적 관계의 변화에 의해 사람의 발전이 규정된다는 점을 강조한 것이다.

그러나 사람의 본질을 사회적 관계의 총체라고 규정한 것은 사람 자체가 가지고 있는 본질적 특성을 과학적으로 설명한 것이 아니다. 사람에 대한 올바른 견해를 확립하려면 사람이 사회적 관계를 맺고 사는 사회적 존재라는 사실과 함께, 사람이 사회적 존재로서 가진 본질적 특성이 무엇인지에 대한 문제까지 설명해야 한다. 마르크스주의 철학은 사람의 본질을 사회적 관계 속에서 논했지만 사람의 본질적 속성이 무엇인지는 정확하게 밝히지 못했다. 또한 사람이 사회적 관계를 맺고 사는 존재라는 것도 과학적으로 완벽하게 밝혀내지 못했다. 마르크스주의 철학은 인간이 물질경제적 관계를 기본으로 한 사회와 뗄 수 없이 연관되어 있으며 사회적 관계 속에서 활동한다는 것을 객관적으로 확인했다는 데 근거를 두고 인간을 사회적 관계의 총체라고 규정했다. 이러한 견지에서 마르크스주의 창시자들은 시종일관 물질경제적 관계를 정치적 · 사상문화적 관계를 규정하는 기본 관계로 내세웠으며, 사람들은 이미 구축된 생산관계 · 사회적 관계에 들어서며 임의의 사회제도나 사회적 관계를 자의로 선택할 수 없다고 강조했다.

인간이 사회적 관계를 맺고 살면서 발전하는 존재라는 견해에는 '인간이 사회적 관계에 의해 제약된다는 것'뿐만 아니라 '사회적 관계에 대한 인간의 주동적인 역할'이 반드시 포함되어야 한다. 그럼에도 불구하고 마르크스주의 철학은 사회적 관계에 미치는 인간의 주동적 작용과 역할을 지나치게 저평가했으며, 인간이 사회적 관계에 의존하고 제약당하는 존재라는 점을 과도하게 강조했다. 이것이 바로 인간의 본질에 대한 마르크스주의적 견해가 갖는 가장 큰 문제점이다.

또한 마르크스주의 심리학은 의식이 뇌에 의한 객관세계의 반영이라는 사실은 밝혀냈으나 의식의 본질을 완벽하게 설명하지는 못했다. 의식이 뇌의 속성이며 객관세계의 반영이라는 결론은 물질과 의식의 상호 관계 문제를 유물론적 견지에서 설명하는 과정에서 도달한 것으로서 의식의 담당자가 사람이라는 것, 또 의식의 원천이 물질세계이며 그것이 뇌에 반영되어 의식이 생겨난다는 것을 뜻한다. 다시 말해 마르크스주의 심리학은 의식의 본질을 그것의 물질적 담당자와의 측면에서 설명했으며, 물질에 대한 의식의 2차성을 인식론적 · 반영론적으로 풀어냈다. 그렇기 때문에 마르크스주의 심리학은 의식이 객관세계를 반영하고 사람 자신의 동기나 감정 등도 반영한다는 것, 의식이 세계와 자기 자신을 파악하는 기능을 한다는 것과 함께 그것에 기초한 모든 활동을 지휘한다는 것을 밝혀내지 못했다. 한마디로 의식의 본질이 '사람의 모든 활동을 지휘하는 뇌의 기능'에 있다는 사실을 밝히지 못한 것이다.

또한 마르크스주의 심리학은 인간 심리를 철학적 개념으로서의 의식과 구별하지 않고 (이 점에서는 분트를 비롯한 실험심리학자들보다 뒤처졌다고 해도 무방하다) 동일한 것으로 보았으며, 그 결과 인간 심리의 고유한 내용을 밝히지 못했다. 인간 심리는 개개의 사람에게서 구체적으로 체험되고 행동에 작용하는 정신현상 · 의식현상이다. 즉, 심리는 철학에서 논하는 의식의 구체적인 체험 과정과 체험 상태이며 다양성과 섬세함을 가지고 있으면서도 해당 사회의 성격과 시대적 특성에 대응해서 변화하고 발전한다.

그럼에도 불구하고 마르크스주의 심리학은 인간 심리의 본질과 특징에 대해 명확한 견해를 제시하지 못한 채 일반적인 철학적 논의에만 머물렀다. 나아가 물질경제적 관계를 기본으로 하는 사회적 관계에 의해 인간이 규정된다는 견해에 발목 잡히면서 인간 심리 발전의 합법칙성도 밝혀내지 못했다. 마르크스주의 심리학에서는 인간 심리의 사회 역사적 발전 과정과 개체 발전 과정에 관한 이론, 즉 인간 심리가 사회 구성체의 제약을 받기 때문에 역사 발전의 단계마다 서로 다른 발전 수준과 내용을 가진다는 이론을 제안했다. 또한 사회적 환경과 인간의 실천 활동, 교육, 소질이 인간 심리 발전에 중요한 영향을 미친다는 주장에 기초해 인간 심리가 사람의 연령에 따라 양적 축적으로부터 질적 비약으로 전환된다는 이론을 제안했다. 그러나 이러한 이론도 인간 심리 발전에 대한 완벽한 설명이라고는 볼 수 없다. 마르크스주의 심리학은 인간 심리 발전에서 사회적 환경(물질경제적 관계를 기본으로 하는 사회관계)의 결정적 작용을 일면적으로 강조했을 뿐 인간 심리 발전의 담당자인 인간의 요구나 능력에 대해서는 언급조차 하지 않았기 때문이다.

마르크스주의 심리학의 또 다른 제한성은 인간 심리의 구성 요소 중에서 핵심이 되는 심리의 내용과 그것의 작용에 대해 밝히지 못한 것이다. 마르크스주의 철학에서는 물질을 중심으로 의식에 대한 물질의 1차성을 인식론적으로 근거 짓는 방향에서 인간 심리와 의식이 논해졌기 때문에, 사람의 욕망이나 요구를 반영한 의식인 동기◆를 인간 심리나 의식의 중요한 요소로 보지 못했다. 따라서 동기야말로 인간의 심리 세계와 내면세계에서 근본 핵이 되며, 다른 모든 심리의 구성 요소들의 내용과 발전이 동기에 의해 규제된다는 것에 대해 논의조차

◆ 필자는 이전에 사람 자신의 욕망이나 요구를 반영한 의식을 '중심의식'이라고 부른 적도 있는데, 그것의 이름을 무엇으로 정하든 간에 이 의식이 가장 중요하다는 사실만큼은 변하지 않는다. 따라서 이 책에서는 서술의 편의상 사람 자신의 욕망이나 요구 등을 반영한 의식을 '동기'로 지칭할 것이다.

할 수 없었다. 결론적으로 객관세계를 반영한 지식을 의식의 유일한 내용으로 내세우느라 동기나 감정 등이 의식의 중요한 내용이라는 사실을 강조하지 못한 점은 마르크스주의 심리학의 치명적인 약점이다.

또한 인간 심리와 인간 활동과의 통일 관계를 작용과 반작용의 견지에서만 서술하고, 인간의 활동에서 동기가 차지하는 결정적인 역할을 증명하지 못한 것도 마르크스주의 심리학이 갖는 제한성이다. 마르크스주의 심리학은 사람들의 각이한 활동 속에서 인간 심리가 발생·발전하고 이렇게 발생·발전한 인간 심리가 다시 인간 활동을 추동하고 조절·통제한다는 견해를 제시하면서, 심리학이 지난날처럼 공리공담으로 끝날 것이 아니라 실천적 문제 해결에 이바지해야 한다고 강조했다.

마르크스주의 심리학은 인간 심리와 의식이 사람들의 활동과 세계의 개조·변혁에서 중요한 역할을 한다고 보기는 했으나, 그것을 객관세계에 대한 반작용 과정에 귀착시켜서 설명했다. 엥겔스에 따르면 정치적·법률적·철학적 이론과 종교적 견해를 비롯한 의식의 여러 형태들은 경제제도와 정치제도를 비롯한 다른 요인들과 함께 역사 발전에 영향을 주는 중요한 요인이다. 이러한 요인들의 상호작용 속에서 역사가 발전한다.

마르크스주의 창시자들은 경제에 의해 사상적인 견해들이 규정되는 것이야말로 사상적인 견해와 경제의 상호작용에서 기본이 된다고 주장했다. 그러나 사상적인 견해나 이데올로기가 항상 경제에 의해서만 규정되는 것은 아니다. “설혹 물질적 존재 방식이 1차적이라 하더라도, 이것은 물질 조건에 대해 2차적인 이데올로기 분야에 반작용을 미치는 것을 배제하지 않는다”라는 언급이 보여주듯이, 마르크스주의 철학의 창시자들은 인간 심리, 의식과 인간 활동의 상호 관계를 작용과 반작용의 견지에서 설명했다. 따라서 마르크스주의 심리학은 동기, 나아가 가장 강력한 인간 동기이자 근본적인 동기의 지식적 · 과학적 표현이라고도 할 수 있는 이데올로기에 대해서는 거의 언급조차 하지 못했다. 또한 인간 활동에서 동기나 이데올로기가 차지하는 중요한 역할에 대해서도 주목할 수 없었다.

마르크스주의 심리학의 계승자 : 에리히 프롬

◆ 에리히 프롬

사상의 자유와 학문의 자유가 무제한적으로 보장된다 하더라도 자본주의제도를 반인간적이고 반민중적이며 반역사적인 체제로 간주하는 마르크스주의 심리학이 자본주의 나라에서 환영받기는 정말 어렵다. 그렇기 때문에 자본주의 국가들에서 마르크스주의 심리학은 주류 심리학이 될 수 없었고 구소련과 동구 사회주의권이 붕괴하면서부터는 거의 자취를 감추게 되었다. 이런 점에서 자본주의 나라의 심리학자이면서 마르크스주의 심리학을 계승하고 발전시키기 위해 일생을 바쳤던 세계적인 심리학자 에리히 프롬Erich Fromm(1900~1980)은 특별한 자리를 차지한다.

프롬은 마르크스주의 심리학자이면서도 전 세계의 지식인들로부터 광범위한 존경을 받았을 뿐만 아니라 대중적인 인기까지 누렸던 심리학자이다. 하지만 그는 주류 심리학계에서 여전히 철저히 외면당하는 심리학자이며 심리학 역사책에서도 깨끗이 지워진 존재이다. 프롬은 결코 어울리는 조합이라고 할 수 없는 마르크스주의와 프로이트주의의 결합을 시도했는데, 이것은 그의 이론을 매우 특색 있게 만들어주기도 했지만 한편으로는 수렁에 빠트리기도 했다. 프롬은 마르크스주의 심리학의 최대 약점이 인간의 본질이나 본성을 완벽하게 규명하지 못한 데 있다고 생각했다. 그가 인간 본성에 대해 깊이 있는 탐구를 시도했던 것은 이와 같은 마르크스주의 심리학의 약점을 극복하고 그것을 한층 발전시키려는 의도에서였다. 물론 결과적으로는 프롬도 인간의 본질이나 본성을 명쾌하게 규명하는 데 실패했지만,◆ "사람은 사회적 존재다"라는 마르크스주의의 명제에 확고히 입각해 논지를 펼침으로써 심리학 역사에 적지 않은 공헌을 했다.

첫째, 프롬은 인간 심리 중에서 사회적 동기(욕구)가 가장 중요하다고 강조했다. 그는 마르크스주의 심리학의 약점 중 하나가 '인간 심리

◆ 이 주제에 관해서 더욱 알고 싶은 독자들은 『싸우는 심리학』(김태형, 2014, 서해문집)을 참고하기 바란다.

를 지식이라고 믿은 것'에 있다고 보았다. 마르크스주의 심리학과는 달리 지그문트 프로이트Sigmund Freud, 카를 융Carl Jung, 알프레드 아들러Alfred Adler 등은 다른 무엇보다 동기를 중시했다. 그렇다면 이들이 심리학을 더욱 완전하게 만들었을까? 프롬은 그렇지 않다고 보았다. 왜냐하면 인간에게 가장 중요한 동기가 무엇인지 밝히는 데 실패했기 때문이다. 비록 프롬이 인간의 본성적인 사회적 동기를 완벽하게 설명한 것은 아니지만, 적어도 인간 심리 중에서 가장 중요한 것이 사회적 동기임을 분명히 하고 사회적 욕구 이론을 제안했다는 점에서 그는 심리학이 올바른 인간관을 향해 나아가는 데 크게 기여했다.

둘째, 프롬은 인간 본성을 규명하는 중요한 방법론을 제안했다. 프롬은 인간 본성을 규명하려면 인간이라는 생명체를 인간 이외의 생명체와 비교해서 인간에게만 고유한 특성이 무엇인지 찾아내야 하며, 그렇게 해서 발견된 것 중 가장 근본적인 특성들을 선별해야 한다고 말했다. 이런 방법론에 따라 프롬이 발견한 인간 본성 중 하나는 바로 '자유'였다(프롬은 자유에 'freedom from'뿐만 아니라 'freedom to'가 반드시 포함되어야 한다고 강조했다). 인간을 제외한 생명체 중에서 자유를 욕망하거나 추구하는 존재는 없다. 자유를 원하는 존재는 오직 인간뿐이며 자유는 인간이 가지고 있는 숱한 바람 중에서도 가장 근본적인 것이므로 '인간의 본성'이다. 프롬은 어떤 것이 인간의 본성인지 아닌지를 검증하는 기준도 제시했는데, 그중 하나는 보편성이며 다른 하나는 정신 건강과의 관련성이다. 만일 어떤 존재가 본성을 상실한다면 그 존재는 더 이상 그 존재가 아니다. 예를 들어 맹수가 사냥 본성을 상실할 경우 그 동물은 더 이상 맹수가 아닌 것이다. 이것은 본성이 역사적 차이나 문화적 차이 등 어떤 조건과도 상관없이 항상 표현되고 또 발견되어야 한다는 것을 의미한다. 쉽게 말해서 인간 본성은 원시시대이든 21세기인 오늘날이든 변함없이 관찰될 수 있어야 하고, 한국에서든 아프리카에서든 변함없이 관찰될 수 있어야 한다. 따라서 만일 아프리카인에게서는 발견되지만 한국인에게서는 발견되지 않는 특성이라면 인간 본성이라고 할 수 없다. 이러한 맥락에서 프롬은 부르주아심리학이 자본주의사회에서 발견되는 인간의 결함들(탐욕이나 이기심, 잔인성 등)을 인간 본성으로 왜곡함으로써 왜곡된 인간관을 유포하는 데 일조했다고 비판했다.

인간 본성은 정신 건강과의 관련성을 통해서도 검증할 수 있다. 생명체는 자기의 본성대로 살아야 정신이 건강하고 행복하다. 새는 하늘을 날아다니고, 물고기는 물에서 헤엄쳐야 생존할 수 있듯이 사람은 인간 본성대로 살아야 정신이 건강하고 행복하다. 따라서 어떤 동기가 계속 충족되어 정신 건강 향상으로 귀결된다면, 그것은 인간 본성에 기초한 동기이고 그 반대라면 그것은 인간 본성과는 관련이 없는 병적인 동기(프롬은 이를 인위적인 욕구라고 부르기도 했다)이다. 예를 들면 사랑의 욕구는 충족되면 될수록 정신을 건강하게 해주므로 인간 본성에 기초한 동기이지만, 소유욕이나 탐욕은 충족되면 될수록 정신 건강이 황폐해지므로 인간 본성에 기초한 동기가 아니다.

셋째, 프롬은 인간에게 가장 중요한 문제들을 인간 본성을 중심으로 설명했다. 프롬에 의하면 인간에 대한 사랑이란 곧 인간 본성을 사랑하는 것이고, 행복이란 인간 본성이 실현될 때 비로소 가능한 것이다. 마음의 상처나 정신장애는 인간 본성이 유린되고 인간의 본성적 동기가 좌절된 결과이다. 나아가 건강한(건전한) 사회란 인간 본성의 실현에 도움이 되는 사회이고 병적인 사회란 인간 본성의 실현을 방해하는 사회이다. 프롬은 이러한 입장에 기초해 인간이 인간답게 살 수 있는 사회, 행복해질 수 있는 사회가 어떤 사회인지를 밝혔고 그런 사회를 건설하기 위한 방도를 제안했다.

넷째, 프롬은 사회심리학 발전에 크게 기여했다. 그는 봉건제사회와 자본주의사회를 비교·연구하는 방법 등을 통해 특정 사회가 어떻게 인간 심리를 규제하는지 구체적으로 밝혔다. 프롬은 기존의 사회심리학이 등한시하거나 회피해오던 주제를 정면으로 다루어 연구함으로써 사회심리학의 영역을 한층 확장시켰는데, 그는 이러한 점에서 높은 평가를 받을 만하다. 인간 심리와 사회 간의 상호작용을 설명하기 위해 프롬이 도입한 사회적 성격과 사회적 무의식이라는 개념은 사회심리를 분석하는 데 도움을 주는 상당히 유용한 개념들이다.

비록 마르크스주의 심리학의 약점을 보완해 그것을 완전한 심리학으로 발전시키고자 했던 프롬의 시도는 성공하지 못했지만, 그는 마르크스주의 심리학이 나아가야 할 방향을 정확히 제시해주었다.

☙ 프롬이 말하는 자유란? ❧

일반적으로 사람들은 '자유'라는 말을 '무엇으로부터의' 자유를 지칭하는 의미로 사용한다. 즉, 탄압을 받지 않을 자유, 검열을 받지 않을 자유, 속박을 당하지 않을 자유 등과 같이 'freedom from'의 의미로 사용한다는 것이다. 그러나 프롬은 자유라는 개념이 '무엇을 할 수 있는' 자유, 즉 'freedom to'까지 포함해야 한다고 강조했다. 즉, 권력의 주인이 될 자유, 건전한 문화생활을 영위할 자유, 행복해질 수 있는 자유 등을 포함한 적극적 개념이 되어야 한다는 것이다.

프롬은 사람이 'freedom from'이라는 소극적 자유에 머물러서는 건전해질 수도 행복해질 수도 없다고 주장했다. 사람은 인간의 본성을 완전히 실현하기 위해서, 그리고 완전한 사회적 존재가 되기 위해서 끊임없이 전진해나갈 때 비로소 'freedom to'라는 적극적인 자유를 쟁취할 수 있다고 보았던 것이다. 이를 위해 사람은 자유를 향해 나아가는 데 방해가 되는 고립감 · 무력감 · 권태감과 같은 병적인 감정에서 벗어나야 하며, 병적인 자본주의사회를 인본주의적 사회로 변혁해야 한다고 보았다. 이러한 프롬의 견해는 『자유로부터의 도피』, 『건전한 사회』 등의 저서에 잘 드러나 있다.

프롬이 말한 인간 본성인 '자유'		
freedom from	→	freedom to
'무엇으로부터의' 자유	→	'무엇을 할 수 있는' 자유
수동적 · 소극적	→	능동적 · 적극적

2부 정리

독자적인 과학으로서의 심리학

고대부터 근대까지 명멸했던 다양한 철학 속에서 사변적인 형태로 논의되어오던 심리현상에 대한 다양한 견해가 19세기 후반에 급격히 발달한 자연과학들, 즉 생물학 · 인류학 · 진화론 · 신경생리학 · 물리학의 연구 성과들과 결합하면서 심리학이 독자적인 학문으로서 탄생했다. 심리학의 과학적 독자학문화에 크게 기여한 자연과학은 생물학(특히 신경생리학), 다윈의 진화론, 수학, 통계학, 물리학 등이다.

분트의 심리학 실험실

과학적 심리학의 창시자로 불리는 분트는 심리학이 진정한 과학이 되는 데 필요한 전제 조건으로서 실험을 내세웠다. 그는 역사상 처음으로 심리학 연구를 전문적으로 진행하려는 목적에서 1879년 라이프치히 대학에 심리학 실험실을 개설하고 그곳에서 심리현상에 관한 실험적 연구를 진행했다. 분트는 생리적인 연구에서 시작해 점차 심리현상에 대한 실험으로 나아갔고 나아가 주의 · 연상 · 감정 · 기억 등에 대해서도 포괄적으로 연구했다. 그는 제자들과 함께 매우 다양한 심리학적 질문들을 제기하고 그것을 연구함으로써 후세 심리학적 연구자들에게 새로운 출발점을 제공했다. 심리학 연구가 활성화되면서 지각심리학이 크게 발달했으며, 기억과 개인차에 관한 연구나 사회심리학 같은 응용심리학이 탄생했다.

마르크스주의 심리학의 탄생

피지배·피억압 민중을 대변하는 마르크스주의 심리학의 탄생으로 인류 역사상 처음으로 심리학 발전의 전환적 계기가 열렸다. 마르크스주의 심리학은 인간 심리의 본질과 인간 심리의 발생과 발전, 심리와 실천 사이의 변증법적 관계, 인식 과정의 심리적 특성 등을 밝힘으로써 심리학이 크게 도약하는 데 기여했다. 그러나 마르크스주의 심리학도 여전히 인간 심리를 의식 일반의 틀에서 고찰했을 뿐 인간 심리가 개개의 사람에게서 구체적으로 체험되고 행동에 작용하는 정신현상·의식현상이라는 사실을 이해하지 못했다. 한편 프롬은 마르크스주의 심리학을 더욱 발전시키기 위해 분투하는 과정에서 심리학에 의미 있는 기여를 했으나 끝내 프로이트주의의 인간관을 극복하지는 못했다.

3부

현대 심리학의 형성과 발전

Makers of Psychology:
The history of psychology from birth to growth

06

현대 심리학의 형성

쇼펜하우어, 키르케고르의 철학부터 현대 심리학의 한계까지

현대에 들어서도 심리학이 광범위하게 연구되면서 '현대 심리학'이 탄생했다. 사실 현대 심리학은 심리학이 독자적인 과학으로 형성되고 발전되는 것과 거의 때를 같이해 등장했다고 말할 수 있다. 현대 심리학은 인간의 정신현상을 다루는 심리학 자체의 특성으로 인해 자본주의사회에서 다른 과학들보다 더 중요한 자리를 차지하게 되었고, 자본가계급을 비롯한 지배층의 이익을 위해 적극 이용되었다. 자본주의 국가들에서는 지금도 비과학적이고 반민중적인 현대 심리학이 자본가계급의 이익을 본질적으로 대변하고 있으며 자본주의제도를 옹호하는 데 이용되고 있다. 물론 현대 심리학에도 과학적이고 진보적이며 긍정적인 요소들이 일부 포함되어 있기는 하지만 일찍이 프롬이

날카롭게 지적했듯이, 현대 심리학은 본질적으로 자본주의제도를 인정하고 옹호하는 체제 내적인 학문으로서 자본주의사회 때문에 고통받는 민중이 아니라 지배층을 위한 학문이 될 수밖에 없었다.

현대 심리학의 뿌리

심리학은 먼 고대에서부터 근대에 이르기까지 명멸했던 다양한 철학 속에서 사변적인 형태로 논의되어오던 심리현상에 대한 견해가 19세기 후반기에 급격히 발달한 자연과학들, 즉 생물학 · 인류학 · 진화론 · 신경생리학 · 물리학의 연구 성과들과 결합하면서 독자적으로 형성되었다. 그 결과 심리학은 수많은 조류와 학파로 나뉘게 되었다. 심리학은 인간의 복잡한 정신현상을 어떠한 견해와 관점, 입장에서 보고 분석하는지에 따라, 다시 말해 그것의 사상이론적인 기초가 무엇인지에 따라 여러 갈래로 나누어졌다.

19세기 전반기에 들어 유럽의 대다수 나라에서 급속하게 추진되었던 자본주의화와 시민혁명의 파급은 자본주의에 고유한 내부 모순을 한층 격화시키고 첨예화시켰으며, 동시에 마르크스주의에 힘입어 독자적인 정치 역량으로 역사 무대에 등장했던 노동계급과 민중의 투쟁을 더욱 적극적으로 만들었다. 그러자 자본가들은 그들의 계급적 이익과 반민중적인 통치 제도를 유지하고 자본주의를 안정화하기 위해 민중의 진보적 사상과 건전한 이성을 말살하고 마비시켰으며, 사람들을 자본주의적 착취 제도에 순종하는 존재로 만들기 위해 반민중적인 사상과 문화를 집요하게 퍼뜨렸다. 이로부터 대부분의 심리학 연구는 이론적인 해석과 관점, 연구 방법에서 당시에 지배적이던 부르주아 사상이론에 기초하게 되었고, 그 결과 심리학은 관념론적이며 반역사적인 것으로 전락해버렸다.

현대 심리학의 반민중화와 반동화, 그리고 현대 심리학의 본격적인 유포는 대체로 자유경쟁 자본주의가 독점자본주의로 이행하던 시기에 이르러 집중적으로 이루어졌고, 19세기 말에서 20세기 초에 이르러서는 각이한 유파가 생겨나면서 새로운 국면에 들어서게 되었다. 현대 심리학의 사상이론적 뿌리와 철학적 바탕에는 독일 고전철학을 비롯한 온갖 비과학적인 관념론 철학이 있다. 특히 그중에서도 현대 심리학이 직접적으로 의거한 것은 아르투르 쇼펜하우어의 '생의 철학', 쇠렌 키르케고르의 '실존주의', 콩트와 존 스튜어트 밀John Stuart Mill의 '실증주의' 등이다. 또한 현대 심리학은 마흐와 리하르트 아베나리우스Richard Abenarius의 '경험비판론', 찰스 피어스Charles Peirce의 '실용주의', '신칸트주의'와 '신토마스주의', 미국의 '인격주의' 등에도 사상이론적 뿌리를 두고 있다.

생의 철학: 쇼펜하우어

◆ 아르투르 쇼펜하우어

아르투르 쇼펜하우어Arthur Schopenhauer(1788~1860)는 칸트 철학의 관념론적 측면과 고대 그리스의 관념론 철학자인 플라톤Platon의 '이데아론', 불교의 현실도피적인 '염세주의' 등을 중심으로 '주체와 객체의 동일성'에 관한 요한 피히테Johann Fichte의 견해, 의지의 선차성과 계시에 관한 프리드리히 빌헬름 셸링Friedrich Wilhelm Schelling의 견해들을 절충해 '생의 철학'을 만들었다. 그의 대표적인 저서로는 『의지와 표상으로서의 세계Die Welt als Wille und Vorstellung』(1819), 『자연계와 의지에 대하여Ueber den Willen in der Natur』(1835), 『인간의 의지와 진리에 대하여Ueber die Freiheit des menschlichen Willens』(1836) 등이 있다.

쇼펜하우어는 유럽에서의 '1848년 혁명' 전야에 노동계급의 정치적 · 조직적 성장과 혁명 투쟁에 위협을 느껴 봉건귀족과 타협했던 독일 신흥 자본가계급의 입장을 대변하고 있다. 그의 철학을 관통한 근본적인 사상은 '맹목적인 생존의지'를 근본으로 하는 '주의설主意說, voluntarism'이다. 비합리주의적인 주의설의 비과학적인 특성은 세계와 인간의 본질을 의지에서 찾고, 세계에 대한 과학적 인식을 부정하는 것에서 집중적으로 드러난다. 쇼펜하우어는 저서 『의지와 표상으로서의 세계』에서 "사람들이 자기 자신을 알고 그 내적 본성과 행동의 의미를 밝힐 수 있는 것은 오직 의지뿐이다"라고 주장했다. 사람은 자유와 자주를 추구하는 존재이고 이성적 사고 능력을 가지고 있기 때문에 세계를 과학적으로 인식할 수 있고, 그것에 기초한 과학적이고 창조적인 활동으로 세계를 개조하고 변혁할 수 있다. 그러나 쇼펜하우어는 '생존의지설'을 제안하면서 인간을 이성적인 존재가 아니라 '이성을 초월하는 맹목적인 의지를 본질로 하는 존재'로 왜곡했다. 즉, 인간의 본질을 의지에 귀착시켜 인간의 건전한 동기와 이성을 부정함으로써 인간의 본질을 비속화한 것이다.

쇼펜하우어는 이성이 아니라 비합리주의적이며 맹목적인 의지, 아무런 목적도 없이 순간의 충동에 따라 움직이는 의지야말로 인간의 '생의 본질'이라고 말하며, 인간의 본질을 맹목적인 '생존의지'에 귀착시켜 인간의 본질적 속성을 왜곡함으로써 목적의식적으로 활동하는 사람들과 고상한 사회적 이상을 가지고 활동하는 사람들의 노력과 투쟁에 찬물을 끼얹었다. 쇼펜하우어의 '생존의지'설에는 인간적인 삶을 위해 투쟁하는 사람들을 단순히 육체적 생명만을 위해 헤매는 동물적 존재로 보는 그의 인간관과 인간증오사상이 반영되어 있다.

쇼펜하우어의 '생의 철학'이 갖는 반민중성은 의지부정의 윤리학에 관한 주장에서 집중적으로 나타났다. 그는 '아무 목적도 없이 순간의 충동에 따라 움직이는 의지야말로 인간의 생의 본질'이라는 입장에 기초해 세계를 생존의지의 싸움마당으로 묘사했다. 쇼펜하우어에 의하면 '의지'는 스스로 갈등을 가지고 끊임없이 싸움을 거듭하기 때문에 세계에는 무질서한 맹목적 싸움, 만인을 반대하는 만인의 전쟁이 있게 된다. 결과적으로 이러한 주장은 자본주의사회에서 필연적인 약육강식의 법칙을 인간의 힘으로는 어찌할 수 없는 숙명적이고 영원한 현상이라고 설득하려는 의도(그것이 의식적이든 무의식적이든)를 내포한 것이다.

쇼펜하우어의 생의 철학
맹목적인 생존의지 = 생의 본질 > 이성

실존주의 철학: 키르케고르

현대 심리학은 덴마크 철학자인 쇠렌 키르케고르Søren A. Kierkegaard(1813~1855)가 제창한 '실존주의'의 영향도 강하게 받았다. 실존주의는 고대 그리스 프로타고라스Protagoras의 '인간척도론'(인간이 만물의 척도다)과 소크라테스Socrates의 '인간 철학', 불교의 '염세주의', 문예 부흥기 시기 프랑스의 몽테스키외가 주창한 '개인중심주의'와 '비관주의', 그리고 파스칼의 '인간증오사상' 등을 사상이론적 뿌리로 삼고 있다. 1920년대에 들어서는 심각하게 조성된 사회적 혼란을 배경으로 자본가계급의 사상적 대

◆ 쇠렌 키르케고르

변자로 나선 독일의 하이데거Martin Heidegger와 야스퍼스Karl Jaspers 등에 의해 1920년대부터 실존주의가 하나의 사상적 조류로 널리 퍼지게 되었다. 이후 실존주의는 독일에서 히틀러의 파시즘을 사상적으로 대변했다. 실존주의가 하나의 사상적 유행이 되어 널리 퍼졌던 시기는 제2차 세계대전 전후이며 이때 큰 비중을 차지한 것이 프랑스 실존주의이다. 프랑스 실존주의는 히틀러 파시즘의 살육 정책과 독일의 파쇼강점자들을 반대하는 프랑스 민중들의 항쟁 운동에 대한 자본가계급의 공포와 배신을 사회 계급적 바탕에 둔다. 실존주의의 반민중적 본질 중에서 기본은 세계에 대한 과학적 인식을 부정하는 궤변과 인간의 사회적 · 집단적 성격을 부정하고 극단적인 개인주의를 부추기는 것, 그리고 '불안', '절망', '죽음'을 고취하는 비관주의이다. 이러한 비관주의적 관점은 현대 심리학의 기본 성격 중 하나가 되었다.

실증주의 철학: 콩트

오귀스트 콩트Auguste Comte(1798~1857)는 프랑스의 실증주의자로서 반민중적인 사상가였다. '실증주의'는 19세기 중반, 자연과학의 급속한 발전과 사회 역사적 변화에 따라 자본주의가 전반적인 위기를 맞게 되면서 관념론으로 대표되는 부르주아사상이 무너지자, 이것을 막기 위해 자본가계급의 사고방식과 이해관계를 반영하는 과정에서 등

◆ 오귀스트 콩트

장했다. 콩트는 흄이나 칸트의 주관관념론, 회의주의, 불가지론, 가톨릭 철학과 신비주의, 공상적 사회주의자인 생시몽의 사회이론을 절충·개조해 이른바 실증철학을 만들었다. 실증주의는 각기 세 가지 형태로 변화되어왔다. 그 하나인 '실증주의의 초기 형태'는 '경험비판론'과 '마흐주의'로서 1840년대에는 영국과 프랑스에서 퍼졌고, 19세기 말부터 20세기 초에는 독일과 오스트리아 등 서유럽에서 퍼졌다. 두 번째 형태는 '신실증주의'로서 1920~1930년대부터 1960년경까지 서구 제국주의 나라들에서 많이 퍼졌다. 여기에는 '논리적 실증주의', '분석철학', '물리학적 관념론' 등이 포함된다. 세 번째 형태는 실증주의의 최신 변종으로서 '후기 실증주의'이다. 여기에는 '구조주의', '비판적 합리주의', '철학적 부정주의' 등이 포함된다. 이 실증주의의 모든 형태들에 일관되어 있는 기본적인 특징은 '형이상학의 청산'이라는 기만적인 구호를 내세우며 개별 과학의 성과를 악용해 관념론을 선전한 것이다.

콩트는 전통적인 철학을 반대하고 실증철학을 설파하면서 인간의 지식을 감성적 지식에 국한시켰다. 그에 의하면 물리학·화학·생물학 등 개별 과학 분야에서 얻어지는 지식만이 '옳은 지식'이며 세계의 본질이나 그 발전의 일반적 합법칙성과 같은 문제는 감성적으로 지각할 수 없고 경험적으로 확증할 수도 없기 때문에 철학은 그것을 인식할 수 없다. 따라서 존재의 본질 문제는 원칙적으로 미해결 문제, '형이상학'적 문제이므로 과학은 대상의 본질에 침투하려고 하지 말고 대상의 외적 현상을 서술하는 데 그쳐야 한다. 이러한 주장은 심리학에서 인간의 심리와 그것에 대한 인식을 부정하고 '행동'을 심리학의 유일한 대상으로 보는 '행동주의'를 탄생하게 한 주요 온상이 되었다.

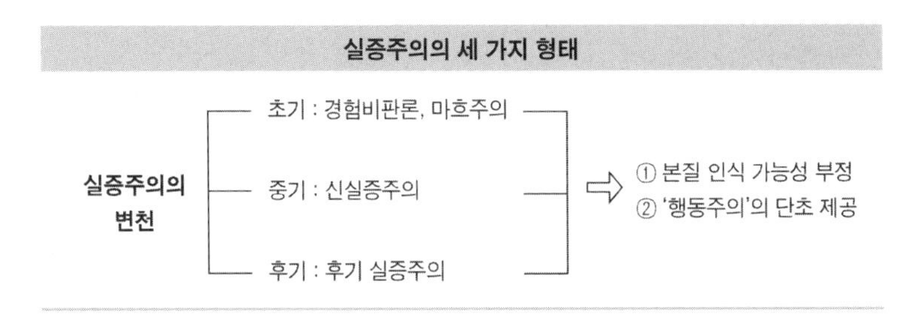

마흐주의 철학: 마흐

심리학에 악영향을 끼친 반민중적 이론들 중 하나는 바로 '마흐주의Machism'이다. 오스트리아의 관념론자이자 물리학자였던 에른스트 마흐Ernst Mach (1835~1916)는 경험비판론의 창시자이다. 마흐는 19세기 말에서 20세기 초에 자연과학, 특히 물리학 분야에서 새로운 발전이 일어나면서 종래의 낡은 이론이 변하게 되자 '실증주의' 원리를 세련되게 다듬어 그것을 '경험에 대한 철학', 즉 '경험비판론'이라고 명명했다. 그는 자신의 실증주의적 과업이 자연과학

◆ 에른스트 마흐

을 '현상학'으로부터 해방시키고 '자연과학적 방법론'과 '인식의 심리학'을 만드는 것이라고 말하면서, 그것을 위해서는 경험에서부터 출발해야 한다고 주장했다. 마흐는 '존재하는 것은 오로지 감각뿐'이라고 강조했는데, 결국 그는 오직 '나의 감각'만이 존재한다고 설파하면서 다른 사람의 존재까지도 포함하는 외부 세계의 객관성을 거부하는 관념론에 빠지게 되었다.

‘현상학’이란?

현상학은 철학의 대상에서 현실 세계를 제거하고 ‘순수의식’의 인식을 철학의 사명으로 삼아야 한다고 주장하는 비과학적 · 반민중적 철학으로, 19세기 말에서 20세기 초에 독일의 철학자 에드문트 후설Edmund Husserl에 의해 정식으로 창시되었다. 본래 철학사에서 현상학이라는 말은 사물의 본질을 논하는 본체론에 대립되는 개념이었고, 사물의 작용과 활동의 연구라는 의미를 담고 있었다. 헤겔이 현상학을 ‘감각적 경험에서 절대정신에 이르는 의식의 발전 단계를 서술한 학문’으로 보고 ‘정신현상학’이라고 명명한 것과 달리, 후설은 세계와 동떨어진 순수의식의 인식을 연구했으며, 순수의식에 관한 신칸트주의와 의식의 지향성에 관한 브렌타노의 관념론적 심리학, 신비주의적 직관에 관한 생의 철학을 절충해 현상학을 만들었다.

세계에 대한 과학적 인식을 부정하는 현상학의 궤변에서 기본이 되는 것은 현상학적 환원과 본질직관, 의식의 내적 구조에 관한 견해이다. 후설은 현상학적 환원에서 철학이 궁극적 진리에 도달하기 위해서는 세계가 현실적으로 존재한다는 판단을 중지하고 다른 개별 과학이 문제시하는 사실들을 생략 · 배제해야 한다고 주장했다. 그에 의하면 철학은 궁극적 · 절대적 진리에 도달해야 하는데 객관세계와 관계를 갖는 자연적 태도, 개별 과학이 문제시하는 사실들은 우연적이며 상대적인 진리밖에 주지 못하기 때문이다. 따라서 현상학적 환원을 통해 전 세계를 배제할 때 비로소 철학의 고유한 연구 대상이자 현상학의 영역인 순수의식이 존재하게 된다고 보았다. 그러나 이것은 세계에 대한 과학적 인식이라는 중요한 사명을 철학에서 제거한 것일 뿐이다. 현상학은 현상학적 환원을 통해 철학과 개별 과학을 대립시키고 철학의 대상을 주관적 의식이라는 좁은 울타리에 가두었다. 본질을 직관한다는 것 역시 현상학의 궤변 중 하나이다. 후설은 개별적 · 우연적 사실을 연구하는 개별 과학이 경험적 직관에 기초하며 일반성과 필연성을 가진 본질로서의 순수의식을 연구하는 철학이 본질직관에 기초한다고 주장했다. 그에 의하면 '일반적'인 것은 관찰 대상과 근본적으로 다른 '관념적'인 유적 본질species-being이기 때문에 논증적 사고로는 인식이 불가능하다. 이것은 인간의 이성적 인식을 부정하는 비과학적 견해이다. 본질은 직관할 수 없는 것인 만큼 본질을 직관한다는 후설의 주장은 사실상 본질에 대한 인식을 부정하는 것이다. 즉, 보기만 하고 사고하지 말라는 것과 같으며 자본주의 현실을 직관하되 그 본질은 인식할 필요가 없다고 말하는 것과 같다.

순수의식 구조에 대한 이론은 인간이 가진 일정한 심리적 체험과 의식현상의 근거를 외부 세계에서 찾을 수 없다는 관념론적 견해이다. 후설은 의식이란 본래 무언가를 향한 의식(의식의 지향성)이기 때문에 순수의식에는 횡적 구조로서 의식 작용(노에시스Noesis)과 의식 내용(노에마Noema)이 있다고 주장했다. 또한 의식에는 현시점을 기준으로 과거지향과 미래지향이 있고 이것이 순수의식의 종적 구조라고 주장했다. 이것은 인간의 의식과 외부 세계와의 상호관계를 의식 안에서의 어떤 주관적인 것과 직관적인 것의 상호 관계로 바꾸는 비과학적 견해이며 시간의 객관성을 부정하는 것이다.

현상학은 자의적이며 난해한 언어 조작과 스콜라적인 논리 구조로 인해 다른 철학 유파들처럼 독자적인 사조로 확장되지 못했다. 그러나 현대 철학에 미친 영향은 매우 크다. 사실상 현상학을 떠나서는 실존주의나 철학적 인간학 같은 현대 인간 철학에 대해 생각할 수조차 없다. 실존주의자들과 철학적 인간학 제창자들은 세계에 대한 과학적 인식과 혁명적 변혁을 부정하고 사람들의 이목을 인간의 협소한 주관적 자아에 가두기 위해 현상학의 궤변을 적극 이용했다.

실용주의 철학: 제임스

◆ 윌리엄 제임스

'실용주의實用主義, pragmatism'자들 역시 자기들 철학의 논의의 출발점이 '경험'이라고 주장했다. 그들은 '경험하기 전에는 객관세계에 대한 그 어떠한 지식도 가질 수 없다'고 보고 인식론적인 문제를 존재론적 문제로 왜곡하고 확대했다. 또한 '경험만이 세계의 궁극적 기초'라고 강변하면서 관념론을 설파했다. 미국의 실용주의 철학자였던 윌리엄 제임스William James(1842~1910)는 의식을 강이나 흐름에 비유하면서 진정한 실재는 바로 경험, 즉 "지식과 지식의 대상이 분리되기 전에 끊임없이 유동하는 의식의 흐름Stream of Consciousness"이라고 말했다. 제임스는 진화론의 영향을 받아 인간의 모든 행동도 동물의 본능적 활동처럼 알 수 없는 '의식의 흐름'에 기초해 이루어지며 실존에 유리한 것만을 선택하는 동작과 반응 작용에 지나지 않는다고 주장했다. 지식이란 환경에서 오는 자극과 그 자극에 대한 생물체의 반응, 그 중간에 있는 교환대에 지나지 않는다고 간주했던 제임스에게 이성적 사유란 병적인 현상일 뿐이었다.

신토마스주의 철학

신토마스주의 등도 현대 심리학에 상당한 영향을 미쳤다. '신토마스주의新一主義, neo-Thomism'는 세계의 시원始原과 그 존재를 신비주의적으로 규정하고 해석하는 철학으로서 과학적 세계관에 대치되는 비과학적인 철학이다. 신토마스주의자들은 나날이 추락하고 있던 종교를 철학의 수준으로 끌어올리기 위해 이른바 '존재론'을 고안해냈다. 신토마스주의는 무생물로부터 인간의 불사적不死的인 영혼에 이르기까지 존재의 상승적 단계를 고찰하며, 그러한 모든 것들을 창조하는 존재를 인격적인 신神으로 인정한다. 신토마스주의자들은 철학의 중심에 '존재론'을 위치시켰는데, 그것은 신학적 원리에 기초해 신의 존재를 합리적으로 논증하는 것이었다. 이들은 유有의 원리를 제기하면서 세계가 '유'로써 이루어져 있고 '유'가 본질이며 세계의 다양한 사물현상은 '유'의 다양한 발현이라고 주장했다. 물론 이들이 말하는 '유'란 추상적인 것도, 일반적이거나 보편적인 것도 아니었으며 구체적인 사물도 아닌 비과학적인 개념이었다.

현대 심리학은 앞서 간략히 살펴보았던 비과학적이고 반민중적인 철학과 이론들의 영향을 받거나 그것에 기초하고 있어서 전반적으로 비과학적 · 반민중적 심리학이 될 수밖에 없었다. 현대 심리학의 비과학성과 반민중성은 특히 인간 심리현상의 본질과 특징을 자본가계급의 세계관과 인생관에 맞게끔 왜곡한 것에서 집중적으로 표현된다.

현대 심리학의 일반적 특징

심리학은 원칙적으로 사람들이 건전한 의식과 창조적 능력을 소유한 완전한 인간◆이 되도록 기여하는 학문이어야 한다. 그러나 자본주의 국가들에서 현대 심리학은 사람들의 의식을 병들게 하고 몽매하게 만들어 궁극적으로 건전한 정신생활을 할 수 없게 만든다. 동시에 자본주의제도를 옹호하고 민중을 억압·통치하며 사회적 불평등과 불의를 합리화하는 데 복무하고 있다. 현대의 주류 심리학은 인간의 본성과 본질적 특징, 존엄과 가치를 왜곡하고 훼손하며 인간 심리, 정신에 대한 갖가지 비과학적·반민중적 견해를 유포하고, 사람들을 개인이기주의와 패륜패덕으로 오염시키는 역할을 한다. 즉, 자본주의제도를 개혁·변혁하려 들기는커녕 사회에 불건전한 사상적 조류와 생활방식을 조장하고 사람들을 공포와 불안에 빠뜨려 반인간적·반민중적·반역사적 현대 자본주의제도를 유지하고 공고화하는 데 복무하고 있다는 것이다. 이렇게 현대 심리학의 거의 모든 학파들이 사람들로 하여금 건전한 의식을 갖지 못하고 민중의 혁명성과 창조성을 유린, 말살하는 자본주의제도와 자본가계급을 옹호하는 데 복무한다는 공통적인 특징을 가지고 있다.

◆ 프롬에 의하면 완전한 인간이란 완전한 사회적 존재, 즉 '사회적 존재'로서의 자질과 능력이 최고조에 도달해 있는 인간이다.

주관관념론 철학에 뿌리를 내리다

현대 심리학의 일반적 특징은 여러 측면에서 찾아볼 수 있다. 현대 심리학의 일반적 특징은 우선 그것이 반역사적인 부르주아 철학의 주관관념론을 사상이론적 · 방법론적 기초로 삼는 관념론적 · 형이상학적 심리학이라는 데 있다. 현대 심리학은 거의 예외 없이 주관관념론적인 부르주아 철학에 기초하고 있다. 현대 심리학은 '생의 철학', '실증주의 철학', '실용주의 철학', '실존주의 철학' 등 온갖 비과학적이며 반민중적인 철학을 자기의 이론적 기초이자 사상적 뿌리로 삼고 있다. 이렇게 현대 심리학의 다양한 학파들은 거의 다 부르주아 철학을 사상이론적 · 방법론적 기초로 삼기 때문에 민중으로 하여금 사회 발전의 주체로서의 역할을 제대로 수행하지 못하도록 하고 있다. 현대 심리학의 이러한 특징은 심리학의 연구 대상과 연구 방법, 인간 심리에 대한 이론들에서 전반적으로 나타난다.

현대 심리학은 겉으로는 과학적 엄밀성을 표방하면서도 실제로는 인간 심리를 도저히 이해할 수 없는 그 어떤 신비로운 것으로 모사模寫하는 견해를 유포시키고 있다. 현대 심리학은 또한 인간 심리의 본질뿐만 아니라 인간 심리의 형성과 발전의 합법칙성을 거부한다. 현대 심리학은 인간 심리를 '본능'처럼 타고나는 것, 생물학적인 것, 고정불변한 것으로 바라보면서 그것을 목적의식적으로 형성 · 발전시키는 문제에 대해서 철저히 외면하고 있다. 이것은 결과적으로 인간 심리와 의식을 목적의식적으로 성장 · 발전시키고 사람들을 완전한 사회적 존재로 성장시키는 데 심각한 방해가 되고 있다.

현대 심리학은 심리학의 연구 대상과 방법에 대해서도 잘못된 주장을 하고 있다. 다양한 현대 심리학 이론들의 공통적인 특징 중 하나는 바로 심리학의 연구 대상을 왜곡하고 있다는 점이다. 심리학의 연구 대상은 현실 속에서 살아가며 활동하는 각각의 개인들에게서 구체적으로 체험되고, 그들의 행동에 작용하는 '의식현상과 정신현상'이다. 그러나 현대 심리학에서는 관념론적으로 과장된 그 어떠한 정신적 실체로서의 '근본적 경험', '의식의 흐름', '인격적 자아', '자기Self'와 같은 것들을 연구 대상으로 내세우기도 하고, 심지어는 객관적이며 실증적인 연구를 표방하면서 외부 자극에 대한 유기체의 반응 또는 적응 행동을 심리학의 연구 대상으로 내세우기도 한다. 마치 '행동주의 심리학'처럼 '의식 없는 심리학'을 제창하며 심리학의 연구 대상으로서의 인간 심리, 의식을 왜곡하는 것이다.

현대 심리학은 부르주아 철학의 형이상학적 방법에 기초해 인간 심리를 일정한 역사적 단계의 사회 계급적 관계에 따라 분석한◆ 것에서 인위적으로 분리해 추상적 · 기계적으로 논의하고 해석한다. 즉, 인간 심리를 연구할 때 인간 심리의 형성과 변화에 작용하는 사회 역사적 요인들을 철저히 무시한 채 고립된 인간의 내적 · 주관적 상태만을 논의한다든가, 실험적 방법만을 일면적으로 과장하면서 개개의 심리현

◆ 서방세계에서 이러한 분석을 시도한 심리학자는 에리히 프롬이 유일무이할 것이다.

상에 대한 실험결과들을 기계적으로 나열하는 데 그치고 있다. 더욱이 현대 심리학은 심리학적 연구의 범위를 주관적으로 확대해 사람들의 사회생활에서 제기되는 모든 문제, 특히 병적인 자본주의사회에서 시시각각으로 발생하는 온갖 복잡한 문제들을 모조리 심리학의 이론으로 해결하겠다고 주장한다. 현대 심리학의 이러한 행태들로 인해 현재 한국을 포함한 자본주의 국가들에서는 인간 심리에 대한 온갖 사이비 이론과 견해들이 잡다하게 유포되고 있으며, 사람들의 건전한 정신생활이 마비되고, 약육강식의 생활방식이 조장되어 사회에 무질서와 혼란, 불안과 공포가 범람하고 있다.

제국주의의 학문적 도구로 전락하다

현대 심리학의 또 다른 일반적 특징은 그것이 인간적인 새로운 사회 건설을 위한 민중의 투쟁을 반대하고 제국주의자들의 세계 제패를 위한 정책의 학문적 도구로 복무한다는 데 있다. 현대 심리학의 여러 학파들은 겉으로 보기에는 그 이론적 내용과 주장이 서로 다른 것 같지만, 결국에는 제국주의자들의 지배와 침략 책동을 심리학으로 이렇게 저렇게 합리화하고 있는 것이다. 이것은 현대 자본주의사회에서 현대 심리학의 연구 사업이 지배계급의 계급적 통치와 착취를 '이론적으로 합리화'하기 위한 방향에서 진행됨으로써, 지배층의 사상이론적 도구가 되고 있는 것에서 확인할 수 있다. 제국주의와 자본가계급의 지배와 착취를 이론적으로 합리화하기 위한 현대 심리학적 연구가 활발히 진행되고 있다. 그 예로는 극단적인 개인주의에 기초한 인간 심리의 형성 · 발전에 관한 이론들, 성격 · 재능에 관한 이론들, 배타주의적인 민족심리와 계급심리에 입각한 자본가계급의 심리와 재능의 우수성에 대한 연구, 민중과 그 자녀들의 심리 · 재능의 열등성 등을 실험적으로 논증한 연구 등이 있다.

이러한 현대 심리학의 일반적 특징은 특히 제국주의자들의 침략과 전쟁 책동에 복무하는 것에서 분명하게 드러난다. 제2차 세계대전 당시 행동주의 심리학자 버러스 스키너Burrhus Skinner는 비둘기를 훈련시켜서 미사일이 목표를 향하도록 조종하는 유도 체계를 개발하기 위해 정부와 협력했다. 당시 비둘기 프로젝트Project Pigeon라고 불린 이 계획은 실패로 끝났지만 이후에도 대다수 미국 심리학자들이 고문 기법을 개발하는 데 참여하는 등 정부 · 군대 등과 끈끈한 결탁 관계를 유지했다.

현대 심리학은 이러한 직접적인 협력 외에도 민중의 정당한 투쟁을 깎아내리고 제국주의의 만행을 합리화하는 이론을 제공함으로써 간접적으로 제국주의에 복무하고 있다. 인간의 주요한 본성 중 하나를 '무의식적 공격본능'• 이라고 보는 프로이트주의 심리학과 인간의 세계가 동물의 세계와 다르지 않다고 주장하는 진화심리학Evolutionary

• 정확히 말하자면 '죽음 본능'이다. 프로이트와 그 후계자들은 이 죽음 본능이 외부로 표출되는 것을 공격성이라고 이해했다.

psychology 등은 한 민족이 다른 민족을, 자본가계급이 민중을 억압하고 착취하는 반민중적 통치의 합리성과 타당성을 악착같이 논증하려고 노력한다. 그뿐만 아니라 현대 심리학은 계급적 억압과 통치를 합리화하기 위해 소위 집단심리 연구 분야에서 발견된 연구 성과들을 비롯해 일련의 응용심리학 분야에서 이룩된 성과들을 자기들의 계급적 이익을 위해 교묘히 악용하고 있다. 미국의 심리학자들이 해외 이민자를 차별하고 추방하는 데 비네 검사를 악용했던 것이 대표적인 예이다. 이 모든 것이 현대 심리학이 온갖 수단과 방법을 다 동원해서 제국주의와 자본가계급의 이익을 위해 그들의 정책을 이론적으로 합리화하고, 전쟁 책동을 은폐하는 데 복무하는 등 수치스러운 역할을 담당하고 있음을 잘 보여준다.

07

구성주의 심리학과 기능주의 심리학

현실과 동떨어진 '구성주의', 지배계급의 도구로 전락한 '기능주의'

구성주의 심리학

현대 심리학에서 처음으로 등장한 주요 학파는 구성주의 심리학 structural psychology이다. 구성주의 심리학은 분트 이후에 구성주의 입장에 있었던 티치너가 기본적으로 정립한 현대 심리학파의 하나이다. 현대 심리학이 위기를 겪으면서 여러 학파가 대두했을 때, 구성주의적 입장은 여러 학파의 비난을 받았으나 티치너에 의해 계승되어 존속하게 되었다. 구성주의 심리학의 시조를 분트로 볼 것인지 아닌지의 문제, 즉 분트를 구성주의 학파로 분류하는 것이 타당한지의 여부는 지금까지도 심리학자들 사이에서 논쟁거리이다. 하지만 티치너에 의해 구성주의 심리학이 본격적으로 전개되었다는 사실에 대해서는 대다수의 의견이 일치한다. 따라서 구성주의 심리학을 논할 때에는 주로 티치너의 구성주의 심리학을 중심으로 다루게 된다.

구성주의 심리학: 티치너

◆ 에드워드 티치너

에드워드 티치너Edward Bradford Titchener(1867~1927)의 구성주의 심리학은 철학적 뿌리를 빌헬름 딜타이Wilhelm Dilthey(1833~1911)의 해석학적 생의 철학에 두었다. '생의 철학'은 '생'을 이성과 대립되는 비합리적인 의지나 감정, 타고난 본능으로 간주하면서 사람을 인과적 연관의 밖에 있는 우연의 집합물로 보고, 그 어떤 논리나 합목적성도 없이 맹목적으로 활동하는 존재로 왜곡한다.

딜타이는 이러한 인간적 생이 객관화된 것이 사회 역사라고 주장하면서 사회 역사 현상에 대해 여러 차례 언급했다. 그는 생이 객관화된 것이 사회 역사이기 때문에 역사에 대한 해석을 통해 인간생활을 음미할 수 있다고 주장했다. 이것이 바로 딜타이의 '역사주의적 해석학'이다. 그는 해석학을 사회 역사적 현상을 고찰하는 일반적인 방법으로 정식화하고 그것에 기초해 역사주의적 해석학을 만들었다.

또한 딜타이는 역사적 사실을 직접 체험하고 직감하는 방법을 통해서만 인간생활을 이해할 수 있다고 주장했다. 그에 따르면 인간을 대상으로 한 모든 과학은 인간의 자기 자신에 대한 파악이라는 목표를 향해 전진하고 있는 것이다. 이러한 딜타이의 해석학적 생의 철학은 사회 역사적 현상을 고찰하는 데 있어서 극단적인 주관주의, 상대주의를 허용하는 비과학적 방법이다.

◆ 빌헬름 딜타이

티치너는 이러한 철학에 기초해 심리학의 연구 대상이 의식의 요소와 구조라고 보았다. 그는 심리학자의 목표가 의식의 구성 요소의 본질과 그 수를 정확히 파악하는 데 있다고 주장하면서 "심리학자는 정신적 경험을 가져다가 조각으로 나누고 또 나누어서 더 이상 나눌 수 없을 때까지 나눈다. 그와 같은 지점에 도달하면 심리학자는 의식의 구성 요소를 찾은 것이다"라고 말하기도 했다.

티치너는 자연과학과 마찬가지로 심리학도 최대한의 정밀성을 가지고 의식을 연구해야 하며, 무엇보다 의식의 구성 요소를 찾고 그 다음에 그것들이 어떠한 복합체로 연결되는지 일반적 법칙을 찾아야 한다고 주장했다. 그는 인간 정신을 일정한 본질과 여러 속성을 가진 실체로 간주하면서 화학자가 물질을 일정한 요소로 분류하고 화합하는 것처럼, 또 해부학자가 몸을 기본 구성 요소로 해부하는 것처럼 심리학자도 인간 심리를 연구할 수 있다고 강조했다.

티치너에 의하면 의식 외에는 그 어떠한 것도 심리학의 연구 대상이 아니다. 즉, 심리학은 곧 '의식학'인 셈이다. 이렇게 의식만을 절대화하는 구성주의 심리학의 특징 때문에 '의식심리학'이라고 부르기도 한다. 그러나 그는 의식의 요소 및 성질에 대한 결정은 내성법에 의거해야만 하며 실험법을 적용할 때는 제한된 조건하에서 정신 상태를 관찰하는 경우에만 부분적으로 허용해야 한다고 생각했다.

티치너가 관심을 보인 주제는 기억과 감각의 차이, 관념 상호 간의 연관관계, 개념이 그것과 결부된 감각이나 기억과 다른 점이 무엇인지, 그리고 기억으로부터 개념이 어떻게 만들어지는지와 같은 문제들이었다. 티치너는 이를 위해 감각, 심상(표상), 감정(정서 또는 느낌)이 의식을 구성하는 세 개의 범주 또는 기본 요소라고 보았다.

이 기본 요소들은 더 이상 쪼개질 수 없지만 다양한 특성이나 속성attributes을 지닐 수는 있다. 예를 들어 모든 감각에는 질, 강도, 지속시간, 명료함이라는 속성이 있는데, 그는 심리학을 물리학이나 생물학 같은 것으로 만들기 위해 일련의 실험을 진행했다. 당시에 티치너는 자신의 실험 방식대로만 심리학이 나아간다면 완성된 체계를 갖춘 정밀과학으로서의 심리학이 탄생할 것이라고 기대했다. 그러나 그 이후에 벌어진 상황들은 오히려 반대의 결과를 초래했다.

구성주의 심리학의 발목을 잡은 내성법

구성주의 심리학이 그 이론과 방법적인 측면에서 강력하게 비판을 받아 과학으로서 더 이상 발전할 수 없게 되었던 주요한 원인은, '내성(내관)'이라는 방법상의 오류와 이 방법의 관념론적 성격과 관련이 있다. 앞에서 언급했지만 내성법을 다시 예를 들어 설명하면, 피험자들이 단어 연상과 같은 과제를 수행하면서 도중에 자기 자신 안에서 벌어지는 의식적 사건에 대해 상세하게 보고하는 것이다. 내성법은 피험자의 보고에 의존할 수밖에 없으므로 주관성을 피할 수 없다. 내성을 이용해서 동일한 실험을 실시하더라도(단순반응 실험과 같은 간단한 실험을 실시하더라도) A라는 실험실과 B라는 실험실에서 같은 결과가 나오지 않는다는 사실이 금세 드러났다.

티치너는 피험자가 제대로 훈련을 받지 않았기 때문에 나타난 결과라고 우겨댔지만 내성법에 대한 의심과 반대의 목소리는 점점 커져만 갔다. 행동주의 심리학자인 존 왓슨은 이와 관련해 "나는 내성법이 파기되지 않는 한, 심리학은 지금으로부터 200년이 지난 뒤에도 여전히 청각에 연장이라는 질이 있는지, 강도가 색깔에 적용되는 속성인지, 심상과 감각 사이에 질감의 차이가 있는지 등과 같은 비슷한 유형의 수백 가지 물음에 대해 의견의 일치를 보지 못할 것이라고 굳게 확신한다"라고 비판했다.

티치너는 내성법의 문제점을 극복하기 위해 피험자를 특별히 '훈련'

시켰는데, 그 결과가 매우 '섬세하고 세련된' 것이었다고 해도, 그 자체가 가지는 관념론적 성격은 더욱 심각해졌다. 결국 그의 심리학은 파탄을 면치 못하게 되었다. 구성주의 심리학에서 적용했던 내성법의 관념론적 본질과 그 문제점을 정확히 이해하려면, 그것을 과학적 심리학의 방법 중 하나인 '자기관찰'과 비교해볼 필요가 있다.

사람은 의식적인 존재이기 때문에 객관적인 세계뿐만 아니라 자기 자신도 파악할 수 있으며 세계를 자기 요구에 맞게 개조할 수도 있다. 이렇게 사람은 동물과 달리 자기 자신을 파악할 수 있기 때문에 '자기의식'을 가지며 자기 자신의 처지와 입장, 내면세계, 심리 상태도 자각할 수 있는 것이다. 자기 자신에 대한 이러한 인식 또는 파악은 심리학에서 '자기관찰'의 방법에 의해 가능해진다.

그러나 관념론적 심리학에서 말하는 내성 또는 내관을 과학적 심리학의 연구 방법인 자기관찰과 혼동해서는 안 된다. 자기관찰을 내성과 혼동하면서 자기관찰의 가능성을 부정하는 것은 의식적인 사회적 존재로서의 인간이 자기 자신이 무엇을 생각하고 있으며 체험하고 있는지 이해할 가능성이 없다고 말하는 것과 같다. 이것은 사람들이 생활 속에서 쉽게 확인할 수 있는 사실들과 맞지 않으며, 사람들의 경험과도 맞지 않는 비과학적인 견해이다. 따라서 관념론적 심리학인 구성주의 심리학에서의 '내성'과 과학적인 심리학에서의 '자기관찰'은 엄연히 다른 것이므로 양자를 구분해야만 한다.

심리학의 연구에서 내성이 문제가 되는 이유는 관찰이 자기 자신에

티치너의 구성주의 심리학과 내성법

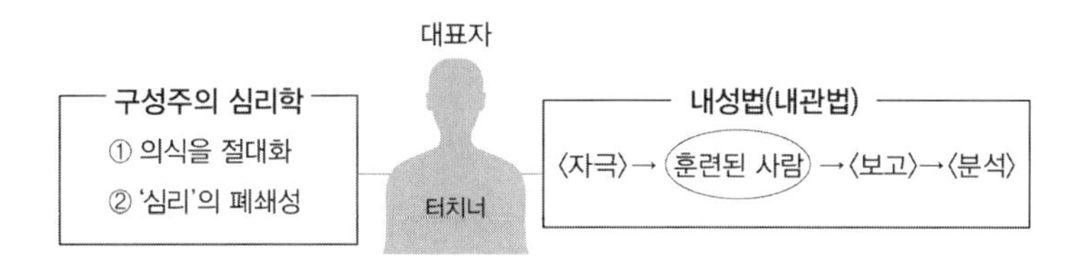

게 향한다는 데 있는 것이 아니라 그 직접적인 성질에 있다. 즉, 구성주의 심리학에서는 심리적인 것을 현실 세계와 연관이 없는, 순전히 머릿속에 '폐쇄'되어 있는 내면적인 관념현상이라고 본다. 그래서 다른 사람의 심리나 마음은 그 사람의 행동과 활동을 통해 능히 관찰할 수 있고 파악할 수 있지만, 자기 자신의 심리는 순전히 자신의 머릿속에 폐쇄되어 있기 때문에 객관적인 방법이나 자기관찰을 통해서는 파악이 불가능하다고 보았다. 따라서 오직 '내성'을 통해서만 파악이 가능한 것처럼 묘사했다.

구성주의 심리학은 인간의 의식을 객관세계와 관계가 없는 것으로 바라보고, 그로부터 분리한 내성을 유일한 연구 방법으로 삼았다. 그렇게 함으로써 인간 심리를 폐쇄된 내면적인 정신세계에 국한시켰던 것이다. 결국 구성주의 심리학에서 말하는 내성으로는 사회적 존재인 인간의 의식현상을 과학적으로 연구할 수 없다는 결론에 도달하게 되었다. 인간의 심리가 주관적이고 관념적인 현상이기는 하지만, 그렇다고 해서 그것을 주관의 울타리 속에 폐쇄되어 있다거나 객관세계와 분리된 것이라고 이해해서는 안 된다. 비록 관념적인 것이기는 하지만 모든 의식은 사회적 존재인 인간에 의한 '현실의 반영'으로서 인간과 그의 생활을 떠나서는 발생할 수도, 존재할 수도, 이해할 수도 없는 것이기 때문이다.

심리현상을 인식하고 파악하는 것은 현실과의 밀접한 연관 속에서, 그리고 사회적 존재인 사람이 생활하는 과정과 활동하는 과정과의 연관 속에서 진행되어야 한다. 그런데 구성주의 심리학은 이러한 것을 무시하고 심리를 현실로부터 유리되고 폐쇄된 것으로 간주했고 주관적인 내성법에 의해서만 연구하고 고찰했다. 이러한 점에서 구성주의 심리학은 전형적인 주관관념론적 심리학이라고 말할 수 있다. 지금까지 살펴보았듯이, 구성주의 심리학은 의식현상을 자연과학적인 정밀성을 가지고 구조적으로 연구한다고 거창하게 떠들어댔지만, 실제로는 인간의 실제 생활인 현실과 동떨어진 허구적 의식현상 · 정신현상을 설정하고 그것을 자의적으로 설정한 구성 요소들에 근거해 설명했다. 그 결과 의식현상과 심리현상에 대한 관념론적 · 비과학적 해석과 연구에 머무르게 되었다.

구성주의 심리학이란?

구성주의 심리학이란 심리학의 연구 대상인 '의식을 구성하는 요소'를 밝혀내는 것을 목적으로 한 심리학을 말한다. 구성주의 심리학이라는 말은 티치너가 기능주의 심리학에 반대하면서 자신의 이론적 입장을 표명하기 위해 사용한 데서 비롯되었다.

티치너는 생물학을 형태학 · 생리학 · 개체발생학 등으로 분류하는 것처럼 심리학을 구성주의 심리학 · 기능주의 심리학 · 발달 심리학 등으로 구분했다. 그는 구성주의 심리학이 심리학의 한 분과이며 여타 심리학들의 기초가 되어야 한다고 주장했다. 티치너에 의하면 구성주의 심리학은 해부학자가 몸을 기본 요소들로 해부하듯이 마음을 기본 요소들로 구분해 분석하는 학문이다.

구성주의 심리학은 내성 심리학과 거의 같은 의미로 간주될 수 있는데, 구성주의 심리학은 내성법을 수단으로 삼아 의식을 분석하고, 그것이 어떠한 요소로 이루어졌는지, 또 그 요소들이 왜, 어떻게 결합해 각각의 의식 과정이 되는지를 연구 과제로 삼았기 때문이다.

기능주의 심리학

'기능주의 심리학Functional Psychology'은 현대 심리학의 중요한 학파 중 하나이다. 기능주의 심리학은 실용주의에 철학적 뿌리를 둔 심리학으로서 미국의 윌리엄 제임스를 중심으로 생겨난 비과학적인 현대 심리학이다. 제임스가 활동하던 당시의 미국에서는 철학이 신학과 밀접히 결합되어 있었다. 유럽의 과학적 심리학이 자연과학, 특히 물리학이나 신경생리학의 발전과 관련해 실험에 기초한 경험과학 · 실험과학으로 발전하면서 철학으로부터 독립했다면, 미국의 심리학은 철학과 신학이라는 이중적인 구속에서 해방되어야만 했다. 미국에서 나타난 기능주의 심리학은 이러한 사상적 · 철학적 배경하에서 발생했다. 이로부터 기능주의 심리학은 현실적인 것을 지향하면서도 관념론적이며 반역사적인 철학과 종교적 신비주의의 특성을 가지게 되었다.

제임스의 근본적 경험론

제임스의 이론 중에서 가장 중요한 것은 '근본적 경험론'이다. 이것은 당시에 미국에서 광범위하게 유포되었던 실용주의 철학에 기초한 이론이다. 실용주의는 '사람에 대한 생물학주의적 왜곡'과 개인주의적 의지 만능의 '주의설'이 '주관관념론적 경험론'과 유기적으로 결합되어 탄생했다. 실용주의자들은 인간에 대한 생물학주의적인 이해에서 출발해 사회적 집단을 무시하고 개인의 '경험의 가능성을 합리화'하는 데 철학의 과업이 있다고 주장하면서, 그들의 이론의 출발점을 '경험'에 두었다. 이와 관련해 제임스는 "실용주의의 사상적 특징은 첫째, 대단히 상식적이라는 점이고, 둘째, 매우 행동적이고 실제적이며 현실적이고 실용적이라는 점이다. 실용주의적 철학은 경험을 중요시한다"라고 말하기도 했다.

사실 실용주의 철학에서 말하는 경험이란 생활적인 것, 일상적인 것으로서 객관적 합법칙성에 대한 인식의 문제가 아니라 완전히 주관주의적인 것이다. 제임스는 자신의 근본적 경험을 강이나 의식의 흐름에 비유하면서 진정한 실재는 '지식과 지식의 대상이 분리되기 이전에 끊임없이 유동하는 의식의 흐름'이라고 말했다. 그리고 그것은 이해할 수도 없고 일정한 것으로 구분할 수도 없는 무정형적인 것이라고 주장했다. 그는 경험에서 객관적인 성격을 제거함으로써 신비화했고 인간을 오직 개인주의적인 유익성, 즉 이기적 · 본능적 요구만을 기준으로 삼고 행동하는 존재로 묘사했다.

제임스는 이러한 입장에서 출발해 세계 또는 객관적 사물이 '감각의 복합'이라고 주장하는 '경험비판론'이 유물론을 철저히 반대하지 못한다고 꾸짖으면서, 경험을 단순한 감각에 국한시키지 않고 꿈이나 몽상, 환각 등을 포함하는 모든 심리적 체험으로 확대시켰다. 바로 이러한 측면에서 그는 자신의 경험론을 실증주의적 경험론보다 철저한

'근본적 경험론'이라고 규정했던 것이다. 제임스는 신비주의적인 '의식의 흐름'에 관한 논의에서 경험을 세계의 근원으로 전환시킴으로써 세계의 객관적 실재성과 합법칙성, 세계를 지배하는 인간의 창조적 능력과 이성을 부정했다.

심리의 기능만 알면 된다

"의식은 흐른다"라는 윌리엄 제임스의 말은 기능주의 심리학의 특성을 단적으로 보여준다. 기능주의 심리학자들은 구성주의 심리학자들을 향해 "끊임없이 흐르는 의식을 붙잡아서 그것을 구성 요소로 나누려고 하는 것은 불가능한 일이다"라고 말했다. 그 예로 기능주의 심리학자인 에인절James Rowland Angell(1869~1949)은 인간의 몸을 구성 요소로 분해할 수 있듯이 의식도 구성 요소로 분해할 수 있다는 구성주의 심리학의 견해에 대해 "해부학은 조작, 관찰, 그리고 어느 정도의 정확한 측정이 가능한 물질적인 대상과 관련된 것이지만 정신적인 내용은 '순간적'이고 '쏜살같은' 것이다. 정신적 내용들을 분리하고자 시도할 수는 있지만 그것들은 해부학자가 연구하는 재료와는 근본적으로 다르다"라고 비판했다. 기능주의 심리학은 의식, 정신현상이 인간 생활에서 담당하는 '기능'이 무엇이며, 각각의 심리현상이 정신생활에서 차지하는 역할이 무엇인지 밝혀내는 것이 심리학의 과업이라고 보았다. 이것이 바로 실용주의에 기초한 기능주의 심리학의 출발적인 전제이자 기본 내용이다.

또한 제임스는 경험과 심리를 '활동'적인 것으로 볼 것을 제안했는데 그가 말하는 활동은 인간의 사회적 실천으로서의 활동이 아니었다. 사회적 존재인 사람의 활동은 항상 동기를 실현하기 위한 목적의식적인 것이다. 이러한 활동은 단순히 주위의 환경에 순응하기만 하는 동물의 본능적 행동과는 질적 · 근본적으로 다르다. 그럼에도 불구하고 제임스는 인간의 모든 활동을 알 수 없는 '의식의 흐름', '경험'에 기초해 자신의 생존에 유리한 것을 선택하는 동작, 즉 단순한 반응 작용이라고 보았다. 즉, 그는 인간 심리의 기능을 동물적인 생존에 유리한 행동을 추동하는 것에 귀결시켰고, 사회적 존재인 인간의 목적의식적인 활동과 생물학적 존재인 동물의 본능적이며 무의식적인 행동 · 동작을 동일한 것으로 간주함으로써 양자 간의 근본적인 질적 차이를 무시했다.

그 결과 제임스는 사회적 존재인 인간과 생물학적 존재인 동물을 똑같은 것으로 간주하는 비과학적이며 반민중적인 이론을 전개하게 되었다. 그는 근본적인 경험과 의식의 흐름이 본능과 같다고 보고, 인간의 활동이 본능의 발현에 불과하다고 주장했다. 제임스는 인간을 소유본능, 호전본능, 경쟁본능, 은폐본능 등 여러 본능의 묶음이라고 주장했다. 결국 기능주의 심리학은 대중을 우민화하여 침략과 약탈을 일삼는 미제국주의자들의 착취와 약탈을 합리화하는 수단이 되었다.

∾ 기능주의 심리학이란? ∾

기능주의 심리학이란 의식, 정신현상이 인간생활에서 담당하는 기능이 무엇이며 각각의 심리현상이 정신생활 전반에서 차지하는 역할이 무엇인지를 밝히는 것을 연구 목적으로 한 심리학이다. 기능주의 심리학은 실용주의 철학을 기초로 했으며 미국의 심리학자인 윌리엄 제임스에 의해 창시되었다. 제임스는 '경험'과 심리를 '활동적인 것'으로 봐야 한다고 주장했다. 그는 인간의 모든 행동을 알 수 없는 '의식의 흐름'과 '경험'에 기초해 자신의 생존에 유리한 것을 선택하는 동작, 반응 작용이라고 간주했으며 인간의 활동이 본능의 발현에 불과하다고 주장했다.

또한 제임스는 인간이 '소유본능', '호전본능', '경쟁본능' 등 여러 본능의 묶음이라고 말했다. 이것은 사회적 존재인 인간의 목적의식적인 활동과 동물의 동작을 동일한 것으로 보는 견해이다. 즉, 양자 간의 근본적인 차이를 무시하는 견해인 것이다. 결론적으로 기능주의 심리학은 사회적 존재로서의 인간과 생물학적 존재인 동물을 똑같은 것으로 보는, 저속한 실용주의적 관점을 띠게 되었고 비과학적이며 반민중적인 심리학이 되어버렸다.

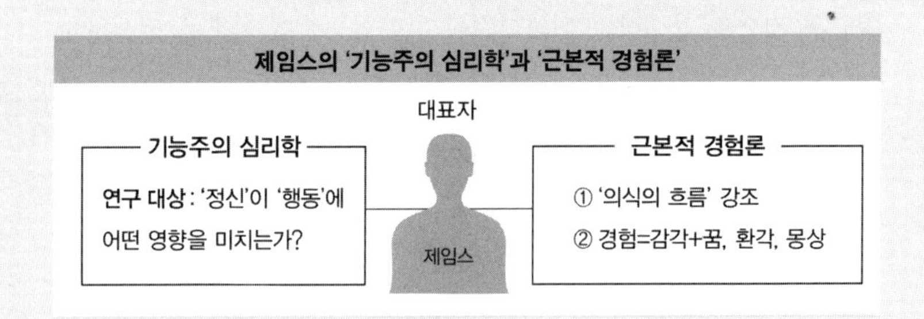

듀이의 도구주의

◆ 존 듀이

제임스의 기능주의 심리학은 존 듀이John Dewey(1859~1952)의 도구주의 철학 사상에 기초한 심리학에 의해 계승되었다. '도구주의'는 관념이나 사상, 이론 등을 인간 유기체가 주변 환경에 적응하면서 살기 위해 이용하는 '행동의 수단이나 도구'로 간주하는 실용주의 철학의 한 변종이다. 도구주의에 기초한 기능주의 심리학은 제임스의 심리학에 비하면 좀 더 세련된 과학적 외피를 쓰고 있는데, 이것은 제임스가 미국 자본주의의 위기 직전에(1929년 대공황 발생으로 미국의 자본주의는 전면적인 위기 상황에 돌입하게 된다) 살았던 반면, 듀이는 미국 자본주의가 심각한 위기 상황에 처해 있을 때 살았던 것과도 관련이 있다.

듀이의 기능주의 심리학이 가지고 있는 본질은 "전통적으로 기능주의 심리학에서 의식의 기능은 유기체가 새로운 사태에 부딪혔을 때 그것에 대한 적응을 보장하는 것이다"라는 주장에서 집중적으로 드러난다. 듀이는 이러한 전통을 충실히 따라 『사고의 방법How We Think』(1910)이라는 저서에서 사고 과정을 새로운 사태, 정황에 대한 기능적 적응으로 규정했다. 듀이는 유기체가 욕망의 달성을 방해받을 때 사고를 하게 되고 욕망이 충족되면 사고를 중단한다고 주장했다. 즉, 그는 사회적 인간의 고차적인 의식 작용과 인간의 이성적 인식을 동물의 생물학적 기능, 본능적 적응 기능으로 간주한 것이다.

듀이에 의하면 사람은 자신이 잘 아는 길을 걸어갈 경우, 본능과 관습에 따라서 행동하므로 행동이 제약을 받지 않고 사고도 발생하지 않지만, 분기점에 이르렀을 때에는 양자택일의 난관이 조성된다고 보았다. 진흙탕길이지만 목적지에 빨리 다다를 수 있는 오른쪽 길과 포장도로이지만 시간이 많이 걸리는 왼쪽 길을 눈앞에 둔 상황이라면, 그때부터 인간의 사고가 시작된다. 이렇게 듀이는 인간의 사고가 양자택일의 상황 속에서 시작된다고 보았다. 만일 유기체가 제기된 문제를 해결하는 데 성공하면 유기체와 환경 간의 균형이 이루어지게 되어 지적인 활동은 더 이상 필요 없는 것이 된다. 그래서 사고는 멈춘다. 듀이는 사고를 특정한 상황에서 발생하는 특정한 반응과 행동으로 이해하고, 그때그때 정황에 맞추어나갈 수 있는 선택 행위, 새로운 사태에 대한 적응 기능으로 귀착시켰다. 그럼으로써 임기응변에 능한 상인의 처세술을 합리화하는 반면 사회적 존재인 인간의 지성을 모독했다. 이렇듯 미국의 심리학인 기능주의 심리학은 철저히 세속화된 실용주의적 관점으로 일관되어 있다고 볼 수 있다.

기능주의 심리학의 본질: 실용주의와 적응주의

기능주의 심리학을 계승한 후대의 연구자들은 심리학의 주제가 정신 활동이며, 정신 활동은 적응적인 것으로서 특정한 목적을 달성하기 위한 경험의 조작이라고 본다. 그들에 의하면 인간의 모든 적응 행위는 다음과 같은 세 가지 측면을 지닌다. 첫째는 인간 활동의 방향을 결정짓는 동기의 조성이고, 둘째는 지각되고 인식된 감성적 상태이며, 셋째는 동기가 충족되면 그 상태를 바꾸는 반응이다. 이것은 유기체가 아무렇게나 행동하는 것이 아니라 환경과 관련되어 있는 동기에서 출발해 그것을 만족시키는 방향으로 반응한다(예: 비가 오면 비를 피하기 위해 굴속에 들어간다)고 보는 입장으로서 실용주의 심리학이 중시하는 '적응'의 개념에 기초하고 있다.

실용주의적 관점에 입각한 기능주의 심리학은 대상의 의미조차 그것의 기능에 의존한다고 주장함으로써 의미까지 기능적으로 정의했다. 예를 들면 연필은 그것이 어디에 이용되는지에 따라서 '무언가를 찌르는 것, 책갈피로 사용되는 것 또는 필기도구의 하나'가 된다는 따위의 허황된 주장을 했다. 이것이 아동심리 발달 중에서도 아주 낮은 단계에서의 개념에 대한 기능적 정의와 동일한 것임을 고려해보면, 기능주의 심리학은 실용주의적이며 적응주의적인 이론을 증명하기 위해 인간의 이성과 지성을 유아적인 수준으로 끌어내리는 일까지 서슴지 않은 비과학적인 심리학이라고 할 수 있다.

기능주의 심리학과 구성주의 심리학은 서로 대립되는 학파로서 실제로도 극심하게 상호 대립했다. 그러나 두 학파는 자본주의사회를 옹호하고 자본가계급의 이익을 위해 복무한다는 공통점이 있다.

08 행동주의 심리학

'심리가 없는' 심리학에서 신행동주의가 되기까지

행동주의 심리학의 발생

'행동주의 심리학Behaviorism Psychology'은 실증주의와 실용주의에 뿌리를 둔 이론으로 비인간적이고 기계적인 성격으로 특징지을 수 있는 현대 심리학파의 하나이다. 미국의 심리학자 존 왓슨John B. Watson(1878~1958)에 의해 창시되었으며, 티치너의 구성주의 심리학과 듀이의 기능주의 심리학을 모두 반대하고 비판하는 과정에서 탄생했다. 행동주의 심리학을 창시한 왓슨은 「행동주의자가 바라보는 심리학Psychology as the Behaviorist Veiws It」(일명 행동주의자 선언서Behaviorist Manifesto) 이라는 자신의 논문에서 심리학이 과학이 되기 위해서는 구성주의 심리학이나 기능주의 심리학 같은 방법으로 의식을 고찰해서는 안 되며, 직접 관찰하고 확인할 수 있는 행동적 사실을 관찰해야 한다고 주장했다. 또한 자신이 내세운 이론의 출발적 입장이 오직 객관적인 행동에만 의거하는 것이라고 선언했다. 그는 과학적 심리학의 대상으로 동물 심리에 대한 연구를 제안했고, 동물의 행동에 대한 연구를 바탕으로 행동주의 심리학 이론을 만들어냈다. 행동주의 심리학은 심리학의 대상인 인간의 행동을 일종의 단순한 동작이나 반응으로 본다. 즉, 행동이란 외적 자극stimulus에 대한 유기체의 반응response이라는 것이다.

◆ 존 왓슨

심리에 관심이 없는 심리학

행동주의 심리학의 가장 큰 문제는 인간 심리에 대해 논하면서도 인간의 심리나 의식을 대상으로 연구하지 않는다는 데 있다. 행동주의 심리학은 객관적인 행동을 관찰해서 여러 행동들이 일어나는 조건이나 자극을 찾아내고 그 조건과 행동 간의 법칙을 설정하는 것을 과업으로 삼는데, 이때 행동하는 사람의 '의식'은 논의에서 아예 배제되어버린다. 그 결과 행동주의 심리학은 '심리에 관심이 없는 심리학', 또는 '의식이 없는 심리학'이 되고 말았다. 사회적 존재인 인간의 행동은 다양한 동기를 실현하기 위한 '목적의식적인 행동'이기 때문에 의식이 전제되지 않고는 불가능하다. 즉, 인간의 행동은 목적을 수립하는 것에서부터 시작해 그 목적을 달성하기 위해 벌이는 여러 행동과 동작들에 대한 의식의 조절과 통제를 떠나서는 생각할 수 없다. 그렇기 때문에 의식을 무시한 '의식이 없는 심리학'은 의식 없이도 인간 활동이 가능하다는 비현실적인 가정에서 출발한 자의적이며 허황된, 비과학적인 심리학이라고 할 수 있다.

의식은 인간의 모든 활동과 행동을 규제한다. 어떠한 목표를 설정하고 그것을 달성하기 위해 활동을 벌이는 것, 생각을 바꾸면 행동이 달라지는 것, 무의식을 의식화하는 심리 치료를 받는 것 등이 가능한 이유는 모두 인간이 의식을 변화시킴으로써 활동과 행동을 조절하고 통제할 수 있는 존재이기 때문이다. 그렇기 때문에 행동을 규제하는 의식의 존재를 무시한 채, 행동과 그 행동을 일으킨 조건과의 관계만 논하는 것은 사람을 마치 하등동물이나 저급한 기계와 비등하게 간주하는 것과 다름없다. 의식이 없는, 의식을 무시하는 사이비 심리학이라고 보아도 무방한, 이러한 행동주의 심리학의 비과학적 성격은 이미 출발점에서부터 시작해 그 전체 내용을 관통한다.

행동주의 심리학이란?

행동주의 심리학은 심리학이 과학이 되기 위해서는 직접 관찰하고 확인할 수 있는 행동적 사실만 연구해야 한다는 이론으로, 눈으로 볼 수 없는 의식 그 자체를 연구하는 것을 거부한다. 기계론적이고 형이상학적인 유물론과 실용주의 철학 등에 기초했으며 1912년에 존 왓슨에 의해 만들어졌다. 행동주의 심리학은 당시에 전통적 심리학이었던 구성주의 심리학과 기능주의 심리학이 의식을 주요한 연구 대상으로 삼고, 눈으로 볼 수 없는 의식 그 자체를 논하는 것을 비판하는 과정에서 등장했다. 심리학을 논한다고 하면서도 정작 심리나 의식은 연구하지 않고 오직 행동만 연구해 결국 '의식'과 '심리'가 없는 심리학이 될 수밖에 없었다.

또한 행동주의 심리학은 자극과 행동의 관계를 자극—반응(S-R)의 공식으로 표현하고 사람의 반응과 동물의 반응을 동일하게 보았다. 그리고 이러한 공식에 기초해 사회적 존재인 사람의 심리와 행동을 해석했다. 즉, 쥐나 토끼, 고양이 같은 동물을 대상으로 한 연구 방법을 사람에게 그대로 적용해야만 '과학성'이 보장된다고 보고, 사람의 행동을 '자극—반응'의 공식에다 억지로 끼워 맞춘 것이다. 사회적 존재인 사람을 생물학적 존재인 동물과 똑같이 취급했다는 점에서 행동주의 심리학은 인간의 특성과 심리와 결여된 비과학적 이론이다. 또한 민중의 의식성·자각성 등을 순수한 기계적 반응으로 매도하면서 제국주의와 자본가계급의 계급적 이익을 대변했다. 한때 미국 지배층의 이익을 대변해 인기를 끌기도 했으나 그 비과학성, 특히 심리학의 연구 대상을 상실한 것으로 인해 금세 인기를 잃었다.

심리학에서 심리학 개념들을 추방하다

왓슨은 행동주의 이론의 타당성을 증명하기 위해 의식을 우상화하지 말 것을 제기했다. 그에 의하면 행동주의적 입장으로 나아가는 데 가장 큰 장애가 되는 것은 의식을 과정인가, 형상인가, 내용인가, 아니면 행동인가로 구분하지 않고 덮어놓고 우상화하는 것이다. 왓슨은 의식의 존재를 부정하면서 심리학의 유일한 대상이 형상 · 감정 · 사상과 같은 의식 그 자체가 아니라 객관적으로 관찰할 수 있는 외부 작용에 대한 반응, 즉 행동이라고 주장했다. 그는 생명체가 보여주는 다양한 행동이야말로 누구나 다 직접적으로 관찰할 수 있는 '심리학적 사실'이라고 말하며 이 사실, 즉 행동과 그것을 일으킨 조건과의 법칙적 관계를 설정하는 심리학을 만들기 위해 헛된 노력을 기울였다. 한마디로 그는 의식의 우상화를 반대한다는 미명하에 일련의 심리학적 개념들까지 부정하고 포기한 것이다.

한 예로, 그는 '사고'라는 개념을 반대하면서 사고를 곧 언어 행위라고 간주했다. 즉, 사고를 입에서 나타나는 언어 행위subvocal speech 또는 성대와 혀의 미세한 운동과 동일시한 것이다. 그뿐만 아니라 왓슨은 감정을 호흡이나 맥박, 내분비선에서 일어나는 신체적 변화와 동일시했으며, 감각을 의식의 내용이 아니라 행동으로서의 변별반응이나 감각적 습관으로 간주했다. 그는 이러한 관점과 태도에서 출발해 동물을 대상으로 일련의 기계적이며 조작적인 연구를 실시했다.

왓슨은 약간씩 다른 자극의 쌍을 흰쥐에게 가한 뒤, 그것을 선택하도록 반복적으로 훈련시켰다. 만일 흰쥐가 어떤 자극(빨간 불빛)에는 정확히 반응하고 다른 자극(조금 더 어두운 빨간 불빛)에는 반응하지 않도록 훈련되거나 조건화되었다면, 흰쥐는 두 자극 간의 차이를 변별(지각)할 수 있는 것이다. 이러한 실험을 통해서 알 수 있듯이 왓슨에게 심리학의 주요한 연구 방법은 유기체의 생명체 반응을 연구하는 것이었다. 왓슨은 또한 심리학적 개념을 버리고 그 대신 생명체의 반응, 구체적으로는 흰쥐의 반응과 같은 행동을 '정동', '본능', '습관'의 세 가지로 구분해 그것을 심리학의 기본 구성 부분으로 삼을 것을 제안했다. 이와 같이 행동주의 심리학은 심리학의 연구 대상인 의식과 심리현상을 완전히 무시하며 제거해버린 것이었다. 바로 여기에 행동주의 심리학의 비과학성이 있다.

인간은 기계다: S-R 도식

행동주의 심리학은 고차적이고 복잡한 활동을 하는 사회적 존재인 인간과 인간의 의식, 심리현상과 행동 등을 가차 없이 단순한 '자극-반응(S-R)'의 도식으로 환원한다. 그리고 사람이란 마치 기계나 동물과 같은 존재라는 견해를 유포함으로써 자본주의사회에서 살아가는 사람들을 환경의 지배를 받는 무기력하고 수동적인 존재, 유기체적 생존을 위해서만 행동하는 동물적 존재로 매도했다. 인간을 하등동물로 간주하는 이러한 왜곡된 인간관과 인간증오사상은 민중들로 하여금 스스로를 불신하고 혐오하도록 부추김으로써 제국주의 지배층과 자본가계급의 민중에 대한 억압과 착취에 기여했다.

행동주의 심리학은 극히 기계적인 성격을 띠는데, 그것은 '자극-반응'의 공식에서 집중적으로 드러난다. 행동주의 심리학은 일정한 자극이 일정한 행동을 일으키는 조건이며 양자 간에 임의적인 결합 관계가 있다고 보고, 이 결합 관계를 발견하는 것이 심리학의 과업이라고 주장했다. 행동주의 심리학은 자극과 행동 간의 관계가 국부적인 자극과 그것에 상응하는 국부적인 반응 간, 즉 조건반사 기제의 범위에서 맺어진다는 관점에 기초해 인간의 행동을 분석했다. 그리고 사람의 구체적인 행동을 여러 단순한 '자극-반응'의 복합으로 간주했다. 이렇게 행동주의 심리학은 의식적인 인간의 행동을 기계적인 반응으로 바라보고 인간 행동의 창조성을 무시한 비과학적 이론이다.

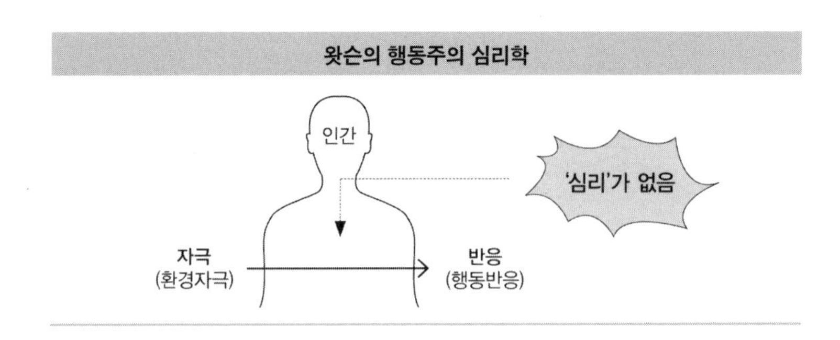

행동주의 심리학의 비과학성: 실용주의

행동주의 심리학의 비과학성은 주로 실용주의 철학과 밀접한 관계를 가지는 것에서 비롯된다. 실용주의 철학은 인간의 사상과 관념, 지식을 인간의 행동하고만 관련시켜 고찰하고, 그 행동의 결과와 효과를 절대시하면서 모든 것에 대한 평가 기준을 행동에서의 성공 여하에 귀착시킨다. 행동주의 심리학은 사상, 관념, 지식 등 의식적인 것을 오직 행동과만 연관시키고 행동의 결과와 효과만이 진리의 기준이라는 실용주의의 철학적 관점에 기초하여 의식적인 것과 심리적인 것 대신 외적이고 기계적인 행동을 절대시했고 그것을 심리학의 연구 대상으로 규정했다.

실용주의 철학은 통속적으로 말하자면, 돈이 되는 것이 제일이라고 생각하는 상인들의 철학이자 승자나 성공한 자를 최고로 치는 자본가계급의 철학이다. 즉, 실용주의 철학은 돈과 성공에 혈안이 되어 있던 미국 자본가계급의 저열한 정신세계를 대변해주는 철학이라는 것이다. 장사꾼한테는 오직 결과만이 중요하지 과정 따위는 중요하지 않다. 이와 마찬가지로 실용주의 심리학인 행동주의 심리학에는 오직 행동만이 중요하지 의식 따위는 중요하지 않은 것이다.

비교심리학과 행동주의

행동주의 심리학자들은 사람의 의식을 연구하는 것에 반대하며 관찰과 측정이 가능한 행동만 연구해야 한다고 목소리를 높였는데, 이것은 그들이 비교심리학에서 출발한 것과 밀접한 관련이 있다. 행동주의 심리학의 창시자인 왓슨은 원래 비교심리학 분야를 연구하던 비교심리학자였다. 비교심리학이란 다양한 종간의 행동상 공통점과 차이점을 밝히는 동물 행동에 관한 실험실 연구를 말한다. 다윈의 진화론이 제안한 여러 종간의 연속성을 증명하는 일에 대한 관심에서 출발한 비교심리학은 19세기 후반에 빠르게 발전했다. 그러나 동물을 연구했던 비교심리학자들은 의식에 대한 연구를 진행할 수 없었는데, 사람과 달리 동물의 의식을 관찰할 수 있는 방법이 없었기 때문이다.

사람은 굳이 행동을 관찰하지 않아도 마음을 알 수가 있다. 또 사람은 자신의 마음을 관찰할 수도 있고 그것을 표현할 수도 있다. 연구자가 피험자에게 '지금 기분이 어때요?', '지금 어떤 생각을 하고 있습니까?'와 같은 간단한 질문을 던짐으로써 그의 마음을 연구할 수도 있다. 하지만 동물에게는 불가능하다. 흰쥐에게 '왜 그런 행동을 했어?', '지금 기분이 어때?'라고 물을 수는 없는 노릇이니 말이다. 이 때문에 비록 비교심리학자들의 주요한 관심이 '동물의 의식'을 이해하는 데 있었다 할지라도, 그들은 '미로 학습'처럼 관찰이 가능한 행동을 객관적으로 측정하는 절차부터 개발할 필요가 있었다. 결론적으로 사람이 아니라 동물을 연구하는 이상 연구 대상에서 의식을 배제하고 관찰과 측정이 가능한 행동을 연구할 수밖에 없었다. 이러한 비교심리학자들에게서 행동주의가 나왔기 때문에, 이후의 행동주의 심리학도 고집스럽게 '행동'만을 연구해야 한다고 주장했던 것이다.

주로 동물을 연구했던 행동주의 심리학자들이 그들의 연구 결과를 동물 심리를 설명하는 데 국한시키지 않고 굳이 사람에게까지 무리하게 적용하려고 했던 것 역시, 그들이 비교심리학에서 출발했다는 사정과 밀접한 관련이 있다. 20세기 초엽에 미국에서는 심리학이 여전히 철학의 테두리 안에서 논의되는 경향이 있었는데, 그것은 심리학자들이 철학과에 소속되어 있었다는 사실만 보아도 잘 알 수 있었다. 당시 철학과의 실세였던 원로 교수들에게 비교심리학이나 실험심리학이라는 분야는 비교적 생소한 분야여서 그들 대다수가 동물을 연구하는 심리학자들을 미타한 시선으로 바라보고 있었다. 즉, 철학과의 원로 교수들은 '동물을 연구하는 것이 인간을 이해하는 데 무슨 도움이 되느냐?'는 의문을 품고 있었다.

더욱이 동물로 가득 차 있던 심리학 실험실에서는 지독한 악취가 풍겼기 때문에 철학과 교수들뿐만 아니라 대학 자체에서도 실험실을 좋아하지 않았다. 그 결과 대부분의 심리학 실험실이 캠퍼스의 구석자리로 밀려나게 되었다. 이런 상황은 비교심리학자와 동물을 주로 연구했던 실험심리학자들에게 생존 위협이 되기에 충분했다. 즉, 그들은 자기들의 연구가 인간을 이해하는 데 도움이 된다는 것을 철학과의 원로 교수들과 대학 당국에 증명해야만 하는 절박한 처지에 몰려 있었다. 행동주의 심리학자들이 동물 연구의 결과를 사람에게까지 무리하게 적용하려고 했던 데에는 이러한 이유가 있었다. 한마디로 행동주의의 주요한 두 가지 경향, 의식을 배제하고 '행동'만을 연구해야 한다는 입장과 동물과 인간이 똑같다는 견해에는, 이러한 비교심리학에서 행동주의가 출발한 것이 결정적인 영향을 미쳤다.

참고삼아 말하면, 왓슨이 동물 연구에 집착하게 된 것은 그의 개인적 성향과도 어느 정도 관련이 있다. 농부였던 왓슨의 아버지는 술고래였고 타인과 갈등을 자주 빚었으며 바람을 피우기도 했다. 다소 광적인 근본주의 침례교도였던 왓슨의 어머니는 아들을 목사로 만들려고 했는데, 왓슨이 대학교 졸업반일 때 어머니가 돌아가시는 바람에 왓슨은 목사가 되지 않을 수 있었다.

그는 어린 시절에 오랫동안 홀로 집에 남겨지는 일이 많았다. 어두웠던 유년기 시절로 인해 왓슨은 어렸을 때 문제아였고 청년기 중반까지도 말썽꾼이어서 두 번이나 구속되기도 했다. 그에게는 사회불안이라고도 할 수 있는 경미한 대인 공포가 있었던 것 같다. 혹은 그 정도까지는 아니더라도 왓슨이 대인 관계, 타인들과의 관계를 상당히 불편해하고 어려워했다는 것만큼은 분명한 사실이다. 그는 내성법과 인간 피험자는 항상 불편해했지만 동물은 "함께 있으면 마치 집에 있는 것처럼 편했고 아이디어가 자꾸자꾸 떠올랐다"라고 말했듯이 편하게 느꼈다. 또한 이후 왓슨의 아들은 아버지를 회상하면서 왓슨이 "사람보다는 동물과 함께 대부분의 시간을 보내는 것을 더 좋아했다"라고 말하기도 했다. 이러한 사실들은 왓슨이 사람에게는 놀라울 정도로 관심이 없었던 반면 동물 연구에는 과도하게 집착했던 이유를 짐작하게 해준다. 대인 관계를 어려워하거나 두려워했던 그의 건강하지 않은 심리 상태가 영향을 미친 것이다. 나아가 그가 내성법을 몹시 싫어했던 것도 어느 정도 이해가 된다. 스스로 내면을 관찰해야 하는 내성법이 어떤 식으로든 상처투성이인 자신의 내면을 직면하게 만들 수 있기 때문에 기피했을 가능성이 크다.

행동주의 심리학은 본질적으로 독점자본가계급의 이익을 대변하기 때문에 미국을 비롯한 여러 자본주의나라들에서 일시적으로 인기를 얻었으나 그 비과학성, 특히 심리학의 기본 연구 대상을 무시했던 것으로 인해 이내 인기를 잃고 시들해졌다(반면, 한국에서는 1990년대까지도 행동주의가 주류 심리학계를 지배했었다).

신행동주의 심리학

행동주의 심리학을 계승하면서도 한편으로 그것의 한계를 비판하고 극복하려 했던 것이 신행동주의 심리학neo-behaviorism psychology이다. 신동행주의 심리학파는 행동주의 심리학의 기본 입장을 고수하면서도 다른 학파의 이론을 어느 정도 흡수했다. 신행동주의 심리학을 대표하는 심리학자는 미국의 에드워드 톨먼Edward Chace Tolman(1886~1959) 이다. 그는 왓슨의 행동주의를 수정해 신행동주의 심리학을 창시했다. 신행동주의 심리학은 행동주의 심리학이 가진 극단적인 기계론적 성격을 극복하기 위해, 내성법에 기초한 의식 심리학을 비롯한 여러 현대 심리학파의 주장을 받아들여 행동주의 입장과 절충시켰다.

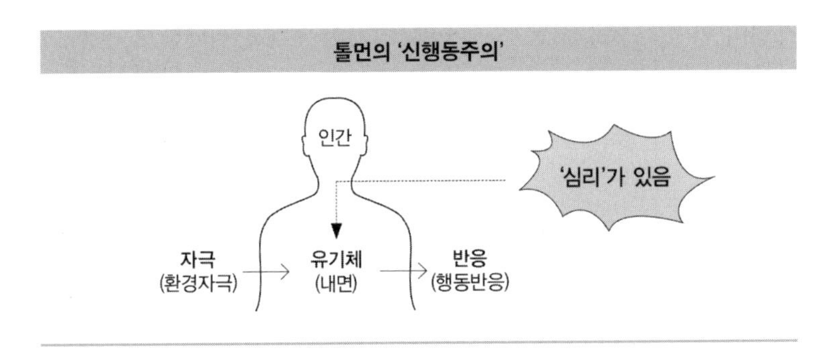

‘신행동주의 심리학’이란?

신행동주의 심리학이란 초기 행동주의 심리학에 의식 심리학을 흡수해, 행동을 ‘자극－반응’의 공식으로 설명하던 것을 ‘자극－유기체－반응’의 공식으로 설명하는 행동주의 심리학의 변종이다. 이 심리학의 대표자는 톨먼으로, 그는 왓슨의 행동주의를 수정해 ‘신행동주의’를 만들어냈다. 행동주의 심리학은 단순 행동들에 관심이 있었지만 톨먼의 신행동주의는 전체적 행동에 관심이 있었다. 전체적 행동이란 먹이를 구하는 행동, 무서워서 피하는 행동 등을 말한다. 그러나 전체적 행동과 일대일로 연결되는 자극을 찾기란 곤란하다. 전체적 행동은 단지 자극하고만 관련된 것이 아니라 유기체의 내적 상태와도 관련되기 때문이다. 예를 들어 배가 부른지 고픈지에 따라 똑같은 먹이에 대해서도 반응, 즉 행동에 차이가 난다. 따라서 먹이와 섭식 행동 간에는 단순한 법칙 관계가 성립되지 않는다. 이로부터 신행동주의는 자극과 반응 사이에 내적 요인이 개입된다고 주장하면서 ‘자극-유기체-반응’이라는 도식을 고안해냈다.

신행동주의는 초기 행동주의 심리학이 포기했던 마음과 의식을 심리학에 다시 끌어들였다. 그러나 이 마음은 내성 심리학에서 말하는 ‘직접 경험’으로서의 마음이 아니라 행동에 대한 관찰에 의해 얻어낸 자료들을 토대로 객관적으로 추리한 ‘현실적인 것’ 또는 ‘실증적인 것’으로서의 마음이었다. 톨먼의 신행동주의 심리학은 ‘전체적’ 행동에 관한 논의를 전개하면서 게슈탈트 심리학과 밀접히 융합되었으며, 그 결과 관념론적 성격이 한층 심화되었다. 신행동주의 심리학은 심리학에 마음을 다시 끌어들이기는 했지만 행동주의 심리학처럼 사람을 동물과 똑같은 존재로 보며, 인간 행동을 동물의 적응 행동과 동일시하는 비과학적이고 반민중적인 학설이다.

신행동주의, 심리를 되찾아오다

왓슨의 행동주의 심리학은 구체적인 전체적 행동을 요소적이고 단순한 행동 단위로 분석하여 분자 단위의molecular 행동을 일으킨 자극을 찾아내 '자극-반응(S-R)'이라는 행동 도식을 이끌어냈다. 이와 달리 신행동주의 심리학에서 말하는 행동은 전체적 행동(톨먼은 이것을 몰 단위 행동molar behavior이라고 불렀다)이었다. 톨먼은 학습의 단위가 왓슨이 중시했던 분자 단위의 근육 운동, 분비선의 반응, 신경학적 반응들보다 더 커야 한다고 보았다. 그의 제자는 미로를 헤엄쳐서 통과하는 법을 익힌 쥐가 나중에도 다시 그 미로를 정확하게 통과할 수 있다는 것을 발견했는데, 이것은 쥐가 일련의 단순한 개별적인 운동감각 반응 이상의 것을 학습했음을 보여준다. 즉, 쥐는 미로의 전체적인 형태를 알게 된 것이며 쥐의 반응 역시 이것에 대응하는 전체적인 행동이었던 것이다. 게슈탈트주의자들의 주장처럼 전체적 행동은 단순하고 부분적인 행동들의 합 이상이다.

톨먼에 의하면 전체적 행동은 미로에서 길을 찾으려는 쥐의 행동, 문제상자에서 빠져나오려는 고양이의 행동, 저녁을 먹으려고 집으로 차를 몰고 가는 사람의 행동, 낯선 사람을 피해서 숨는 아이의 행동 등 다양한 행동 형태를 포함한다. 즉, 어떤 목표를 지향한 행동인 것이다. 그런데 이 전체적 행동과 직접적으로 연관되어 있는 자극을 찾기란 곤란하다. 왜냐하면 이 전체적인 행동은 단지 특정한 자극하고

만 관련된 것이 아니라 유기체의 내적 상태와도 관련되기 때문이다. 예를 들면 배가 부른지 고픈지에 따라서 동일한 먹이에 대해서도 반응이 다르다. 따라서 먹이와 섭식 행동 간에는 일면적인 법칙 관계가 성립하지 않는다. 이로부터 신행동주의 심리학은 자극과 반응 사이에 '내적 요인'을 끼워 넣어 전통적인 행동주의 심리학의 '자극—반응(S-R)' 도식을 '자극—유기체—반응(S-O-R)◆'(여기에서 O는 유기체organism라는 매개 변인intervening variables을 의미한다)이라는 도식으로 수정했다. 그리고 먹고 싶은 상태, 마시고 싶은 상태, 무서운 상태와 같은 유기체의 상태를 생리적 과정에만 국한시킬 수 없다고 하면서, 그것에다 심리적 요인까지 포함시켰다. 결국 행동주의 심리학이 포기했던 '마음'(의식)을 신행동주의 심리학이 다시 심리학에 끌어들인 셈이다.

그러나 이 마음은 내성 심리학에서 말하는 직접 경험으로서의 마음이 아니라 객관적인 행동을 관찰해서 얻은 결과들을 토대로 추리한, 현실적인 것(혹은 실증적인 것)으로서의 마음이다. 이처럼 신행동주의 심리학은 행동주의적 입장(행동에 대한 객관적 관찰)에다 의식이라는 연구 대상을 결합시켜 행동주의 심리학의 결함을 극복함으로써 이론의 폭을 넓히려고 했으며 의식심리학과의 갈등을 해소하려고 했다. 그 결과 의식심리학의 개념들이 행동주의 심리학에 의해 굴절되어 흡

◆ S-O-R 도식을 제안한 신행동주의 심리학자는 로버트 우드워스(Robert S. Woodworth)이다.

수됨으로써 신행동주의 심리학은 내성론과 기계론의 혼합물이 되고 말았다. 이것은 현대 심리학파들 사이의 모순적 결합, 즉 절충주의적 경향을 잘 보여준다.

S-R이 아니라 S-O-R

톨먼은 유기체의 학습이란 단순한 자극과 단순한 반응 사이를 훨씬 넘어서는 것이라고 주장했다. 그는 학습을 '걸려오는 전화와 나가는 전화 사이의 연결을 단순히 강화하거나 약화시키는 것'으로 간주한 행동주의 심리학의 결함을 구식 전화교환기에 비유하면서 '뇌는 구식 전화교환기 같은 것이라기보다 지도 통제실' 같은 것이며, 따라서 유기체는 학습하는 동안에 환경에 관한 장 지도field map of the environment를 만든다고 강조했다. 비록 톨먼이 언급한 장의 의미는 게슈탈트 심리학에서의 장과 다르지만, 장field이라는 게슈탈트 심리학의 술어를 그대로 사용했다는 것은 그가 게슈탈트 심리학의 영향을 받았음을 분명히 보여준다.

톨먼에 의하면 전체적 행동의 중요한 특징 중 하나는 목표 지향성goal-directedness이다. 그는 유기체의 행동이 특정한 목표 대상을 지향하거나 목표 대상으로부터 나온다는 특징을 갖고 있다고 했다. 이것을 다시 쉽게 말하면, 유기체는 자질구레한 자극들에 일일이 분자 단위로 반응하는 식으로 행동하지 않고 특정 상황과 관련된 목표를 세우고 그것을 달성하기 위해 전체적 행동을 한다는 것이다.

신행동주의 심리학은 전체적 행동에 관한 논의를 전개하면서 '게슈탈트 심리학'과 밀접히 융합되었고 그 결과 관념론적 성격이 한층 심해졌다. 신행동주의 심리학은 게슈탈트 심리학의 영향을 받아서 전체적 행동을 개별적인 여러 동작 요소의 총합으로서가 아니라 질적인, 독특한 전일체로 간주했다. 이것은 신행동주의 심리학이 '기호-게슈탈트sign-gestalt'라는 개념을 제안했던 것에서 두드러지게 나타난다. 톨먼에 의하면 미로를 탐색하는 쥐는 단지 미로의 생김새뿐만 아니라 일련의 '기대들expectancies'도 학습한다. 쥐는 미로의 여러 부분과 맞닥뜨리면서 여러 환경 단서들을 학습한다. 동시에 미로의 종착 지점에서 먹이를 발견한 쥐는 이후 그곳에서 다시 먹이를 발견할 것이라고 기대한다. 그 결과 쥐가 학습한 여러 환경 단서들과 특정한 통로들을 선택할 경우 획득할 수 있는 것(예: 먹이)에 대한 기대 사이의 관계성이 학습되는데 이것이 바로 '기호-게슈탈트 기대'이다. 유기체의 인지(혹은 인식)는 이 '기호-게슈탈트 기대'가 형성되는 과정이며 이것은 거듭되는 경험 축적 과정에서 습득된다. 톨먼은 앞에서 언급했듯이 이러한 포괄적인 인지를 인지 지도cognitive map라고 정의했다.

신행동주의 심리학은 과학적 연구를 표방했지만, 그것은 여전히 관념론적이며 비과학적인 심리학이었다. 신행동주의 심리학은 게슈탈트 심리학의 관념론적인 '장 이론'을 끌어들였는데, 그 결과 관념론적인 성격이 한층 심해졌다. 동물과 사람을 같은 선상에 놓는 행동주의 심리학의 충실한 계승자인 톨먼은 인간의 행동이 기호-게슈탈트 기대나 생득적인 목표 지향성에 의해 결정된다고 주장했는데, 이것은 사람과 그의 창조적 활동을 동물의 수준으로 끌어내리는 것이었다.

또한 신행동주의 심리학은 심리와 의식의 특성을 무시했는데, 톨먼은 행동과 의식과의 통일에 기초해 의식을 바라보지 않고 의식을 행동에 귀착시켜서 이해했다. 이것은 그가 인간 심리를 단순한 행동의 기능적 계열인 '자극-유기체-반응(S-O-R)'에 국한시킨 것에서 잘 드러난다. 즉, 그는 인간 의식이 자체적인 고유의 특성을 가지지 않는다고 믿었던 것이다.

지배층이 행동주의를 반긴 이유

행동주의든 신행동주의든, 행동주의적 전통에 입각한 심리학이 미국의 지배층에게 크게 환영받은 것은 그것이 독점자본가계급이 민중을 영구적으로 지배하고 그들을 자본주의체제에 무탈하게 적응시키는 데 도움이 되는 행동 조절 또는 행동 조종의 가능성을 제시해주었기 때문이다. 내면적인 것이나 심리 또는 의식이 무시되고 모든 행동이 외적 자극에 대한 단순 조건반응(매개 변인인 유기체organisom가 포함되더라도 사정은 다르지 않다)일 뿐이라고 주장하는 행동주의 심리학의 논지에 의하면, 행동을 의식적으로 조절하는 것은 불가능하다.

다시 말해 사람의 행동은 자신에 의해서가 아니라 외부의 다른 영향(작용)에 의해서 조절되고 결정되어야만 한다. 따라서 행동의 합리적인 조절을 위해서는 행동(반응)하는 사람과 함께 그의 행동을 조종할 누군가가 필요하다. 이것은 심리적 · 의식적 과정이 그에게 존재한다는 것이 암묵적으로 인정되는, 조종하는(또는 지배하는) 자(자본가계급)와 심리적 · 의식적 과정이 그에게 있다는 것이 명백하게 부정되는, 조종당하는(또는 지배당하는) 자(민중)의 존재를 합리화하는 결과로 유도된다.

왓슨은 이러한 맥락에서 "내게 건강한 유아 10여 명과 그 유아들을 키울 수 있는 특정한 세상을 제공해준다면, 나는 어떤 아이라도 그의 재능, 취향, 버릇, 능력, 천성, 인종에 관계없이 의사, 변호사, 예술가, 기업가 심지어는 거지나 도둑까지도 포함해 내가 선택하는 어떤 유형의 전문가로도 만들어낼 수 있다"라고 거리낌 없이 말했던 것이다. 물론 여기에서 의식을 가진 조종하는 자는 왓슨이고 의식이 없는 조종당하는 자는 유아들이다. 이렇게 행동주의 전통은 지배와 피지배 관계를 심리학적으로 합리화함으로써 자본주의제도를 변호했다. 그러니 어찌 지배층에게 환영받지 않을 수 있겠는가.

급진적 행동주의: 스키너

◆ 버러스 스키너

행동주의 심리학은 시대의 변천과 함께 꾸준히 변모되었는데 그 대표적인 것이 버러스 스키너Burrhus Skinner(1904~1990)의 급진적 행동주의다. 스키너는 고전적인 조건화 실험에서 관찰할 수 있는 것처럼 대부분의 유기체들이 '음식이 떨어지기만을' 수동적으로 기다리지는 않는다는 데 주목했다. 얼룩말이 풀이 많은 곳으로 이동하기 위해 강을 건너고, 원숭이가 열매를 따기 위해 나무에 오르는 것처럼 자연적 조건에서 대부분의 유기체들은 음식물과 같은 보상을 획득하기 위해 환경에 능동적으로 개입한다. 환경에 개입하는 과정에서 보상을 받을 경우에는 행동이 강화되고, 처벌을 받을 경우에는 행동이 소거된다. 이것이 바로 스키너가 주장한 '조작적 조건화 이론'의 핵심 요지이다.

스키너의 전형적인 실험에서 쥐는 레버를 누르면 먹이가 나온다는 것을 학습하는데, 이것은 쥐가 환경에 한 어떤 작용에 대해 보상이 주어진 것이므로 레버를 누르는 쥐의 행동은 강화된다. 반대로 쥐가 레버를 눌러도 더 이상 먹이가 주어지지 않거나 도리어 전기 충격이 가해질 경우, 쥐는 레버를 누르면 나쁜 일이 생긴다는 것을 학습하게 된다. 이때는 행동에 대한 일종의 처벌이 뒤따른 것이므로 레버를 누르는 쥐의 행동은 소거된다. 스키너는 이러한 원리를 잘 이용하면 쥐는 물론이고 사람까지도 서커스의 동물처럼 조련할 수 있다고 주장했다.

스키너의 급진적 행동주의는 왓슨의 고전적 행동주의 심리학은 물론이고 톨먼의 신행동주의 심리학과도 다른 특징을 지닌다. 앞에서 살펴보았듯이, 고전적 행동주의는 '자극에 대한 근육이나 분비선의 반응' 등 '미시적 행동'을 주로 연구했으며, 심리를 자극－반응(S-R)의 견지에서 고찰하는 '심리가 없는 심리학'이었다. 신행동주의는 전체적(또는 거시적) 행동(그래봤자 동물의 미로 찾기 정도에 불과하지만)을 주로 연구하면서, 자극－유기체－반응(S-O-R)이라는 도식에 기초해 자극과 반응 외에 유기체의 상태(그래봤자 동물적인 욕구나 초보적인 인식 정도에 불과하지만)를 고려함으로써 행동주의가 버렸던 심리를 되찾아왔다. 이후 신행동주의 심리학의 도식은 더욱 복잡하게 발전해서 외적 자극(S)과 반응(R) 사이에, 외부에서는 관찰할 수 없는 내부적 반응(r)과 그것으로 발생하는 내부적 자극(s)을 더해 'S → r → s → R'이라는 도식으로 표현되는 매개 과정의 가설을 주장하기에 이르렀다. 오늘날 현대 심리학을 대표하는 조류 중 하나인 신행동주의 심리학은 이 도식에서 보는 것처럼 유기체 내부 과정의 중요성을 확대함으로써 실증성을 중시한다고 했던 본래 입장에서 점점 멀어졌다. 다시 말해 원래 '외면적'인 것을 내세웠던 행동주의가 오늘날에 와서는 점점 '내면화'되어가는 것이다. 내면화되어가는 '행동주의', 이것이 바로 현 시기에 나타나는 '행동주의'의 경향이다. 이것 역시 현대 심리학의 여러 학파 간의 타협과 절충적 경향이 심화되고 있음을 의미한다.

❧ 스키너, 그는 누구인가? ☙

성공한 변호사였던 아버지와 전업주부였던 어머니 사이에서 태어난 스키너는 미국의 신흥 중산층 가정에서 성장했다. 그의 어머니는 어린 스키너에게 근면성과 항상 타인들의 생각을 배려하는 청교도적 가치관을 심어주려고 애썼다. 그러나 스키너는 근면하기는 했지만 다른 사람들의 생각에는 별 관심이 없었고, 다소 자기 과시적이었으며 행동도 독단적인 면이 있어서 연장자의 지혜도 잘 수용하지 않았다. 이와 관련해 스키너의 고교 시절 교장선생님은 뉴욕의 해밀턴 대학에 제자인 스키너를 추천하는 추천서에다가 "선생님들과 논쟁하기를 아주 좋아하는 사람이다. 또 그는 대단한 독서가이다. 나는 그가 자기 선생님보다 스스로를 더 똑똑한 사람으로 여긴다고 생각하지는 않지만, 그에게서 그러한 인상을 받기는 했다"라는 말을 남기기도 했다.

스키너는 대학 시절에 습작 단편소설을 쓰기도 하며 문학 작가를 희망했으나 자신에게 문학적 재능이 없음을 깨달았고, 그 시기에 부모님과 갈등을 겪었다. 그는 훗날 이 시기를 '암흑의 해'라고 표현한 바 있다. 꿈을 접은 스키너는 하버드 대학교에서 심리학을 전공하면서 저명한 행동주의 논문들을 접했다.

스키너의 성품은 나이가 들어서도 변하지 않았다. 그는 심리학계의 원로나 선배들에게 공손하게 굴지 않았다. 자신의 박사 학위를 심사하던 고던 올포트 Gordon Willard Allport가 행동주의의 단점으로 생각되는 것을 말해보라고 하자 '단점이 없다'고 답했다는 것에서 짐작할 수 있듯이, 스키너는 자신의 행동주의적 견해를 평생 동안 고수했다. 그는 1990년에 백혈병으로 사망하기 8일 전에 미국심리학회 연차대회 개회식에서 강연을 했는데, 그 강연에서도 당시에 미국에서 크게 유행하던 인지심리학을 공격하면서 행동주의를 옹호한 바 있다.

현대 심리학의 특징: 융합주의와 생리학화

오늘날 현대 심리학의 기본 특징은 여러 심리학 학파들의 학설이 서로 융합되면서 행동주의적 전통을 주류로 하는 행동과학 쪽으로 기울어진다는 점이다. 이것은 부르주아 철학의 변천과 관련이 있다. 원래 심리학은 '마음의 철학'이었고 그 후에 현대 심리학으로 재탄생하면서 '경험적인 마음의 학문', '심리적 작용의 학문', '내부 경험의 학문', '의식현상의 학문' 등으로 불렸다. 그러나 오늘날의 현대 심리학은 내부 경험을 대상으로 하는 학문만으로는 안 된다는 명분하에 심리학을 '생리학화'하려는 경향이 나타나고 있다.

미국에서 출판되는 수십 명의 전문가들이 함께 집필하는 심리학 교재들이나 저서들을 보면, 생리학적 내용이 차지하는 비중이 매우 높은 것을 알 수 있는데 어떤 경우에는 거의 반이나 되기도 한다. 이것은 현대 심리학의 생리학화를 분명하게 보여주는 실례이다. 오늘날 현대 심리학이 인간 심리와 동물 심리를 같은 척도에서 취급하는 것도 심리학의 '생리학화' 경향을 명백히 보여주는 증거이다. 현대 심리학은 사회적 존재인 인간을 생물학적 존재인 동물의 수준으로 끌어내리고 동물적인 본능과 습성의 견지에서 인간 심리를 고찰하는, 인간을 능멸하는 만행을 저지름으로써 사람들 사이에 인간 불신과 인간 혐오 사상을 유포하고 있다. 또 사람들에게 약육강식의 자본주의체제를 인정하고 자본의 요구에 저항하지 않고 순종하면서 살도록 설교하고 있다. 이것은 한마디로 사회적 존재인 인간의 참다운 심리를 과학적으로 증명하지 못하는 오늘날 현대 심리학의 무능력을 보여주는 것이다. 오늘날의 현대 심리학자들은 심리학이 인간 과학이 아니라 오히려 생물과학처럼 변해가고 있다고 인정하면서도 그것을 조금도 탓하지 않고 있다. 물론 심리는 뇌의 기능인 만큼 심리의 생리적 기초를 과학적으로 풀어내는 것은 의미가 있고 중요한 일이기도 하다. 하지만 그렇다고 해서 '세로토닌 부족이 우울증의 원인이다', '옥시토닌 분비가 행복의 원인이다' 따위의 망언을 일삼으며, 심리현상을 생리학적 과정으로 환원하거나 축소해서는 안 된다. 또 인간 심리를 동물 심리와 똑같은 것으로 보아서도 안 된다.

인간은 자연의 진화, 발전 과정에서 발생한 물질적 존재라는 점에서 다른 생명 물질과 공통적인 기초를 가지나 그 발전 수준에서는 근본적이고 질적인 차이가 있다. 인간은 동물과 질적으로 다르다. 지구상에 존재하는 모든 생명체 중에서 오직 인간이라는 생명체만이 자주적이고 창조적인 사회적 존재이다. 동물은 자연의 한 부분으로서 환경에 순응하는 방법으로 살아가지만, 인간은 자연과 사회의 주인으로서 환경을 개조해나가는 방법으로 살아간다. 사람은 고차적인 의식과 창조적 능력을 가진 사회적 존재이며 인간이 가지고 있는 다른 속성들과 마찬가지로 인간의 의식이나 창조력도 사회적으로 형성되고 발전된다. 즉, 인간의 의식이나 창조력은 사회 역사적으로 형성되고 발전하는 것이기 때문에 사회가 발전하고 인간이 성장함에 따라 인간 심리도 지속적으로 발전되어간다. 그러나 자연적 존재인 동물의 심리에는 본능, 습성, 기껏해야 단순한 숙련 같은 것들이 속하며 그것은 옛날이나 지금이나 변함없이 똑같다. 행동주의 심리학과 신행동주의 심리학은 인간 심리를 기계론적이며 생물학주의적으로 고찰하기 때문에 그 언제가 되어도 과학적인 심리학이 될 수 없다.

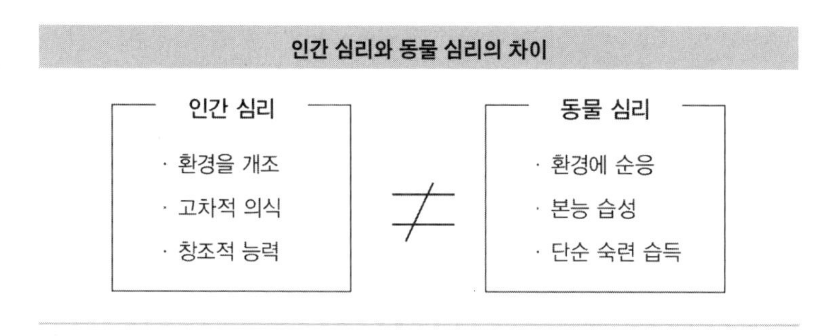

인간 심리와 동물 심리의 차이
인간 심리
· 환경을 개조
· 고차적 의식
· 창조적 능력
≠
동물 심리
· 환경에 순응
· 본능 습성
· 단순 숙련 습득

09

정신분석학

쇼펜하우어의 '생의 철학'부터 프로이트까지

◆ 지그문트 프로이트

정신분석학 또는 프로이트주의 심리학은 현대 심리학뿐만 아니라 문화 · 예술 부문, 심지어 일반 대중에게도 상당한 영향을 미친 심리학 이론이다. 프로이트주의 심리학은 심층심리학depth psychology(인간의 무의식적인 행동, 심리를 연구하는 심리학) 중에서도 주류 이론에 속한다.

오스트리아의 정신과 의사였던 지그문트 프로이트Sigmund Freud(1859~1939)는 의식심리학, 즉 인간 심리의 의식적인 측면을 연구하는 심리학의 제한성을 극복한다는 명분하에 인간의 심층에 있는 본능을 기본으로 '무의식'을 연구하는 정신분석학을 창시했다. 프로이트는 사람들이 의식하지 못하고 있는 심리나 의식 아래에 억압되어 있는 '무의식'에 관해 연구했다.

심층심리학의 철학적 기초: 쇼펜하우어의 생의 철학

정신분석학과 아들러의 '개인 심리학', 융의 '분석심리학' 등으로 구성된 심층심리학은 부르주아 철학인 '생의 철학'을 그 이론적인 바탕으로 삼고 있다. 생의 철학을 제창한 독일의 철학자 쇼펜하우어는 인간의 본질을 '맹목적인 생존의지'에 귀착시켰다. 이것은 과학적으로 증명된 견해도 아닐뿐더러 이상 사회를 향해 줄기차게 싸워왔고 현재에도 싸우고 있는 민중과 인류를 천대하고 멸시하는 반민중적 견해이다. 원래 철학에서 말하는 비애나 염세주의 등은 본질적으로 전투적이고 생산적이며 낙관적인 민중으로부터 유리된 것이다. 또 더 나아가 민중의 혁명성을 두려워하는 나약한 지식인 계층의 심리를 반영한 것이기도 하다. 쇼펜하우어는 이성이 아니라 비합리적이고 맹목적인 의지, 아무런 목적도 없이 순간의 충동에 따라 움직이는 의지가 인간의 '생의 본질'이라고 주장했다. 생의 철학의 영향을 받은 프로이트는 자본주의의 사회악으로 인해 급격히 증가한 정신병자들을 주요 연구 대상으로 삼았다.

무의식과 억압

프로이트는 정신을 표층과 심층으로 구분했는데 표층에 속한 것이 의식이고 심층에 속한 것이 무의식이다. 프로이트에 의하면 표층에 있는 의식은 항상 외부와 접촉하고 있기 때문에 외부 세계의 제약을 받는다. 그 결과 현실의 물질적 환경이나 사회적 요구와 갈등하는 관념이나 모순되는 생각들은 외부 세계와 충돌해 뒤로 물러나고 즉각적인 만족을 얻으려는 욕구는 저지당한다. 반면 심층에 있는 무의식은 외부 세계와 접촉하지 않으므로 어떠한 구속도 받지 않고 제멋대로 존재한다. 심층에는 표층(의식)으로부터 억압당한 욕망이나 원시적인 본능, 그리고 불쾌한 과거의 경험 같은 것들이 자리 잡고 있다.

프로이트에 의하면 심층에 있는 무의식(성욕을 기본으로 하는 리비도 libido)은 틈만 나면 자기의 만족을 위해 표층으로 뚫고 나오려고 한다. 이 무의식의 난동 혹은 반란을 의식(이성)이 어떻게 진압하고 통제하는가가 정신분석학, 나아가 심층심리학이 제기하는 가장 중요한 심리적 과제이다. 프로이트는 의식과 무의식 간의 상호작용을 설명하기 위해 독특한 역동적 기제를 제안했는데, 이 역동적 기제의 핵심은 '방어기제'와 그것을 대표하는 '억압'이라는 개념이다. 방어기제란 현실을 부인 · 왜곡 · 위장함으로써 불안을 경감시키려는 것이며, 억압이란 불쾌한 경험이나 실패한 체험 그리고 자존심에 손상을 주었던 기억 등이 의식으로 올라오지 못하도록 심층(무의식)에다 무의식적으로 눌러버리는 행위이다. 프로이트는 사람의 모든 심리현상과 인간 활동의 기저에 인간이 내재적으로 가지고 있는 성욕인 리비도가 작용한다고 주장했다. 그에 의하면 리비도는 동물적인 것, 즉 동물적 성욕으로서 인간의 모든 행동을 추동하는 궁극적 요인이며 심층의 무의식에 자리한다.

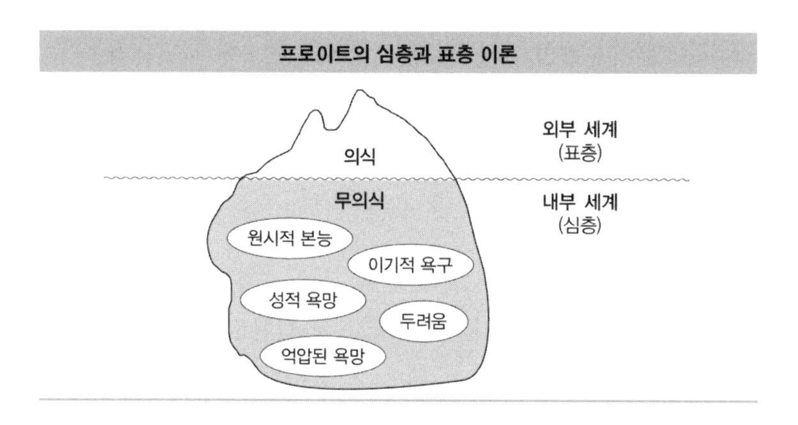

프로이트의 심층과 표층 이론

정신분석학의 근간을 이루는 이론들

프로이트의 정신분석학은 다음과 같은 이론과 견해에 기초하고 있다.◆ 첫째, 심적 결정론이다. 프로이트가 활동하던 시기에 유럽에서

◆ 이 주제에 관해 관심 있는 독자들은 『왜 아직도 프로이트인가?』(김태형, 2011, 세창미디어)를 참고하면 된다.

는 역학·물리학·생물학을 비롯한 자연과학이 비약적으로 발전했다. 과거에는 원인을 알 수 없어서 신비롭게만 여겨졌던 여러 현상들도 자연과학의 비약적 발전으로 인해 과학적으로 설명할 수 있게 되었다. 이로 인해 유럽의 지식층은 모든 현상이 그것의 고유한 원인에 의해서 결정된다는 '결정론'과 세상만사를 모두 과학적으로 설명할 수 있다는 '과학적 낙관주의'에 빠져들었다. 프로이트는 이러한 시대적 분위기의 영향을 받아 "정신현상에 우연이란 없다"라고 선언했다. 즉, 자연현상이나 사회현상과 마찬가지로 정신현상에도 원인이 있으며, 그것을 과학적으로 설명할 수 있다고 믿었던 것이다. 그에 의하면 특별한 원인이 없다고 여겨지는 사람들의 갖가지 실언이나 실수, 꿈, 정신장애 등에도 반드시 원인이 있다. 한마디로, 원인이 없는 정신현상이란 존재할 수 없는 것이다. 이렇게 모든 정신현상이 어떤 원인에 의해서 결정된다고 보는 이론을 '심적 결정론'이라고 한다.

둘째, 동기론이다. 프로이트는 정신현상의 기본 원인이 '동기'라고 주장했다. 그는 꿈을 '소원의 위장된 성취'라고 규정했는데, 이것은 그가 꿈의 원인을 소원, 즉 동기로 보았음을 의미한다. 정신현상의 원인이 동기라는 프로이트의 견해는 타당하다. 그러나 그는 사람의 기본 동기가 사회적 동기가 아니라 생물학적 동기라고 주장함으로써 성욕설의 늪에 빠졌다. 다시 말해, 생물학적 동기를 중시한 프로이트는 사람의 기본 동기가 동물적인 성 본능과 죽음 본능이라고 주장하는 잘못을 범한 것이다.

셋째, 갈등 이론이다. 프로이트는 서로 반대되거나 대립되는 동기들이 상호 갈등함으로써 정신현상이 발생한다고 보았다. 예를 들어 그는 동물적인 성욕과 문화적이고 도덕적인 욕구가 상호 갈등한 결과 신경증이 발병한다고 주장했다. 프로이트는 이러한 입장에서 상호 갈등하는 동기의 움직임이나 그것에 내재한 감정적 에너지의 양을 중시하게 되었는데, 이를 흔히 '역동적 관점'이라고 부른다. 프로이트는 동기의 갈등이 갖가지 정신현상을 유발하며 사람의 내면에서는 끊임없이 사람 대 동물, 이성 대 비이성이 갈등하고 투쟁한다고 보았다. 이것이 바로 갈등 이론이다.

넷째, 정신구조론이다. 무의식의 중요성에 깊은 감명을 받은 프로이트는 인간 심리가 의식·전의식·무의식으로 구성되어 있다고 생각했다. 여기서 전의식이란 쉽게 의식화될 수 있는 의식을 말하며, 무의식이란 쉽게 의식화되기 어려운 의식을 말한다. 그러나 프로이트는 후기에 이러한 정신구조론을 포기하고 인간 심리를 초자아superego·자아ego·원초아id로 구분하는 새로운 정신구조론을 제창했다. 그가 입장을 바꾼 데에는 성욕설로의 경도와 초자아 개념의 발견 등이 영향을 미쳤다.

다섯째, 사회론이다. 프로이트는 개인심리를 연구하는 데에만 머무르지 않고 사회현상에까지 관심 범위를 넓혔다. 이 자체는 바람직하다고 할 수 있다. 사람은 사회적 존재로서 개인심리가 곧 사회심리가 되고 사회심리가 곧 개인심리가 되기 때문이다. 개인들은 해당 사회

정신분석학의 바탕이 된 이론들

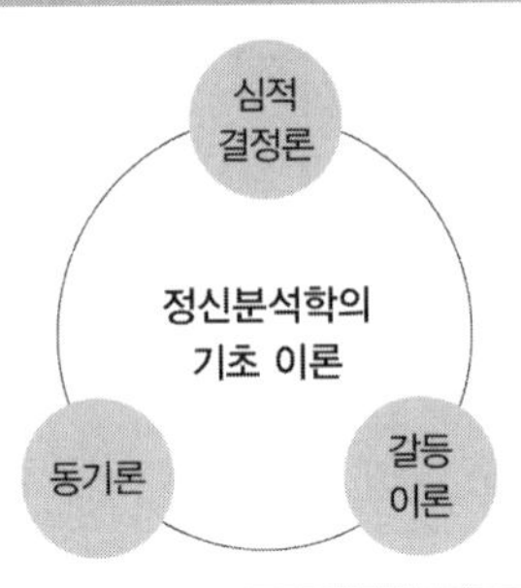

의 사회심리나 집단심리를 공유하며, 개개인의 심리가 해당 사회의 사회심리나 집단심리를 형성하므로 이 두 가지는 밀접히 관련되어 있다. 따라서 사회심리를 알지 못하고서는 개인심리도 올바르게 이해할 수도 설명할 수도 없는 것이다. 사회현상을 심리학으로 이해하고 설명하려는 프로이트의 시도 자체는 바람직했으나, 정신분석학자체만 보면 지나치게 '성'에 집중되어 있다는 점, 인간을 무의식의 지배를 받는 존재로 이해한 점 등의 한계가 있다. 정신분석학의 문제점에 대해서는 뒤에서 더 자세히 살펴보겠다.

프로이트, 그는 누구인가?

유대인 가정에서 태어난 프로이트는 4세 때 부모님을 따라 오스트리아의 빈으로 이주했다. 그후 내내 빈에서 살다가 런던으로 이주하고 1년 뒤에 사망했다. 프로이트는 철저한 무신론자였으며 반종교주의자였다.

프로이트의 부모는 그를 상당히 편애했다. 프로이트는 어릴 때 어머니에게는 집착한 반면, 아버지에게는 애증의 감정을 품었다. 어머니보다 나이가 훨씬 많았던 프로이트의 아버지는 인종차별을 하는 게르만인들 앞에서 당당하게 굴기보다 비굴하게 처신하는 사람이었는데, 프로이트는 그런 아버지를 존경하지 못했고 미워하기까지 했다. 또한 프로이트는 한니발Hanibal을 숭배했는데, 이것은 프로이트가 훗날 '부모 대체욕망'이라고 표현하기도 했던 부끄럽거나 미운 부모를 좋은 부모로 대체하려는 소망을 품고 있었음을 뜻한다. 아버지에 대한 프로이트의 무의식적인 적대감은 아버지 증오사상에 기초한 오이디푸스 이론을 창시하는 데 영향을 주었으며 그의 반종교적 입장에도 영향을 주었다.

프로이트가 청년이었을 당시에는 생리학적 유물론(다윈의 진화론), 기계론적 유물론, 결정론 등이 크게 유행했는데, 그는 이러한 이론을 받아들여 생리학을 연구했고 생물학주의적 입장을 갖게 되었다. 학업을 마친 프로이트는 연구자의 길을 걷기를 원했지만 돈을 벌어야만 하는 상황이었고, 또 유대인이었기 때문에 현실적으로 출세가 어려웠다. 이 때문에 그는 의사가 되기 위해 의학을 공부하고 개업의가 되었다. 개업 의사로 활동하던 프로이트는 히스테리 환자들을 포함한 다양한 환자들을 경험하는 과정에서 정신분석학을 창시하게 되었다. 그는 평생 생물학주의에 경도되어 있는 정신분석학을 열렬히 전파하면서 살았지만, 죽을 때까지도 자신의 이론이 옳다는 것을 확신하지 못했다.

심층심리학의 비과학성과 반민중성

프로이트주의 심리학을 기본으로 한 심층심리학은 본질적으로 비과학적이고 반민중적인 심리학이다. 논리가 사실적 근거에 기초하지 않는, 자의적이고 주관적이며 사변적인 방법에 의해 고안된 것이기 때문이다. 심층심리학의 비과학성은 신프로이트주의자들까지 프로이트주의의 핵이라고 할 수 있는 '리비도설'을 거부했다는 사실을 통해서도 쉽게 알 수 있다. 정신분석학은 심층심리를 과도하게 부각시킴으로써 사람들의 목적의식적인 활동을 무의식적인 것, 리비도에 의한 것으로 왜곡했다. 또한 사회적 존재인 사람의 의식과 심리를 동물적 본능의 지배를 받는 것으로 폄하함으로써 사회적 존재인 인간을 동물적 수준으로 끌어내렸다. 정신분석학은 심리 치료 분야에 상당한 기여를 했음에도 불구하고 인간을 동물과 똑같다고 보았다는 점에서 행동주의 심리학의 인간관에서 한 걸음도 나아가지 못한 심리학 이론이라고 볼 수 있다.

정신분석학은 인간의 의식현상, 심리현상의 물질적 기초를 무시하고 선험적으로 주어진 어떤 무의식적인 것, 리비도의 작용을 중심으로 인간 심리를 고찰한다. 그리하여 외부 자극은 단지 이 무의식적인 리비도를 발동시키는 역할만 한다고 간주된다. 이러한 주장은 현실의 영향을 받으며 실제 생활에서 경험하게 되는 심리현상의 본질을 심각하게 왜곡하는 것으로서 제국주의자들의 환영을 받았다. 의식을 가진 사회적 존재인 사람을 본능의 지배를 받는 존재로 왜곡한 정신분석학이, 민중을 착취와 억압에 반항할 줄 모르는 소극적인 존재, 무의식적이고 맹목적인 존재로 만들려는 지배계급의 요구에 부합했기 때문이다. 또한 정신분석학은 부패하고 타락한 상류층의 문란한 생활을 변호해주는 동시에 사람들을 본능 충족에만 몰두하게끔 만들어 민중의 정치사상적 각성을 방해했다.

프로이트주의 심리학은 타락한 지배계급과 착취계급의 심리를 마치 모든 사람들에게서 나타나는 보편적인 현상인 것처럼 과도하게 일반화했다. 그럼으로써 사람들이 건전한 인간관을 갖지 못하도록 방해했고 자본주의사회에서 나타나는 온갖 사회악을 은폐하고 합리화하는 데 이용되었다. 또한 프로이트주의 심리학은 사회악의 사회적 근원을 외면하고 그것이 마치 '성적 욕망'과 사회적 환경 사이의 갈등, 모순의 산물인 것처럼 주장하면서 거의 모든 심리현상을 성적 본능에 귀착시켰다. 정신분석학은 사람들을 저속한 본능, 성욕의 노예로 전락시키고 자본주의사회의 모순과 부패성을 은폐했으며 노동자들을 비롯한 민중이 자본주의를 반대하는 투쟁에 나서지 못하게 하려는 자본가계급에 의해 널리 유포되고 장려되었다. 정신분석학은 전쟁을 일으킨 사회적 · 계급적 원인에는 눈을 감고 전쟁이 마치 죽음 본능과 같은 인간의 생물학적 본성 또는 집단적인 성적 욕망의 좌절과 관련된 필연적인 현상인 것처럼 왜곡함으로써, 노골적으로 제국주의의 대변자 노릇을 했다.

심층심리학에는 정신분석학 외에도 프로이트의 제자였다가 후에 원수지간이 된 알프레드 아들러Alfred Adler(1870~1937)의 개인 심리학과 카를 융Carl Gustav Jung(1875~1961)의 분석심리학 등이 있다. 아들러와 융이 프로이트와 갈라서게 된 것은 그들이 사람의 가장 중요한 동기를 성욕으로 본 프로이트의 견해에 반대했기 때문이다. 아들러와 융은 프로이트와 마찬가지로 '동기를 중시하는 동기론자'였다. 그러나 아들러는 열등감을 보상하려는 동기를, 융은 사람의 집단 무의식 속에 숨어 있는 원시인의 동기를 사람의 가장 중요한 동기로 보았다는 점에서 프로이트와 구별되었다. 이들의 주장과 방법에는 일정한 차이가 있지만 그것들은 모두 사회적 존재로서의 인간의 의식, 심리현상을 주관관념론적으로 조작해낸 개념, 법칙들로 왜곡했다는 공통점이 있다. 물론 여타 심리학 이론들처럼 심층심리학에도 부분적으로는 가치 있는 견해들이 포함되어 있기는 하다. 예를 들면 정신분석학이 무의식을 심리학의 연구 대상으로 도입하고 무의식적 동기를 포함한 동기의 중요성을 부각시킨 것, 그리고 정신장애를 심리적 견지에서 바라보고 치료할 수 있는 가능성을 제시한 것 등이 그러하다. 그러나 이러한 공헌도 심층심리학이 과학적인 심리학으로서 자격미달이라는 정당한 비판에서 벗어나게 해주지는 못했다.

◆ 알프레드 아들러

◆ 카를 융

10

게슈탈트 심리학

베르트하이머 · 레빈, 그리고 관념론

형태심리학이라고도 하는 게슈탈트 심리학은 현대 심리학의 주요한 학파 중 하나로서 마흐주의를 철학적 기초로 삼는다. 게슈탈트 심리학은 한마디로 말하면, 정신현상을 개개의 감각적 요소의 집합으로 보지 않고 그 자체가 전체로서의 구조나 특질을 갖고 있다고 보는 이론이다. 이 이론은 연합주의와 생리학적 심리학에 반대하고 뷔르츠부르크학파에 의해 얻어진 결과들을 부정하는 과정에서 발생했으며 베르트하이머 · 쾰러 · 코프카 · 레빈 등이 제창했다.

게슈탈트 심리학의 창시자: 베르트하이머

• 막스 베르트하이머

게슈탈트 심리학의 창시자는 독일 심리학자인 막스 베르트하이머Max Wertheimer(1880~1943)이다. 게슈탈트gestalt라는 독일어는 형form, 형태, 구조 등을 의미하는 것으로서 게슈탈트 심리학의 기초 개념이다. 이 게슈탈트라는 개념은 구성주의 심리학의 요소주의를 반대하면서 등장했기에, 구성주의의 견해와 비교하면서 살펴보면 그 내용을 쉽게 이해할 수 있다.

악보의 한 소절을 피아노로 치는 상황을 예로 들어보자. 이때 듣게 되는 일정한 선율은 구성주의 심리학의 요소주의적 견지에서 비춰보면, 개별적인 음에 해당하는 하나하나의 감각이 결합되어 음악이라는 복합체가 성립된 것으로 이해할 수 있다. 만일 악보의 음계를 달리하거나 다른 악기로 연주할 경우, 개개의 음에 대한 감각은 모두 달라지지만 여전히 같은 음악으로 들린다. 이러한 현상의 원인에 대해 구성주의 심리학은 감각의 절대적 음은 달라졌지만 그 상대적 배열이 똑같기 때문이라고 설명한다.

이와 달리 게슈탈트 심리학은 개별적인 음의 자극에 대한 감각들이 결합되어서 하나의 음악으로 들리는 것이 아니라 음의 멜로디(음악 선율)가 동일하기 때문에 같은 음악으로 들리는 것이라고 설명한다. 즉, 전체로서 지각되는 멜로디는 개별적인 감각 요소들이 결합되어 이루어진 2차적인 것이 아니라, 그 자체가 하나의 형상으로서 개개의 감각을 모아놓은 종합 이상의 성질을 가진다는 것이다.◆ 게슈탈트 심리학은 이러한 현상을 단지 지각을 비롯한 인식 과정에서뿐만 아니라 모든 심리현상에서 찾아볼 수 있다고 주장했다.

이처럼 게슈탈트 심리학은 심리현상이 '하나로 묶어진 체계'(멜로디)를 갖고 있다고 강조하면서 이것을 게슈탈트라고 명명했다. 즉, 구성주의 심리학이 개별적인 요소에서 출발해 의식을 고찰한다면, 게슈탈트 심리학은 전체 구성을 기본으로 의식을 논한다. 이것은 양쪽 모두 전체와 부분, 종합과 분석을 분리시키는 형이상학적인 사고방식임을 의미한다. 이러한 사고방식은 주관관념론과 결합된다. 게슈탈트주의자들에 의하면 '요소를 즉시 종합'하는 힘은 의식에 본래부터 마련되어 있는 것이다. 앞서 언급한 예에서 보면 음의 계열을 멜로디와 선율로 묶는 것은 인간에게 '특별한 성질을 갖는 전체화 경향'이 내재되어 있기 때문이다.

◆ 이때의 성질을 게슈탈트 질, 형태 질(form-quality, Gestaltqualitat)이라고 하며, 이 개념을 다시 말하면 '요소 자체와 어느 정도 독립된 전체로서의 새로운 것'이다. 이 개념을 처음으로 사용한 게슈탈트 심리학자는 오스트리아의 크리스티안 에렌펠스(Christian Ehrenfels)이다.

관념론의 늪에 빠진 게슈탈트 심리학

게슈탈트 심리학은 사람이 '전체화 경향'이나 '기능'을 선천적으로 가지고 있다고 주장함으로써 신비주의와 관념론적 심리학의 진영에 속하게 되었다. 이후에 게슈탈트 심리학은 '특별한 성질을 가진 전체화 경향론'이 갖는 신비주의적 · 관념론적 약점을 극복하기 위해 심신관계에서의 '동형이성설同形異性, isomorphism'을 제기했다. 게슈탈트 심리학자인 볼프강 쾰러Wolfgang Köhler(1887~1967)는 정신물리학적 평행설을 변형해 '특정 사례에서 일어나는 경험의 조직과 그 바탕에 있는 생리학적 사실들이 동일한 구조를 가지고 있다'는 동형이성설을 제안했다. 예를 들면 종로구라는 실제의 지역은 지도에 나타나 있는 종로구의 모양과는 전혀 다르므로 두 가지는 사람에게 완전히 다른 종류의 경험으로 체험되지만, 지도는 그것이 나타내는 지역과 구조적으로 동형이성이다. 이와 유사하게 경험은 뇌의 활동과 동형이성이다. 하지만 이러한 주장은 특수한 생명론 · 목적론 · 본능론으로 귀결됨으로써 게슈탈트 심리학의 주관적 · 신비주의적 성격을 더욱 심화시키는 결과를 가져왔다.

후기의 게슈탈트 심리학자들은 '게슈탈트 질(형태 질)'의 원인을 규명할 목적으로 그것을 특정한 경험에 해당하는 생리 과정에서 찾으려고 했으나 해답을 찾을 수는 없었다. 그래서 생리 과정과 심리 과정이 서로 이질적이지만 비슷할 것이라고 가정하고, 이질적인 두 과정이 진행되는 방식이 동일하기에(동형) 어느 한편(물리적 과정 또는 생리적 과정)을 가지고 다른 편(심리 과정)을 추측할 수 있다고 생각했다. 한마디로 심신 동형이성설 또는 심리물리 동형이성설을 고안해, 과학적으로 도저히 증명할 수 없었던 게슈탈트 질의 문제를 회피하고 모면하려고 했던 것이다. 그들은 동형이성설이 옳다는 것을 납득시키기 위해 물리적 현상(자기장이나 전기장)의 예를 근거로 들면서 물리현상과 생리현상 등에도 뚜렷한 전체성(게슈탈트 질)이 있다고 주장했다.

또한 심리 과정과 밀접한 관계가 있는 신경생리적 과정이나 전기화학적 과정에도 이와 비슷한 성질이 있을 것이라고 추측하고, 이것이 심리현상에서의 '게슈탈트 질'을 규정한다고 주장했다. 그러나 이러한 모든 주장은 문제의 본질을 해결하지 못했다. 그것들은 게슈탈트주의자들도 스스로 인정했듯이, 단지 하나의 억측일 뿐이었으며 단순 가정에 불과했다. 심리현상을 물리적 · 생리적 현상과 동일시할 수는 없다. 더 단순하게 설명하자면, 의식이란 객관적 현실 세계의 사물 현상이 가지고 있는 특성들이 뇌의 고급한 기능에 의해서 인식된 것이다. 이것은 사물 현상의 특성과 뇌 활동의 특성이 심리적 특성을 직접적으로 규정할 수 없음을 의미한다. 따라서 억측에 불과한 물리현상과 생리현상에서의 특성인 게슈탈트 질은 심리현상의 특징을 규정할 수 없다.

~ 관념론이란? ~

물질과 의식, 존재와 사유 중에서 의식과 사유가 1차적이고 규정적이라고 보는 철학이다. 관념론은 세계가 사람들의 관념 밖에 객관적으로 존재한다는 것을 부인하며, 현실 세계와 모든 것을 의식 · 절대이념 · 세계정신의 산물이라고 본다. 관념론은 사물 현상이 의식 밖에 객관적으로 존재한다는 것을 거부함으로써 흔히 인간이 객관적 현실을 인식할 수 있다는 가능성을 부인한다.

관념론의 유파는 다양하지만 기본적으로는 주관관념론과 객관관념론이 있다. 주관관념론은 사람들의 주관적 의식과 감각, 지각이 일차적이고 그것에 의해 현실 세계의 모든 것이 규정된다고 주장하는 이론이며, 객관관념론은 사람들로부터 독립적으로 존재하는 '세계이성'이나 '보편적 의지' 같은 것을 존재의 기초로 보면서 물질과 자연이 그것에서부터 생겨났다고 주장한다.

사실 관념론이란 종교를 철학적으로 각색한 것이다. 따라서 역사적으로 양자는 서로를 지지하고 보충해왔다. 다른 점이 있다면 종교는 신앙에 기초한 반면 관념론은 논리적 사유에 기초한다는 점이다. 관념론은 고대 노예제사회에서 처음으로 발생했다. 고대 그리스의 관념론 철학자 플라톤은 세계를 정신적인 '이데아의 세계'와 물질적인 '현실 세계'로 구분하고 '이데아의 세계'를 1차적이고 참된 세계로, 현실 세계를 이데아 세계의 그림자와 모상에 지나지 않는 세계로 보았다. 중세 시대에 접어들자 관념론 철학은 신학의 시녀로 전락해 기독교 교리를 이론적으로 뒷받침하는 데 몰두했다.

주관관념론자 버클리는 사물이 객관적으로 존재한다는 사실을 부인하고 그것이 감각의 복합에 지나지 않는다고 주장했으며, 헤겔은 사람으로부터 독립해 존재하는 절대이념을 세계의 근원으로 보고 자연과 사회, 인간의 존재와 운동 발전을 절대이념의 자기발전 과정에 의해 발생하고 규정되는 것으로 설명했다.

현대의 관념론은 과거의 관념론적 철학들에서 논의되던 이론들을 노골적으로 되풀이하거나 현대 과학의 성과를 악용해 관념론적 견해에 과학적 외피를 씌우려고 시도한다. 신토마스주의, 인격주의와 같은 객관관념론적 철학들은 철학에 노골적으로 신을 끌어들임으로써 신학의 하수로 전락했고, 실존주의 · 실용주의 · 생의 철학과 같은 여러 가지 형태로 나타난 주관관념론은 세계관을 제공하는 학문인 철학으로서의 지위를 상실했다. 또한 단순히 인간 문제나 인생 문제만을 논하는 인간 철학이 되었으며 비애와 염세, 극단적 개인주의를 고취하는 철학으로 변질되고 말았다.

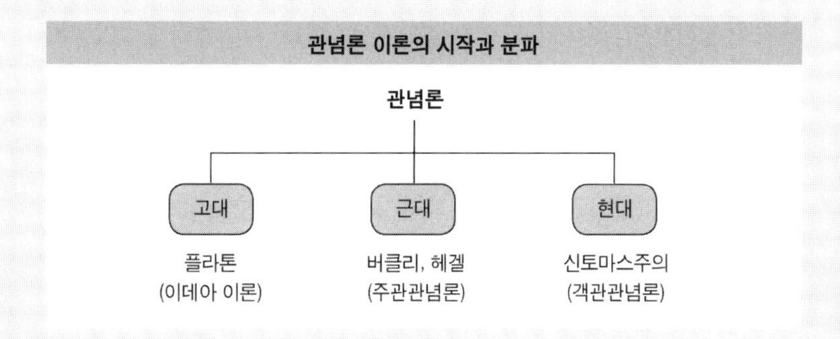

'장 이론'의 주창자: 레빈

게슈탈트 심리학은 '게슈탈트 질'이 지각을 비롯한 인식 과정의 범위를 벗어나는 심리현상 전반에 관한 문제라고 주장하면서 인간의 요구나 행동 같은 심리학적 문제들에 대해 논했다. 이것이 바로 게슈탈트주의자들이 주장한 인간 행동의 '장 이론 field theory'이다. 쿠르트 레빈Kurt Lewin(1890~1947)은 사람이 행동하고 활동하는 특정한 장을 생활공간life space이라고 정의했는데, 이것은 '개인이 특정 순간에 한 행동을 결정하는 사실들의 총체'로서 사람P: person과 환경E: environment이 포함된다. 장 이론이란 간단히 말해, 심리 상태나 심리적 환경인 장 또는 생활공간에 따라 사람의 행동이 달라진다는 것이다. 레빈은 이러한 이론에 근거해 환경 내의 동일한 대상들이 전쟁적인 풍경의 일부인지 아니면 평화적 풍경의 일부인지에 따라 현상학적으로 다를 수 있다고 제안했다. 예를 들어 숲속의 작은 길은 평화적인 상황에서는 즐거움과 휴식을 제공하지만 전쟁 상황에서는 잠재적으로 치명적일 수도 있다. 그 길이 적군에게 매복할 곳이 될 수도 있기 때문이다. 이처럼 레빈은 동일한 물리적 환경도 장이 다를 경우, 완전히 다른 두 가지 방식으로 지각될 수 있다고 주장했다.

게슈탈트 심리학은 그 철학적 기초의 관념론적인 성격으로 인해 복잡한 심리학적 문제도 아무런 과학적 근거와 타당성 없이 제기하고 그것에 근거해 자의적인 해설을 전개했다. 게슈탈트 심리학은 사람의

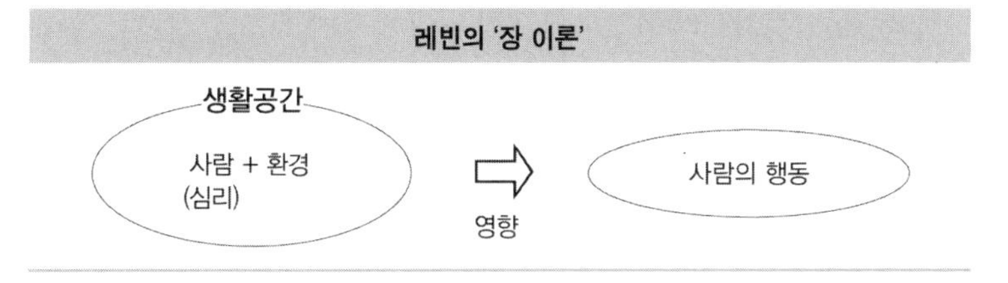

정신과 신체적 행동이 개체와 환경을 연관시키는 작용이며, 심리학이 개체와 환경과의 관계에 관한 학문이라는 입장에서 출발했다. 그리고 환경이 물리적 의미에서의 환경이 아니라 '심리적 환경'이라고 주장했다. 이를 증명하기 위해 낙석 위험이 많은 산을 예로 들면서 산을 오를 때 그 위험을 알고 오르는 사람과 모르는 사람의 심리적 환경은 동일한 물리적 환경 속에서도 다르다고 말했다.

게슈탈트 심리학이 말하는 구체적인 인간의 '심리적 환경'이란 개개의 사물이 아니라 그것들 상호 간의 관계와 그것이 사람에게 미치는 영향들을 포함한 '장면 전체'이다. 그리고 이 심리학적 환경과 사람과의 관계는 정적이지 않고 동적이다. 게슈탈트 심리학에서는 이러한 장면 전체를 물리학의 장(자기장과 전기장) 개념을 이용해 심리학적 '장'이라는 개념으로 표현한다. 그리고 사람의 행동이 그 자신(인격 혹은 심리)과 환경과의 함수관계로 표현된다고 보고 이것을 '$B = f(P, E)$'로 수식화했다(B는 행동, P는 사람, E는 환경이다). 레빈은 이 수식을 이용해 사람의 인격을 알고 심리적 환경을 알면 그가 어떻게 행동할지 능히 예측할 수 있다고 주장했다.

게슈탈트 심리학은 사람의 실천 활동에 적용해 이러한 심리적 장에 관한 이론을 설명하려고 했다. 즉, 사람이 요구나 의도를 가지면 그 사람과 환경으로 이루어진 전체적인 심리적 장이 어떠한 불균형 상태와 긴장 상태에 들어가게 되고, 사람은 긴장 상태를 없애고 안전한 평형 상태를 이루는 방향으로 최적의 변화를 요구하게 되는데 이것이 바로 행동으로 나타난다는 것이다. 게슈탈트 심리학의 이러한 논의는 사회적 존재인 인간 활동의 참다운 본질을 왜곡하는 궤변이었다.

사람의 활동은 본질적으로 그 자신의 인간적인 요구와 지향을 구속하는 모든 것을 변혁해나가는 활동이다. 따라서 사람의 활동이란 인간 본성, 즉 본질적인 사회적 특성들에 의해 규정되는 것이지 그 어떤 협소하고 역동적인 심리적 장에 의해 규정되는 것이 아니다. 게슈탈트 심리학이 말하는 것처럼 인간의 활동이 협소한 환경과 심리적 장에 의존하는 것이라면, 자본주의사회에서 극심해지는 사람들의 비도덕적인 행동이나 여러 사회악은 자본주의체제를 근본적으로 변혁하지 않더라도 그가 속해 있는 환경이나 적당히 조절하고 자신의 인격을 수양하면 말끔히 해결될 문제일 것이다. 물론 이러한 주장은 밤에 자다가 목이 말라서 바가지에 담긴 물을 맛있게 마셨는데, 아침에 일어나보니 그것이 구더기가 들끓는 해골 물이었다는 원효대사의 이야기를 '모든 것은 다 마음먹기에 달렸다, 해골을 바가지라고 생각하면 된다'라는 식으로 이용하는 주관관념론적 궤변에 불과하다.

11 사회심리주의

심리가 모든 것을 결정한다

사회심리주의는 인간 심리를 관념적으로 해석해 사회현상을 설명하려는 현대 심리학의 한 학파이다. 이를 좀 더 자세히 설명하면, 사회적 존재인 사람의 활동 과정에서 나타나는 심리현상을 모든 사회현상의 기초로, 궁극적 원인으로 간주하는 것이다. 사회심리주의의 심리학적 기초는 프로이트주의이며 그 철학적 뿌리는 주관관념론에 있다. 사회심리주의는 심리학적 관념론에 기초해 자본주의제도의 사회계급적 현상을 그것의 정치적 기초에서 분리시켜 순수 인간 심리의 산물로 묘사했다.

사회심리주의는 크게 두 학파로 구분할 수 있는데, 하나는 프로이트주의를 직접 받아들이는 학파이고 다른 하나는 이른바 행동주의를 표방하는 학파이다. 두 학파 모두, 인간 심리를 사회현상의 원인으로 왜곡하면서 인간 심리가 사회생활의 정치경제적 원천이라고까지 주장했다. 즉, 사회심리주의의 두 학파는 사회적 의식의 다양성과 그 역할을 거부하고 민중으로 하여금 진보적인 사상으로 무장하지 못하도록 만들어 그들의 정치적 각성을 마비시키려 했다. 그리고 이성을 반대한다는 구호를 외치며 실험심리학의 연구 자료들을 악용하고 있다.

사회의 본질과 사회현상을 개인심리로 환원하다: 환원주의

사회심리주의는 사회의 본질과 계급 구조를 관념론적 · 형이상학적으로 왜곡하면서 개인의 심리현상을 이용하는 비과학적인 심리학이다. 모든 사회관계의 기초는 생산수단에 대한 소유관계이며, 온갖 계급적 차이는 기본적으로 생산수단에 대한 소유관계에 의해 규정된다. 그러나 사회심리주의는 사회의 본질을 본능적인 심리적 요인으로 환원해 설명했다.

◆ 고든 올포트

미국의 심리학자인 고든 올포트Gordon Willard Allport(1897~1967)는 사회적 존재인 사람을 감각적으로 확인할 수 있는 개별적 인간, 즉 일정한 심리적 충동에 의해 움직이는 개인으로 보고 사회를 그러한 '개인들의 합'으로 왜곡했다. 그는 사회라는 일반개념 자체가 '객관적 내용이 결여된 공허한 비실재적 추상'이며, 오직 사회에는 '원자'인 '심리를 가진 개인'과 '개인의 합'이 있을 뿐이라고 주장했다. 이것은 사회를 이루는 본질적 관계인 '계급 관계'를 은폐하려는 목적에서 나온 것으로, 감각적으로 경험할 수 있는 개별적 사물만이 존재하며 일반적인 본질이란 없다고 주장하는 실증주의적 · 감각주의적 궤변을 심리학에 끌어들인 것이다.

다시 말해, 사회심리주의자들은 개인의 심리현상을 사회의 본질이라고 왜곡하고 사회 모순을 은폐하기 위해 사회관계를 개인들의 심리적 관계로 대치시킨다. 그리고 사람들 사이의 상호작용을 비본질적인 본능 심리의 상호작용에 불과한 것으로 매도한다. 사회심리주의자들이 사회를 설명하기 위해서 들고나온 '집단'이나 '조직'이란, 기껏해야 개인들의 취미 · 희망 · 감정 · 성격 등 심리의 공통성에 따라 묶여진 집단일 뿐이다. 즉, 예를 들면 등산 동호회나 게임 동호회 같은 것들이다. 이것 역시 사회심리주의가 결국 사회의 본질과 구조를 전적으로 개인심리의 산물로 왜곡하고, 사회현상을 개인의 주관적인 심리로 설명하려는 심리주의적 궤변에 지나지 않음을 보여준다.

사회심리주의는 사회를 개인심리에 귀착시켜 관념론적으로 설명하려던 나머지, 심리학을 사회학과 동일시하거나 모든 사회과학의 기초 학문으로 간주하는 데까지 이르렀다. 어떤 사회심리주의자들은 심리학이 정신과 심리현상을 연구하는 하나의 부문 과학이 아니라 온갖 사회현상의 기초와 사회 발전의 기본 동력을 설명하고 모든 사회과학에 가장 포괄적인 방법들을 제시하는 일반 기초과학이라고 주장하기도 했다. 맥두걸은 윤리학 · 경제학 · 국가학 · 철학 · 역사학 · 사회학 등 모든 과학이 심리학 위에 건설된다고 선언한 바 있다. 동조 실험으로 유명한 사회심리학자 솔로몬 아시Solomon Asch(1907~1996)도 심리학을 '사회과학의 기초'라고 말했고, 독일의 사회학자 페르디난트 퇴니에스Ferdinand Tönnies(1855~1936)도 심리학이 '모든 인간 문제를 해결할 수 있는 과학'이라고 주장했다. 이처럼 사회심리주의는 사회의 본질과 계급 관계를 비롯한 사회관계의 기초를 인간의 본능 심리로 설명했다는 점에서 철저한 주관관념론이다.

'환원주의'란?

환원주의reductionism reductionism란 고차적인 법칙을 저차적인 법칙으로, 그리고 전체를 부분으로 환원해서 설명하는 경향을 말한다. 어떤 사람이 옆에 있던 사람의 얼굴을 주먹으로 때렸다고 가정해보자. 그에게 왜 그런 행동을 했는지 묻자 "뇌 안에서 공격 호르몬이 갑자기 과다하게 분출되어서 그랬다"라고 대답한다면, 이것이 바로 환원주의다. 옆 사람을 때린 사회적 행동의 맥락을 말하지 않고 생리화학적으로 설명했기 때문이다. 이런 식으로 환원주의는 사회적 법칙으로 설명해야 하는 고차적인 사회현상을 저차적인 법칙으로 설명한다.

환원주의는 기계론적 세계관과 밀접하게 연관되어 있다. 16~17세기 무렵 자연과학의 급속한 발전으로 복잡한 기계들이 만들어지면서 기계론이 유행하게 되었다. 기계론이란 자연과 사회의 다양하고 복잡한 운동 형태를 가장 단순한 역학적 운동 법칙들로 설명하는 이론이다. 기계론자들은 다종다양한 운동 형태와 그 변화 · 발전 법칙들 사이의 질적인 차이를 무시하고 모든 운동을 역학적 운동 법칙으로 설명할 수 있다고 주장했다.

기계론은 물리화학적 운동, 생물학적 운동, 사회적 운동 등 다양하고 복잡한 운동 형태들을 가장 단순하고 낮은 운동 형태인 역학적 운동으로 환원함으로써 세계의 질적 다양성과 발전의 상승성을 부정하고 사물 현상들의 양적인 차이만을 인정한다는 문제점이 있었다. 기계론처럼 생명현상을 양자역학의 법칙으로 설명하거나 사회적 운동을 생물학적 법칙으로 설명하는 것 등이 모두 환원주의에 포함된다.

무의식적인 본능적 충동: 비과학적인 심리학

사회심리주의는 인간의 모든 사회적 행위와 사회현상의 근본원리를 본능적인 충동을 비롯한 무의식적인 심리적 동기에서 찾는 비과학적인 심리학이기도 하다. 사회심리주의는 가장 단순하고 원초적인 심리현상을 '본능'이라고 간주하고, 인간의 모든 행동을 '의식 이전의 본능에 따른 기계적 반응'이라는 단순한 도식으로 귀결시킨다. 즉, 사회심리주의자들은 사람들이 가지고 있는 사상이나 감정, 나아가 복잡하고 다양한 사회현상의 근본 원인을 의식 이전의 것인 '본능'에 귀착시키면서 그것이 사회 발전의 기본 원천이라고 주장한다.

사람들의 계급적 이해관계와 요구를 반영한 사상은 사람의 사회적 활동에 가장 큰 영향을 미치는 요인이다. 어떠한 사상을 가지고 있는지에 따라 사람의 사회적 행위가 규정된다. 예를 들어 독립운동가들의 사회적 행위는 그들의 독립사상에 의한 것이고, 노동자들의 반자본주의적 투쟁은 그들의 진보사상에 의한 것이다. 그러므로 사람의 사회적 활동에 의해서 일어나는 사회현상은 그것을 유발하는 사람의 사상과 그 사회의 계급적 기초를 탐구해야만 올바르게 이해하고 설명할 수 있다. 그럼에도 불구하고 사회심리주의는 생물학적 본능과 무의식적인 심리적 동기를 전면에 내세우면서 마치 그것이 인간의 모든 사회적 활동과 사회현상을 규정하는 근본 원인인 것처럼 묘사한다. 실제로 프로이트는 사람이 무의식적 충동에 의해 지배당하는 존재라고 주장했으며, 이러한 자신의 견해가 인간의 본질과 사회적 행위에 대한 설명에서 마치 세계사적 전환이나 되는 것처럼 이야기했다.

반면 프로이트 추종자들의 경우, '사회생활의 바탕에 놓인 본능 심리를 어떤 것으로 보는가'라는 측면에서 학자들마다 조금씩 견해가 달랐다. 아들러는 인간의 사회적 행위의 기본 동기를 '가치 본능'(개개인이 자신의 가치가 불완전하다는 것을 깨닫고 그것을 보충, 완성하려는 열망)이라고 주장했다. 맥두걸은 인간의 사회생활을 규제하는 기본 본능으로 부모의 본능, 호전 본능, 사냥 본능, 먹이획득 본능, 알려는 본능, 강자에 대한 순종 본능, 탐욕 본능, 자기보존 본능, 성 본능, 건설하려는 본능, 자기확신 본능, 혐오 본능 등을 언급했다. 그는 이 12개의 '영원불멸할 기본 본능'에 각각 대응하는 '영원한' 감정으로서 정다움, 공포, 호기심, 증오, 고독감, 소유욕 등을 열거했으며 이러한 심리적 동기의 추동 작용에 의해 인간의 행동이 이루어진다고 보았다. 또 사회현상도 이러한 원리에 의해 발생한다고 주장했다.

한편 스위스의 심리학자 융은 '본능'에 '사회성'을 부여하기 위해 본능을 역사적으로 이어져 내려온 '집단 무의식' 또는 '원형'으로 표현했다. 융에 의하면 집단 무의식은 인간이 원시시대부터 가지고 있던 동물적인 야수성과 원시 심성에 민족 집단의 고유한 민족심리가 결합되어 이러저러한 문명의 외피를 쓰고 나타난 것이다.

이들이 주장하는 '가치 본능', '기본 본능', '집단 무의식' 같은 개념들은 결국, 인간의 모든 사회적 활동과 사회 역사적 현상을 '심리의 외피를 쓴 성욕의 발현'으로 설명한 프로이트의 주장과 본질적으로 다르지 않다. 예를 들어 융의 집단 무의식이란 본질적으로 인간이 동물이었던 시절, 즉 먼 옛날부터 전해 내려오는 무의식적 본능과 원시적 야수성이므로 그의 이론은 프로이트의 성욕을 원시인의 야수성으로 대치한 것일 뿐이었다.

사회심리주의의 또 다른 형태인 행동주의 계열의 사회심리주의도 인간의 심리적 행위를 무의식적 심리의 작용 결과로 본다. 에머리 보가더스Emory Stephen Bogardus, 한스 아이젠크Hans Jürgen Eysenk 등의 행동주의 계열 사회심리주의자들은 프로이트주의 심리학에 기초한 사회심리주의자들보다 더 교활하고 은폐된 형태로 무의식을 내세웠다. 그들은 사람들의 사회적 행위의 동인을 쾌감과 불쾌감, 애착감과 반감, 취미 등 심리적 요인에서 찾으면서도, 그 감정 자체가 선천적으로 주어지는 것이 아니라 주위에서 일어나는 사건들과 현상들의 외적 자극에 대한 반응으로 야기된다고 인정했다.

그러나 행동주의 계열의 사회심리주의자들은 이러한 반응이 의식적으로 수행되지 않고 무의식적으로, 자동적으로 수행되며 이러한 반응에 의해서 발생하는 감정도 결국에는 이러저러한 선천적인 충동에 기초해 일어난다고 주장했다. 한 예로 보가더스는 선천적인 충동으로서 여덟 가지 충동(교제하려는 열망, 새로운 인상을 받으려는 열망, 안전에 대한 열망, 고백하고 싶은 열망, 자유에 대한 열망, 정의로운 호소에 대한 열망, 창작의 열망, 남을 도우려는 열망)을 언급했으며, 아이젠크는 '자기보존'의 감정을 선천적인 충동이라고 보았다. 이러한 선천적인 (심리적) 충동은 외부 세계의 자극이 있을 때 쾌, 불쾌, 애착과 반감 등을 갖게 하며 그에 따라 사람의 행동이 달라진다는 것이 그들의 주장이다. 이것은 프로이트주의 계열이나 행동주의 계열의 사회심리주의자들이 인간 행위나 사회현상의 궁극적 원인을 사람의 선천적 · 본능적 충동에서 찾는 주관주의적 심리 이론을 주장했음을 분명히 보여준다.

염세주의와 비관주의, 그리고 인간 불신: 반민중적 이론

사회심리주의는 민중의 머릿속에 염세주의와 비관주의를 불어넣어 그들의 정치적 · 계급적 각성을 방해하는 반민중적 이론이다. 사회심리주의자들은 이성으로는 현실을 파악할 수 없고, 인간은 단지 동물적인 본능적 반응에 의지해서 살아가는 수밖에 없다고 보았다. 따라서 '인류의 창조적인 사회적 노력의 기초에 죽음의 권리'만이 놓여 있다고 말하면서 비관주의를 설교했다.

또한 사회심리주의는 민중이 사회 역사 발전 과정에서 수행하는 주도적이며 결정적인 역할을 부정한다는 점에서도 반민중적이다. 제국주의국가의 지배계급들은 자본주의를 반대하는 민중의 혁명 투쟁을 그 무엇보다 두려워했기 때문에 그것을 말살하기 위해 수단과 방법을 가리지 않았다. 프랑스의 사회학자 장 타르드Jean Gabriel Tarde는 '모방론'을 고안해 민중을 모독하고 천시했는데, 모든 사회현상의 기초를 인간의 모방본능에서 찾으면서 오직 천재만이 창조 행위를 할 수 있고 대중은 그것을 모방하고 천재의 의지를 집행하는 비창조적 군중일 뿐이라고 주장했다. 미국의 사회학자 프랭클린 기딩스Franklin Henry Giddings는 타르드의 모방론에다 이른바 동류의식同類意識론까지 덧붙여 민중의 역할을 깎아내렸다. 그는 자본주의제도를 인간의 그 어떤 이상심리異常心理의 필연적인 산물로 날조하고, 자본가계급을 지배자의 동류의식의 소유자로, 민중을 동류의식이 없는 무리로 표현했다.

즉, 사회심리주의자들은 자유와 정의를 실현하기 위한 민중의 투쟁을 말살하기 위해 각종 궤변들을 날조해온 것이다. 그들은 민중의 투쟁을 '심리학적으로 비정상적인 것', '반사회적인 것'으로 규정하고 민중을 '포악한 무정형적 무리'라로 모독하면서 그들에게 '평범한 생활'로 돌아갈 것을 설교했다. 보가더스는 사람이 '가정적 울타리' 안에서는 '아주 현실적이며 충분한 심리적 균형'이 잡히지만, 정치적 세계에 들어가는 순간 심리적 균형을 잃고 '비합리주의적으로 사색하는 데 치우친다'고 말했다. 그뿐만 아니라 사회심리주의자들은 노동자들에 대한 야수적 탄압 방안까지 고안해 제국주의자들에게 제공하면서, 민중에게는 아무런 정치적 권리도 주지 말라고 부르짖었다.

또한 사회심리주의는 제국주의 파쇼 독재 체제와 침략 전쟁 정책을 합리화하면서 계급협조론을 설교했다. 사회심리주의자들은 제국주의자들의 파쇼 독재를 이른바 특권층의 정신적 특성과 생물학적 본성으로부터 나오는 영원한 정치제도라고 선전하면서, 제국주의자들과 근로민중과의 관계를 최면술을 거는 자와 최면술에 걸린 자의 관계로 묘사했다. 그들은 파쇼 독재를 '심리적 · 정신분석적으로 연구'한다고 하면서도 그것을 '아버지의 지배 관습의 산물'이라고 떠벌렸다. 게다가 계급과 계급투쟁을 부정하고 제국주의 침략 전쟁을 변호해왔다.

그리고 사회를 계급과 계층으로 이루어진 것이 아닌 심리적 공통성을 가진 하나의 집단으로 간주하면서 계급이 단지 '심리적 현상', '사회심리적 집단', '집단성원의 감정에 기초한 주관적인 것'일 뿐이라고 주장했다. 그러면서 동물의 무리가 가진 것과 흡사한 본능과 감정이 사회에서 작용하기 때문에 계급투쟁이 발생하는 것이라고 왜곡했다. 이것은 객관적인 자본주의의 정치경제적 관계에 기초하고 있는 계급의 존재와 계급들 간의 첨예한 사회적 모순을 '심리적 공통성'이나 '주관적인 것'에 용해시킴으로써 자본주의를 반대하는 민중의 혁명 투쟁을 말살하려는 반민중적 궤변이다.

사회심리주의자들은 전쟁을 자연적인 것으로 변호하면서 미제국주의의 침략 전쟁 정책을 옹호하기도 했는데, 어떤 학자들은 전쟁의 원인을 심리적 현상, 본능적인 것, 신경계통의 병적 상태라고 주장했고 또 어떤 학자들은 미국의 세계 제패 야망을 '호전성'의 발현으로, '의식 이전의 영원한 본능'의 발현으로 묘사했다. 이것은 전쟁의 사회 계급적 원인을 부정하고 그것을 생물학주의적으로 왜곡, 합리화하는 것이다. 이와 같이 사회심리주의는 인간의 심리현상을 개인의 주관적이며 본능적인 무의식적 현상으로 왜곡하고 그것으로 모든 사회현상을 설명하는 비과학적인 이론이며, 민중의 정치적 · 계급적 각성을 가로막고 자본주의제도를 옹호하며 제국주의침략 전쟁을 변호하는 반역사적이고 반민중적인 궤변이다.

현대 심리학의 몰락과 진정한 과학적 심리학의 탄생

20세기에 세계를 지배했던 초강대국 미국이 주도하는 현대 심리학은 점점 더 비과학적이고 반민중적인 학문으로 전락하고 있다. 우선 현대 심리학이 '컴퓨터화'되는 경향이 두드러지고 있다. 과거에 기계과학이 빠르게 발전했을 당시에 새로운 발명품인 '기계'를 통해서 사람을 연구하는 경향이 유행했었는데(일찍이 데카르트는 신경계 모형을 수압식 정원인형에 비유했고, 왓슨은 S-R 도식을 전화교환기에 비유한 바 있다), 20세기 들어 컴퓨터가 발명되자 컴퓨터를 통해서 사람의 지적 능력을 연구하는 경향이 대두되었다.

이를 대표하는 것이 바로 '현대 인지심리학'이다. 컴퓨터를 사랑하는 현대 인지심리학 혹은 인지주의의 부흥으로 인해 1960년대부터 인지현상을 컴퓨터의 언어로 기술하고 그 모형을 컴퓨터 흐름도로 묘사하는 것이 흔한 일이 되었다. 이와 관련해 인지심리학의 선구자로 불리는 울릭 나이서Ulric Gustav Neisser는 "우리가 물리학과 공학에서 원자 단위, 에너지 분배, 수압, 그리고 기계적 연결을 차용했던 것처럼 오늘날에는 프로그래밍에서 특정한 개념을 차용할 수 있다"라고 말했다. 현대 인지심리학은 인간 심리 중에서 가장 중요한 것으로 지식 또는 지적 능력을 언급한다는 점에서 마르크스주의 심리학과 동일하다. 동시에 현대 인지심리학은 사람을 '컴퓨터가 달려 있는 동물, 즉 이성적 사고 능력을 가진 동물'이라는 인간관을 견지한다는 점에서 행동주의적 전통을 계승하고 있다. 하지만 현대 인지심리학은 인간이 동물과는 질적으로 다른 사회적 존재라는 사실을 이해하지 못했으며, 인간 심리에서 차지하는 동기와 감정의 중요성을 간과하고 있다는 점에서 비과학적인 심리학이다.

또한 현대 심리학은 생리학화되는 경향이 더욱더 뚜렷해졌다. 현대 심리학의 생리학화 경향은 우선 뇌와 행동 간의 연구가 매우 활발해진 것에서 드러난다. 앞에서도 지적했듯이 인간 심리의 생리적 기초인 뇌에 대해서 연구할 필요는 있지만, 문제는 현대 심리학이 인간의 심리나 행동의 '원인'을 뇌에 국한해서 찾는다는 데 있다.

현대 심리학의 생물학화 경향은 사회진화론social Darwinism이 부활하고 있는 것에서도 드러난다. 19세기부터 20세기 초반까지 유럽과 미국 등지에서 크게 유행했던 사회진화론은 사람의 세계도 동물의 세계와 똑같아서 약육강식과 적자생존의 법칙에 의해 변화·발전한다는 이론이다. 이 사회진화론은 민주주의와 진보주의의 비판을 받아 점차 약화되었지만 독일에서는 히틀러의 극우파시스트 일당에 의해 국가 이데올로기로 승격되기도 했다. 사회진화론이 그들의 제국주의적 침략 정책과 민족배타주의, 인종차별주의를 합리화해주었기 때문이다. 사회진화론은 진보주의의 열기가 휩쓸었던 1960년대 이후에 서구 사회에서 자취를 감추었으나, 냉전에서 승리한 미국이 세계 유일의 초강대국으로 등장한 1990년대에 사회생물학sociobiology으로 간판을 바꿔 달고 부활했다. 그 후에 다시 진화심리학evolutionary psychology으로 포장을 바꿔 지금까지도 기승을 부리고 있다.

안타깝게도 미국 중심의 현대 심리학은 과거에도 잘못된 길을 걸어왔고 현재에도 잘못된 길을 걷고 있다. 어쩌면 이것은 이제 건국 초반기의 활력을 상실해버린 미국 사회와 21세기 들어서부터 급격하게 내리막길로 질주하고 있는 미제국주의의 몰락과 불가분적으로 연관되어 있는 현상인지도 모른다. 동시에 이것은 올바른 심리학, 진정한 과학적 심리학◆의 등장과 전면화를 예고하는 현상일 것이다.

◆ 올바른 심리학에 대해 더욱 자세히 알고 싶은 독자들은 『싸우는 심리학』(김태형, 2014, 서해문집)을 일독하기 바란다.

진화 심리학이란?

현대에는 인간에게도 적용해 무분별하게 남용되고 있지만, 원래 진화심리학은 동물의 심리를 진화론적 관점에서 이해하는 학문이었다. 진화론은 신경계를 가지고 있는 생물학적 존재인 동물에 대해서는 적용 가능한 이론이지만, 그것을 사회적 존재인 인간에게까지 확장해서는 안 된다.

진화론의 기본 사상은 생물종이 고정불변하는 것이 아니라 자연도태에 의해 낮은 단계에서 높은 단계로, 단순한 형태에서 복잡한 형태로, 불완전한 것에서 좀 더 완전한 것으로 끊임없이 변화·발전한다는 것이다. 진화론적 관점은 이와 같은 이론에 기초해 생물을 발생·발전의 견지에서 고찰하면서 과학적으로 연구할 수 있게 해준다. 그러나 진화론적 고찰 방법은 생물학적 운동보다 높은 형태의 운동을 하는 사회적 현상과 사회적 존재로서의 사람에 대한 연구에는 적용될 수 없다. 진화론적 관점을 사회현상이나 사회적 존재인 사람을 연구하는 데 적용할 경우 필연적으로 비과학적인 이론이 되고 만다. 그러나 자본주의와 제국주의의 이익을 대변하는 지식인들은 진화론을 통해 생존경쟁의 의의를 과장하고 그것을 사회현상에까지 확장함으로써, 독점자본가계급의 정치적 억압과 경제적 착취, 침략과 전쟁 정책을 자연적인 것으로 합리화하고 반민중적인 이론을 조작했다.

사람이라는 생명 유기체는 진화의 산물이다. 따라서 사람이 어떻게 가장 발전한 유기체가 되었는지 연구할 경우에는 진화론적 관점을 적용해 진화·발전의 견지에서 사람 외의 생명 물질과 대비해 고찰할 수 있다. 그러나 사람에 대한 연구에서 진화론적 관점과 방법론의 의의는 여기에 국한되어야 한다. 사람은 단순한 물질적 존재, 생물학적 존재가 아니라 사회적 존재이다. 사람은 사회적 존재에게만 고유한 근본 속성을 가지고 있으며, 이러한 점에서 다른 모든 물질적 존재들과 근본적으로 구별된다. 예를 들어 자유나 창조를 추구하는 속성은 오로지 사회적 존재인 사람에게만 고유한 것이며, 이것은 자연적·생물학적 속성이 아니라 사회적 속성이다. 즉, 자유를 추구하는 속성과 같은 인간의 사회적 속성은 진화의 산물이 아니라 사회 역사적으로 형성되고 발전해온 속성이라는 것이다.

생물학적 속성만 가지고 있는 생명체는 항상 세계에 적응하면서 살아왔다. 이때의 행동은 행동주의 심리학이나 진화심리학의 주장처럼 생명체의 생존을 위한 적응 행동이다. 그러나 사회적 속성을 가지고 있는 사람은 단순히 세계에 적응하고 마는 것이 아니라 세계를 개조하고 변혁한다. 따라서 사람의 행동은 육체적 생존을 위한 적응 행동이 아닌 사회적 존재가 추구하는 여러 사회적 동기들을 실현하기 위한 실천 활동이다. 그럼에도 불구하고 진화심리학은 이러한 점을 간과하면서 사람과 동물 간에 차이가 없다고 주장해 사람의 행동, 나아가 각종 사회현상을 진화론에 억지로 끼워 맞춰 설명했다.

진화심리학의 원조는 히틀러 일당이 신봉했던 사회진화론(사회다윈주의)이다. 사회진화론은 동물의 세계와 마찬가지로 사회도 약육강식과 적자생존의 원리가 지배하는 곳이라고 주장하면서 나치 독일의 해외 침략과 유대인 학살 만행 등을 자연법칙에 의한 현상으로 합리화했다. 사회진화론은 히틀러 독일과 함께 자취를 감추었다가, 20세기 들어서 현대 제국주의 국가들의 우두머리인 미국에서 사회생물학, 진화심리학 등으로 이름을 바꿔달고 부활했다. 이 이론들은 미국의 제국주의적 해외 침략을 옹호하고 미국 독점자본가계급이 민중을 억압하고 착취하는 데 적극 이바지하는 반민중적인 역할을 수행하고 있다.

3부 정리

현대 심리학의 탄생

자본주의의 모순이 한층 격화되고 노동계급을 비롯한 민중의 투쟁이 고양되는 시대를 배경으로 탄생한 현대 심리학은 지배층을 대변하는 비과학적이고 반민중적인 심리학으로 전락했다. 현대 심리학은 실존주의 · 실용주의 등의 주관관념론적 부르주아 철학에 기초하고 있다.

구성주의 심리학과 기능주의 심리학

구성주의 심리학은 인간 심리를 구성하는 요소들을 밝혀내는 것을 목적으로 하는 반면, 기능주의 심리학은 심리(정신)현상이 인간생활에서 담당하는 기능이 무엇이며 각각의 심리현상이 정신생활 전반에서 차지하는 역할이 무엇인가를 밝히는 것을 목적으로 한다.

행동주의 심리학

구성주의와 기능주의를 모두 반대하며 등장한 심리학으로 자극(S)-반응(R)이라는 기계적인 도식으로 인간을 이해하는 '심리가 없는' 심리학이다. 행동주의 심리학은 신행동주의 심리학, 급진적 행동주의 등으로 다시 분화되었다.

심층심리학

프로이트의 정신분석학을 바탕으로 한 심층심리학은 인간 심리를 표층(의식)과 심층(무의식)으로 구분하며, 인간을 무의식의 지배를 받는 존재로 묘사했다.

게슈탈트 심리학

게슈탈트 심리학은 부분이 아닌 전체를 중시하는 심리학이다. 여기서 전체란, 개별적 요소와 부분과의 연계를 떠난, '단순 부분의 합 이상인 전체'이다. 게슈탈트 심리학은 인간 심리에 본래부터 전체화 기능이 주어져 있다고 간주하는 신비주의적 · 관념론적 견해이다.

사회심리주의

사회심리주의는 심리가 모든 것을 결정한다고 보는 견해이다. 즉, 사회의 본질과 온갖 사회현상을 개인심리로 환원해 설명해버리는 비과학적이고 반민중적인 심리학이다.

현대 심리학

현대 심리학은 인간을 사고능력을 가진 동물이라고 간주하는 심리학으로, 제국주의와 자본주의체제를 옹호한다. 나날이 '컴퓨터화(인지심리학)', '생리학화(진화심리학)'되면서 몰락의 길을 걷고 있으며, 이러한 현상은 건국 초반기의 활력을 상실해버린 미국과 21세기에 들어서면서부터 급격하게 하락세에 있는 미제국주의의 몰락과 불가분적으로 연관되어 있다. 동시에 이것은 올바른 심리학, 진정한 과학적 심리학의 등장과 전면화를 예고하는 현상이기도 하다.

찾 아 보 기

/

(인명)

(ㄱ)

(ㄴ)

(ㄷ)

(ㄹ)

(ㅁ)

(ㅂ)

(ㅅ)

(ㅇ)

(ㅈ)

지 은 이

심리학자

김 태 형

고려대학교 심리학과를 졸업하고 동 대학원에서 임상심리학을 공부했다. 2005년부터 연구·집필·교육·강의 활동 등을 통해 심리학 연구 성과를 사회에 소개해왔다. '올바른 심리학'을 정립하고, 그것을 누구에게나 친근하게 다가갈 수 있는 학문으로 만들기 위해 끊임없이 노력하고 있다.

인터넷 카페: http://cafe.naver.com/psykimcafe / 이메일: psythkim@naver.com

약력

1965년 서울 출생

1984년 고려대학교 심리학과 입학(학생운동으로 1년 휴학)

1989년 고려대학교 심리학과 졸업

1989년 동 대학교 대학원 입학(임상심리학 전공)

1990년 동 대학교 대학원 자퇴

1991년 노동운동 시작

1994년 시국사건으로 수배

1995~1997년 서울동부지역금속노조 교육부장

2003년 수배생활 마감하고 합법적 신분 회복

2005년 '심리학자'로서 활동 시작

2014년 심리연구소 '함께' 소장

저서

2016년 『무의식의 두 얼굴』(유노북스), 『실컷 논 아이가 행복한 어른이 된다』(갈매나무)

2014년 『싸우는 심리학』(서해문집), 『한의학과 심리학의 만남』(세창출판사)

2013년 『누구에게나 어린 시절의 상처가 있다』(21세기북스), 『트라우마 한국사회』(서해문집)

2012년 『감정의 안쪽』(갈매나무), 『세계사 심리코드』(추수밭), 『거장에게 묻는 심리학』(세창출판사, 2012 문화체육관광부 우수교양도서), 『로미오는 정말 줄리엣을 사랑했을까?』(교보출판)

2011년 『왜 아직도 프로이트인가?』(세창출판사)

2010년 『심리학, 삼국지를 말하다』(추수밭), 『불안증폭사회』(위즈덤하우스, 2011 문화체육관광부 우수교양도서), 『기업가의 탄생』(위즈덤하우스, 2011 한국간행물윤리위원회 청소년을 위한 좋은 책)

2009년 『새로 쓴 심리학』(세창출판사), 『심리학자, 정조의 마음을 분석하다』(역사의 아침). 『심리학자, 노무현과 오바마를 분석하다』(예담), 『사이코패스와 나르시시스트』(세창출판사, 2010 문화체육관광부 우수교양도서)

2008년 『베토벤 심리상담 보고서』(부키, 2008 대한출판문화협회 올해의 청소년도서)

2007년 『성격과 심리학』(세창출판사) 공저, 『스키너의 심리상자 닫기』(세창출판사)

2005년 『부모-나 관계의 비밀』(세창출판사) 공저

심리학을 만든 사람들
탄생부터 발전까지 '인물'로 다시 쓴 심리학사

지은이 **김태형** | 펴낸이 **김종수** | 펴낸곳 **한울엠플러스(주)** | 편집책임 **최규선** | 편집 **허유진**

초판 1쇄 발행 **2016년 8월 17일** | 초판 2쇄 발행 **2017년 7월 5일**

주소 **10881 경기도 파주시 광인사길 153 한울시소빌딩 3층** | 전화 **031-955-0655** | 팩스 **031-955-0656**
홈페이지 **www.hanulmplus.kr** | 등록번호 **제406-2015-000143호**

Printed in Korea.
ISBN 978-89-460-5910-8 03180
* 책값은 겉표지에 표시되어 있습니다.